不尽的思念
Endless Yearning

臧 文 著
Zang Wwen

美国华忆出版社
Remembering Publishing,LLC.USA

Copyright © 2025 by Remembering Publishing, LLC. USA

Endless Yearning
Zang Wen

ISBN：978-1-68560-206-2（Print）
　　　978-1-68560-207-9（Ebook）
Remembering Publishing, LLC
RememPub@gmail.com

不尽的思念

臧文 著

（全一册）

出版：美国华忆出版社
版次：2025 年 12 月第一版，第一次印刷
字数：185 千字

All rights reserved.
No part of this book may be reproduced in any form or by any electronic or mechanical means including information storage and retrieval systems, without permission in writing from the publisher. The only exception is by a reviewer, who may quote short excerpts in review.

作品内容受国际知识产权公约保护，版权所有，侵权必究

新版编辑说明

汇集母亲回忆文章的小书，自家编印，十余年间有过两次操作，完成《不尽的思念》三册，赠亲友们存阅，累计两千册上下，获得广泛好评。时隔多年，将三册小书合并，重新编为一册，交出版社正式出版，进入国际图书流通平台，作为纪念性、史料性兼备的华语读物存世。这项家务，母亲生前没留叮嘱，我们众儿女全当作头等心事，没法多想，仅凭一步接一步，摸索着求个圆满。

新编书付梓，首先告慰天堂父母，同时欣慰我辈余生。菊香之际，也是父母诞辰纪念日的前后，深怀感念的时刻，先把成书的经过简略地做番回顾，再跟上新近的想法，谨与读者们交流。

《不尽的思念》源起母亲怀念父亲的长文，文章名直接用作书名。第一册动议在 2007 年深秋，逢母亲寿辰，由姐弟妹分担编排校，把母亲退休以后的散篇汇拢，虽不足 5 万字，配上图片，大致可观，以不看官家眼色的气量做自印。因我们祖籍湖南，小册子挂"湘人书坊"名，扉页上整齐排列着"筹划于 84 岁生日前夕　过生日时自题了书名　来年春自校样稿完毕　交儿女们办自费印刷　赠送亲朋好友们惠存"五行字。第一批新书几百本送到家，母亲当天就喊不够她送人的，很快补办加印，前后上千本，最终还是告罄。

2019 年，母亲的又一个本命年来临，思维不衰老，人也不服老，兄弟姐妹们齐上阵，为母亲续编小册子。文字量达 10 万，一下编排成"续一""续二"两册。这回不太幸运，开始校对样张、投入选

I

配照片时，母亲不辞远行了。无奈而延缓了年把，交付印刷的扉页上，依样排列着的五行字换成"筹划于 96 岁生日前夕 沿用原有书名与版式 续编晚年自述的文稿 身后周年由儿女制作 馈赠亲友们留存纪念"。母亲未能看到续册，成为邓门的一桩憾事。

母亲原先的文化程度并不高，填表时写"相当初中"，其实只读过三年小学。退休后她爱动笔，爱口述，从怀念深爱的亲人开笔，继而怀念当年的首长或战友，又回忆难忘的过往诸事，留下点点滴滴，尚不算枯燥乏味，若谓特色就是本色，安顿了内心，说了些真人真事，没有回避常人常识性的思考评议。

母亲性格坦荡直露，与父亲生生相伴，他俩一个屡被人视为"书呆子"，一个素来言语少遮拦，相依仅三十多春秋。单从母亲角度说，早年一头扎进最容她的那个圈子里，经历过大难大福，又总得祸福相随，晚年享有充分的条件讲述故人故事，道尽波澜方撒手，命运似乎披了一层眷顾，使她成为那个时代的一粒见证。

说起那个时代，若就社会演进回顾，"一二九一代"跟进的大批青年中，母亲算是不落伍的尾随者，父亲则是重归队的前排卒。不夸张地说，那一代人帮助成就红色政权，也亲身经历了红色风暴的劫难。他们先对现状熟视而痛楚，日寇压境，满腔的家仇国恨，再对前景憧憬且迷茫，西风东渐，醒悟于兴存败亡。后人早已看出，他们确有清醒与热忱的年华，也有受局限与盲从的时段。一切皆时代所赐。时代能提供的信息视野，各人能接纳的程度，决定了个体的观念及生涯。简略归结，就是今天准备说说的社会大秩序下的大活人的命运历程。

当父亲母亲先后降临人世时，整个中国正处在大动荡中，三千年未有之变局大幕开启，皇权翻页，洪宪闹剧，国民革命，共产革命，外族入侵，接二连三。世纪风云激荡，新旧秩序大转换，舆论声浪迭起，有高扬的主义，也有平实的声音，反复撬动民心，连接着每一位个体的命运。

　　回顾那百余年的苦难，过来人有发声，不同的经历，不同的观点，提供了丰富的借鉴。受教之余，尝试着联系亲近的、崇敬的人去思考，寻求合乎逻辑的解释，尤为关注前人谈及游民的若干论述，深有启发，不妨倾吐一点心得。

　　说起游民，早些时候，百年前的杜亚泉就率先谈论过，民国时的报刊上有过学者们的对话，激烈程度不如"问题与主义"的争论。到了上世纪末，王学泰又一番发声，刊出潜心研究后的硕果，一时洛阳纸贵。李慎之赞誉"发现另一个中国"。而在上世纪的 30 年代，瞿秋白多次写道自己实为游民、高等的读书的游民，直至临终前《多余的话》中还坦然承认，可算是重量级的自白。可惜，瞿氏的心声，从理上根上认同的不多，顺着官方的定调，替瞿氏补做辩解者不少，更多的并没有注意到瞿氏的点睛"文眼"，便简单地视其为无足轻重的自嘲。事情并不那么简单。可喜的是，进入新世纪，有一批资深的革命者、学者开始认识游民问题的深刻重要，仅笔者有限的阅历，便可以举出一长串这层人士的实例，李慎之率先，李锐、李普、王元化、何方、姚监复、陈铁健、易中天、雷颐、张鸣、吴思等，所思所言，印象中点点清晰。

　　谈论起游民，学术的、政论的，份量都不轻。如果结合毛泽东、刘少奇不同时期的涉及游民（或流氓无产者）的论述，并追溯到《共产党宣言》中关于"流氓无产阶级"的特定段落，由此顺藤摸瓜至最初流行的陈望道的译本，同章节同段落的那一句，先译作"危险阶级"云云。由此进而再思考，必定不会放过这样的联系：当文化学者王学泰等谈论游民时，展开分析史料中纷繁杂呈的各种名词，至详至细，不同叫法甚多，实则不新鲜，依旧围绕着核心概念"游民"大张其事。陈望道译文选字的影响力，当然不能低估。

　　既然开始关注大咖们谈游民，并留心猛谈的重点，本文仅拎出该项研究中的几则要点明确要义：一，若为游民做定性，取"无业"二字最佳，"无业游民"的说法足有千百年，前人不会随便叫，更不会简单传承，如今也不能轻轻丢弃；二，若对游民概念做精准表述，拟赞同"脱离了相应秩序的良莠之民"一句；三，游民一词实为中性，传统的贬义眼光应该纠正，不为别的原因，单就反复强调游民概念属中性，足以堪称王学泰书中的精思妙笔。

上述三点显然过于简略，如展开来论述会洋洋洒洒，怕不是本文所构想、所能驾驭的。谨借机多啰嗦几句，表白一下采纳他山之石后的心得。

先说说"脱离秩序"与"良莠之民"。所谓社会秩序，就是人类群落日常行施的可积续的无乱无暴的状态，有人群，必有秩序圈。一旦脱离秩序圈或被边缘化，自有不同的主客观原故，先天的后天的因素均可导致，并非全系劣等渣滓，总有上攀发奋的，也有自甘堕落的，这才叫良莠皆具，"中性"之谓方允成立，方允得当。欲说游民，须摸清对象的身份，常以相对固定的职业与居所，用来判识大活人，给他个基本定位。换言之，历来惯用两把尺子，谋生手段加寓居地点，判识群居秩序中的顺逆身份，依据于有业无业、居民游民，去划定顺者逆者，利益危害明确。

常人不大能接受游民属于中性概念，有个重要的因素，仍然被固有的阶级划分法干扰着，被"有产/无产"灌输久了，不知道"有业/无业""有家/流浪""有教/失教""有智/乏智"等等，曾经都用作划分阶级的方法。马克思那样伟大的导师，高度肯定阶级分析方法，什么时候说过只能用一种方法来分析阶级？毛泽东起先以固有财产的经济分析用作阶级分析，晚年又冒出思想立场用作分析阶级，也是不拘一种方法。真实说来，还是"有业/无业"的阶级划分更为悠久持续。直至当下，就业、失业、待业之类的动态统计，仍是各国各级政府高度关注的数据指标，就业失业所引发的公开或潜在的冲突，常常是许多国家国内矛盾的焦点。相对于居住现状所潜伏的矛盾，明显有侧重。

基于对无业游民的新认识，又开始做这样一个简单的思考：社会上普遍存在无业游民，那么，与它对应的另一侧存在人们该怎么称呼？换一句话，不宜归作无业游民的人，算什么人，总得有个恰当的说法。好比跟男人对应的叫女人，跟活人对应的叫死人，不能限于非男人、非活人的饶舌上。我在前几年的某篇文稿中尝试提出"无游业民"的概念，看似四个原样汉字，调换词序，即朝着新思路去，仍是基于"有业/无业"来判识。

每个人，特别是成年人，在社会大秩序中是有"根"的，根可量化，失去根，或趋衰弱，便落得边缘化。农耕时代，那根落在土地加劳力间；工业化以后形成的资本型社会，那根又落在股份与技能上；而非资本型社会，那根在级别，主要有官场级别、技能级别。以往中国人最爱盘算"三十亩地一头牛，老婆孩子热炕头"，社会化大改造之后，普遍爱盘算"定啥级别享受啥待遇"，为什么呢，人立足的秩序圈的根，扎在其中。进而可以明白，昔日国民瞄着土地加炕头说事，如今瞄着所属单位加级别待遇来说事，正是人人看得见的国情，处处感受着的秩序特征。

老话常说无恒产无恒心，很警惕游民滋生。如今呢，进什么单位抱什么饭碗（级别待遇），恒也不恒，游民难绝。世上有认定私有财产神圣的宪政，法制推进把无业游民转化为遵序业民；世上却没有认定饭碗神圣的宪政，能否端上饭碗、是否被剥夺饭碗，尚无法律界定保障，更莫说一代饭碗直传二代三代，因而造成游民人群不减反增，游民心态不育自萌，游民文化遍地兴旺。

许多人不大能接受游民广普性的说法，有个重要因素，不愿联系自身。我敢说，短时间内不认同"游民"系中性概念的人，属认知差异，而不愿联系心目中的高洁素雅形象、自身形象做深入考察的人，为来路回眸多虑荣辱，为后路瞻顾又存利害。毕竟曾为尊贵者，曾经优裕的门第，曾经完善的教育，曾经体面的职业，甚至有过闪光的理想与耀眼的功德，种种豪迈附身，哪能大大降格呢，即使不贬，咋能算作中性呢。反之，众多卑微人士，心身受过鄙视折磨，让他自认游民，好似揭伤疤戳痛点。无论尊者卑者，他们尚未考量"根"的源远流长，不敢设想赖以生存的秩序圈在人类历史中终成何物，许多人宁愿琢磨流氓无产者的种种表象，而不愿承认或与游民属于同类，看不到终将与业民同归的命途。

既然从马恩到毛刘、杜亚泉到王学泰及李慎之一干诸公，一茬接一茬都不曾弃置对游民的考察，问题恰恰在于：他们论说透彻了没有，被普遍接受了没有？论述者联系社会实体时，联系到什么人群什么层面，包括不包括他本人、亲属，及崇敬者、亲信随从？人总要回报父母、回报天地的，放眼多看看，放胆多想想，境界不一样。时代在不断演进，自由精神，独立意识，社会融合共济，远非固有秩序框定。瞿秋白敢兜游民的底，兜一代同侪的底，不可谓多余。事关自身的利益与形象，学会洞察，深也罢，远也罢，爽快认定，或可获心安理得。

打住啰啰嗦嗦，回到为自家父母亲编书，不敢为他们的人生重做结论，只是借机表达些个人的思绪。父亲出生那时（1911年底），原有的社会秩序正面临崩坏，大小私产混杂的宗法型秩序被革命了，等待邓氏新辈的可能是被社会秩序边缘化，成为传统游民后备队伍里的一员，但父亲成年后毅然参与趁机搭建新秩序，并顺利转入社会公有化的极权秩序圈，既在组织中，与半新不旧的游民团队若即若离。母亲（1923年出生）稍不同，传统游民后备队伍没轮上她去经历，在不成型的工商私有制秩序圈里过渡了一下，快捷转到社会公有化的极权秩序圈。父母俩在新的秩序圈内有宠有辱，他们被甩过遭过罪，留有对那套秩序的种种不满，大秩序也并没有抛弃他们，所以他俩基本是现有秩序的幸存者。

这样说来，父母作为大秩序动荡更迭中的一代幸存者，我们算是这类后代，游民的影子深浅浓淡，可以讨论。作为后来人，反躬自省，把对前辈的考量与理解，扎根在完整的事理链环中，跳出血缘与情感的羁绊，养成普通公民心态，融合于社会，无怨无悔。放眼同样经历的上一代下一代，略已构成社会的一个阶层，足以构成丰富的社会学标本，提供专项研究做采样。看得见的前前后后，多少脱离掉游民，多少消除了惯性，多少转向了现代业民——能留得住的自画像吗？总得适应平常人生，遵序归序而已。

我这样谈游民，依秩序圈而生发己见，将盘弄多时的一堆腹稿，兜底抖出。估计人们不会轻松地接受，很可能直接就来一通本能的拒绝。但我早有思想准备，眼下不被理解，彼此的认知不齐平，就让时间去磨叽吧。

已不是第一次为父母亲编书，也不是第一次表白心迹，依实编就，附上几句实话，偏于理性，也许有家传的基因吧，也可能文不对题。如悖家风，肯请大家直言痛斥，谨预致谢意！

最后，感谢帮助完善旧文新编的出版方，感谢他们一而再、再而三的热忱赞助。

邓伍文谨识
2025 年 11 月稿

目 录

新版编辑说明 ………………………………………… I

不尽的思念 …………………………………………… 1
  【附】答谢词——在邓克生百年诞辰纪念会上的发言
   /克生百岁（诗）
我的一九三七——难忘的十四岁 …………………… 22
在掘港支行工作的两件事 …………………………… 25
战地金库两忆 ………………………………………… 27
  （初忆）：一千三百两黄金／（再忆）：肩背上的金库
信用：银行的生命线 ………………………………… 31
  ——半个多世纪后再忆江淮银行和华中银行
  【附】《忆华中银行与华中币对淮海、渡江战役的支持》(节选)
"大跃进"小片断 …………………………………… 45
鹤舫，好弟弟 ………………………………………… 47
  【附】挽联两幅／迟发的唁函
唁电四封 ……………………………………………… 55
  一、电唁沈容大姐去世／二、电唁徐滨大姐去世／
  三、电唁陈国栋同志去世／四、电唁胡敏大姐去世

我在方行组织下投奔新四军 ………………………… 58

缅怀老部长朱毅同志 …………………………………… 64
岁寒思故人 …………………………………………… 70
　　——回忆陈国栋、徐雪寒、邓克生和许振东点滴
　　【附】再说鼎元钱庄和许振东
怀念陈国栋同志和沈一尘大姐 ………………………… 90
深切怀念忻元锡同志 …………………………………… 119
天国帮我解乡愁 ………………………………………… 123
献身国事　遗爱人间——怀念季方与钱讷仁 ………… 126
怀念惠老 ………………………………………………… 131
　　【附】上北京看病的插曲
管文蔚和我们在苏中的日子里 …… 麦洁红　臧文合撰 144
海上遇险记——怀念徐立之 …………………………… 147
怀念李铮同志 …………………………………………… 152
难忘的大清早辞别 ……………………………………… 155
生死离别的三奇——项南与他的父亲 ………………… 158

永远怀念引路人——蒋瑛烈士 ………………………… 162
怀念麦洁红 ……………………………………………… 167
"最大的快乐"是什么——怀念陶涛 …………………… 174
怀念热心的抗大同学李立英 …………………………… 178
怀念百岁彭涵明 ………………………………………… 181
石章蕴玉　日月同辉——缅怀章蕴 …………………… 184
从蚕姑娘到蚕奶奶 ……………………………………… 189
　　——怀念"春蚕到死丝方尽"的朱竹雯
守望明天——怀念王真 ………………………………… 199
　　【附】守望海上金库（徐慧征　许宛英合撰）
微笑到永远——怀念徐敏 ……………………………… 207

怀念蔡畅的秘书夏凤珠大姐 ·················· 214
战友情深　姐妹谊长——怀念赵倩 ·········· 219
　　【附】给赵倩孩子刘华苏的一封信
只认规章不认人的惠廉 ····················· 226
有一点不能忘记 ···························· 228
　　——敬佩陈修良大姐，也说说接管大城市

她成长为一名财经战士 ······ 国防大学政治部宣传部 237
　　——臧文个人经历及资料
　　【附】回函说明
那一场没有硝烟的"货币战争" ······《扬子晚报》三记者 244
　　【附】补充说说忻元锡行长
"长寿乡"随感——晚年杂想片断兼个人小集后记 ······ 252
众儿女的附言 ······························ 254
　　为自己生活——写在妈妈的小书后面（邓晓文）/
　　儿女们的附言（六人）/一颗心，一把泪，一团火
　　——写在替妈妈做小书之时（邓伍文）/
　　心声寄语（邓家八子女）/
　　形与神，安在兮——写在替妈妈续编小书的后面（诸文）

添加的后话 ································ 268

上：作者臧文，摄于2007年，开始自撰回忆文稿，自题了书名。
下：先后自印的三册文集。

臧文参加新四军前,上海。 臧文与两个弟弟在老家老屋前。

2006年臧文与两个弟弟及两位弟媳。

进入新世纪,与抗大分校女生队的同学聚会,前排右一臧文。本书对她们中多位分别有记述。

上：邓克生臧文夫妇，1952年春在扬州。中：1956年秋一家在南京，六个孩子。下：邓克生与姐姐、女儿、女婿、小儿子在北京（约1963年）。

上：邓克生与杨荣国，70年代北京。中：臧文在李锐家中，90年代北京。下：臧文在徐雪寒家中，80年代北京。

邓克生与杨荣国是世家之交，与李锐、徐雪寒是抗战初期相识的老友。

上：邓克生与许振东兄弟，1949年上海。中：顾准1946年到苏中与刘晓、陈同生留影，此间顾与邓克生及臧文的弟弟有交往。下：臧文看望许振东夫妇，2002年上海。

上：季方钱讷仁夫妇。中：臧文与陈国栋沈一尘夫妇，1993年上海。
下：惠浴宇迎接胡志明到南京。季、陈、惠三位均是邓克生臧文的老领导。

上左起：张薇、臧文、朱竹雯、楚青、章立人、曾菲，都是新四军的女战士，2007年北京。中：臧文与彭涵明。下：臧文与朱竹雯。

上：项南汪志馨夫妇。中：臧文与李立英。下：臧文与陈立。

上：陈修良女儿沙尚之（前右二）来宁商谈修史，臧文长子（前左）参与接待。
中：《华中银行史稿》评审会合影，前排左六忻元锡，中排左四臧文。
下：臧文为自家编印《邓克生补编四种》题字，"补就补他原始真实，编则编成供人评说"。

不尽的思念[1]

一、可信赖的师长

我第一次见到克生同志是在南通地区石港附近的骑岸镇，那是1942年冬天的一个傍晚。新四军一师及苏中行署领导机关刚移驻这里。当时，我在苏中四分区金库工作，送解钞票到苏中金库去，问路时，见到一位30岁左右的男同志，身穿褪色的灰军装，一口标准的湖南乡音，他耐心地向我指明苏中金库营地的方向位置，给人的印象是个很有责任心的人。

1943年我调任苏中金库出纳，又见到克生，始知他是财经处的秘书兼机关支部书记。这样我们在一个单位（金库属财经处代管）工作，接触就多了。听同志们介绍，他是从白区撤退到苏中来的文化人，地下党员，曾在苏中区党委电台搞过《中国与世界》的电讯专刊（主要收听延安党中央每日的电讯稿，供领导阅读）。这之前，克生曾任陈丕显同志的秘书一年多，后要求搞财经工作才调到苏中行署财经处来负责秘书工作的。

那年夏天，我们机关在台北县（今大丰县）潘家𩽾一带活动，克生生了一场大病，连续几天高烧不退，人睡在老百姓家露天的门

---

[1] 本文系个人怀念文，2001年在南京大学出版社"当代江苏学人丛书"的《丹枫傲霜——经济学家邓克生》中首次收入，2008年自家编印《不尽的思念》再次编入，并对追忆史事的个别细节做了订正，此番重编新书，有细微订正。

板上，呼吸困难，瞳孔扩大，他自己也以为没救了。看到他那痛苦的样子，我心里非常难过。这时，财经处长朱毅同志写了亲笔信，派通讯员火速找到一师卫生部。幸运的是，一师卫生部副部长杨忠同志及时赶到，采取急救措施，使他转危为安，救了他一命。他对此终生难忘。"文革"中，他得知杨忠同志被迫害致死十分悲痛，在杨的追悼会上他沉痛发言，泣不成声。

1944年整风中，我的入伍介绍人方行同志的妹妹方静被逼承认其哥哥方行是汪伪《中华日报》的记者，是"特务""汉奸"（其实方行是党组织派入汪伪机构供职的共产党员），我因此涉嫌受牵连，而受到审查,时间虽不长（党中央指示及时纠正了当时的过火行动），精神上却受到伤害，有不被信任之感，思想不通，很苦恼，情绪一度十分低落。

这时，负责党支部工作的克生同志常找我谈话，做我的思想工作，教育我要相信党，鼓励我努力工作以实际行动证明自己政治上是清白的，争取组织的信任。还以自己为实例，讲述他在白区工作时，组织上怀疑其爱人何文玉有政治问题（组织上发现何偷听他们的活动），李克农同志责成老高同志找他谈话，严肃提出是跟党走，还是继续保持与何的关系，何去何从，任他选择，他不得不痛心地与何分手，来到根据地[1]。他以此启发教育我，使我深受感动并对他深表同情。我开始渐渐了解他，认为他政治上较成熟，是可信赖的同志。在此后的漫长岁月里，克生以他的实际行动实践着他对我的这些教导，无论受到多大的委屈和冤枉，都很少抱怨，始终如一地相信党，勤勤恳恳地为党工作。

克生那场大病后，身体虚弱，生活乏人照顾，我主动帮助他做些

---

[1] 根据广州中山大学所存史料档案查实，关于何文玉的"政治问题"，是党组织怀疑她系托派成员，李克农严令邓克生与之分手，在犹豫期间，给予邓党内最低一级的处分，停止党内表决三个月，以示警告。

力所能及的事,觉得他应该有个伴侣才好。这时,我在思想上开始考虑选择终身伴侣。从周围可选择的对象中想来想去,落实到他身上,考虑他有几个较好的条件:一是他经过白区地下党锻炼,政治上坚定可靠;二是他为人厚道诚恳,性格温存随和;三是我认为凡是爱情婚姻受过挫折的人会特别珍惜爱情生活;再就是他是受过完整教育的知识分子,我是初小都没念完的小学生、工人,要是与他结合会得到他在文化等各方面的帮助与提高,他也会像大哥哥一样爱护照顾我。但是我也有顾虑:怕自己性格外向,遇事好冲动,沉不住气,配不上他。经过半年多进一步的相互了解,他正式向我求婚,我同意了。

我曾找苏中区党委组织部领导章蕴同志(后来曾担任中纪委副书记)了解克生的历史情况。她告诉我:克生曾参加过C.Y.,大革命时期加入过国民党,并说那时的国民党是个革命政党,"四一二"蒋介石叛变后,他退出了国民党,这些问题都向党组织交待清楚了的,历史上没有任何遗留问题。我就放心了。不久,我们正式给组织部写报告要求结婚,并选定1945年3月18日巴黎公社纪念日为婚期,地点在宝应县境内油坊头驻地。没有任何婚礼仪式,就在老百姓家里,把两个背包合在一起成了家。

1945年中秋节前夕,我军歼灭顽敌刘湘图,解放接管了兴化城。不日,机关随军迁入城内。我们找到一家照相馆,拍下婚后第一张照片,他寄给远在长沙的母亲,同时将我已怀孕的消息告诉了老人。一个月后收到家里来信,老人十分高兴。婚后我一直担心他的身体,特别是工作繁忙,用脑过多时,就会听到他半夜里的惊叫声,使我很不安,有恐惧感。当时苏中对敌斗争中财经战线任务繁重,金融方面的有关论文、社论,大多都出自他的手,有时深更半夜报社还来送审版样,也影响他入眠,他不得不靠安眠药维持。那时又没有休假、疗养的地方和可能,以至他夜里惊叫的毛病,生前数十年都没有治愈。

二、尊敬领导的"妈妈行长"

抗战中，日寇、汪伪互相勾结，狼狈为奸，军事上不断向我抗日根据地猖狂进攻清乡扫荡，大肆掠夺粮、棉、油及其他重要战略物资，大量伪币（国民党政府发行的法币和汪精卫伪中央储备银行发行的伪币，人称中储券）流入根据地，广大群众深受其害。根据地财经战线任务繁重艰巨，朱毅、龚意农、顾准、陈国栋、宋季文、忻元锡、刘和赓、金逊等同志都是财经战线上的优秀领导者，克生十分敬重他们，朱毅等同志对克生也很尊重。为保障我军供应和根据地人民生命财产，为了维护我华中币（先是江淮银行发行的抗币）的信誉，打击敌伪的经济掠夺，把流入根据地的敌币及时排除出去，克生在朱毅、龚意农、陈国栋等同志领导下，根据经济学原理，撰写社论，亲自编写宣传提纲，讲述根据地（解放区）货币的本质：具有独立自主性；抗币、华中币发行的原则：主要用于根据地的经济建设、生产事业、农业贷款，不走财政发行之路；测算抗币、华中币与敌币的比价；及时通过党报和我贸易机构向广大人民群众公布币值汇率，教育号召群众自觉抵制敌币的流入。

克生不论从事财经、银行工作，还是从事理论研究，都尊重知识、重视人才。他亲自开办训练班，培养了大批干部，他自己动手写讲课提纲。在江海公学授课时，他讲述"发展经济、保障供给""开源节流"的总方针原则，讲解放区的财经金融政策：以建设独立自主繁荣幸福的新中国为目标；发展经济，财政要取之公平，用之得当；今天以争取战争胜利为目标，将来以经济建设为重点。他讲授银行业务：发行货币，建立抗币、华中币本位制，汇兑、存贷、票据贴现、代理，收款、买卖金银及外国银行货币等业务。还讲了银行员工必须遵循的操守准则。他讲课内容生动、形式活泼，深入浅出，通俗易懂，深受欢迎。遗憾的是，这些史料都在战乱中丢失了。

抗战胜利后，克生调任华中银行二分行任行长，行址在高邮城区中心。他熟悉货币金融业务的才能进一步得到发挥。他作风民主，放手发挥各职能部门的作用，与副行长王路、朱人杰同志之间关系融洽，配合默契，全行上下团结一致，使银行城乡业务发展迅速。行里的青年干部都亲切地叫他"妈妈行长"。克生尊重组织，敬重领导，对地委陈光、专署陈扬等领导同志善于听取干部意见、谦虚谨慎的作风十分敬重，领导同志也常倾听他的工作建议。这一时期，他的心情很舒畅。

1946年3月18日，是巴黎公社诞生75周年纪念日，正好又是我们的结婚周年纪念日，季方同志的夫人钱讷仁医师为我接生，女儿出世。克生高兴地说："生了一个纪念品。"女儿出生时间是早晨5点多钟，克生用他的乳名"晓春"的"晓"字和我的名字给女儿取名晓文。

三、深明大义的好母亲

1946年秋，我野战军作战略转移，组织上决定我和忻元锡同志的夫人张薇、龚意农同志的夫人带着孩子等后梯队人员，准备撤退经山东去大连（当时大连已为苏联红军接管）。过了黄河，组织上派人通知我们，敌人已封锁陇海铁路沿线，要我们迅速返回驻地。不久，组织上又决定我随张薇同志到上海去打埋伏。临行前，总支书记李德观同志和我谈话，说："你的任务是：安置孩子，保存自己。"克生则再三叮嘱我："到了敌占区，应该保持高度警惕，不要记日记、笔记，联络人员的姓名、地址，只能靠自己的脑子记，身上不要带纸、笔，以防惹麻烦。要学会在敌人眼皮底下生存的本领。"克生仍在苏中解放区坚持对敌斗争。

我们在射阳县合德镇东海边乘船，搭的是一艘装运生猪和农副产品的木船，到达上海已经是1947年的元旦了。我带着晓文，跟着阿薇同志住在忻元锡同志母亲家里（上海北京西路泰兴路四维村一个闸库门房子里）。约月余后，转移到克生好友许振东同志家，又住了两个月。这时，敌人占领了延安，我估计一时不能回解放区，又考虑到自己家乡无锡太湖一带是敌"忠义救国军"的活动区，也不能前去隐蔽。正在此时，克生通过外派干部（来往于上海—解放区之间负责物资采购、运输的同志）口头转达他的意见，说如果隐蔽有困难，必要时，可将孩子送回湖南老家，托母亲抚养。并说这是他请示了党组织，组织上同意了的。这样我就带着晓文辗转回到长沙东乡谷宜塘。

克生的母亲史美媛，是位知书达理的现代型女性，在地方上群众关系良好，很有威信。紧靠家屋隔壁住着佃户徐大爷、徐二爷兄弟，都是当年克生姐弟在家乡宣传抗日、开展救亡运动、开辟郊区工作时发展的预备党员（后因白色恐怖主动退党），他们暗中保护我的安全。婆婆叫家里的长工彭友将收藏在隔墙里的理论、文学书籍《论持久战》、《实践论》以及艾思奇的《大众哲学》、高尔基的《母亲》、普希金的诗集等取出来让我阅读。时间一长（约一个月后），消息透露，四乡邻居就有人悄悄上门来向我询问徐特立等人的下落（因为他们的亲属子女有的是跟随徐特立等人撤离长沙的）。为应付来人的询问，婆婆和徐家兄弟事前就教我装聋作哑，对来人只作手势不开腔，表示听不懂他们的话，难以回答。

在这一段时间里，我深深体会到母亲对独生子克生和女儿们的爱是那么深沉，那么无私。她虽然不懂什么革命理论，但相信自己的孩子，无条件地支持他们投身革命，拿出大部分家产来支持湖南地下党的活动。谷宜塘这块田庄，也是经党组织同意购置的，名义上是邓家墓园，实际上兼作党的地下联络点。1938年夏天李普（后来曾担任新华社副社长）、邓评（克生的胞姐）等人便在此办过宣传抗日的农民义校。克生与其他同志创办抗日救亡的《民族呼声》、《前进周刊》等进步刊物，纸张、印刷都是由邓家的"以大纸庄"负责供应，当时的湖南省委机关报《观察日报》从筹备、编辑到出版，克生都竭尽全力，母亲也大力支持。

长沙大火前，湖南省委迁往邵阳，克生出资帮助。随后《观察日报》也迁址邵阳，迁移费用和迁移后报纸复刊、报社员工的生活费用也都是克生负担的。有段时间，母亲还跟随到邵阳，照顾克生和同志们。不久，克生从邵阳转移到桂林，又在桂林出资办西南印刷厂和写读出版社。至此，邓家的财产绝大部分都已献给了党组织和抗日救亡事业，只余下不动产不曾变卖。当时克生思想上并无意保留财产，只是给母亲和家中妇孺留了条生路。后来他到了苏北抗日根据地，在千里之外得知有的同志留在湖南的家属子女生活困难，又马上写信给母亲请求援助，母亲接信后立即派人送款接济。如接济章蕴（后来曾担任中纪委副书记）的子女。我婆婆就是这样一位深明大义的好母亲。

1947年夏天，女儿晓文已经断了奶，我已将孩子安置好，就随时准备回解放区。7月中旬，我接到"见电速返"的电报（克生请忻元锡同志在上海拍发的）。当天吃完中饭，我就跟着送电报来的陈文忠（系克生表弟）进城，陈又连夜乘火车送我到了汉口。本想乘飞机，谁知机票要等一个星期，只好搭乘长江客轮，下水只用了三天就到达上海。

按规定，我找到了居住在五马路的联络员荣廉泉同志的母亲（她以洗涤衣物维生作掩护），荣母悄悄告诉我金柯（原华中十地委书记）叛变了，组织部长杨斌同志被敌人逮捕（后牺牲于南京雨花台），她还说前两天这里门口有特务监视，叫我赶快离开。

我拎着一只装衣物的小藤箱和一只网袋不知所措，漫无目的地在马路上逛来逛去，也不知走了多少路，反复想着临分别时克生教我的"要学会在敌人眼皮底下生存"，调动头脑中的一切印象，最后决定先去我大姐家。大姐住在新闸路，深夜我才摸到她家。半夜敲门，姐姐开门见是我吓了一大跳，她们全家都不敢吱声。我在姐姐家躲了三天。第四天确认没有被跟踪，才出门去找到克生好友许振东的夫人陈志威。她立即通知许先生回来，我向他们说明了情况和来意，请他们设法帮助我找到忻元锡同志或有关人员。

第三天，许告诉我张薇同志约我在虹口一家人家见面。我应约前往，同时见到张薇和李林同志。阿薇对我说，这次回解放区的船装的都是西药、布匹、硫磺等军用物资，比较危险，女同志不适合乘坐。她动员我暂在上海稍等几天，等李明同志（原一师文工团政治指导员兼戏剧主任）一道回解放区。因李的弟弟参加反蒋学生运动，被国民党工部局逮捕，她要设法营救。阿薇还说你暂时可以帮助"大华公司"荣廉泉、陆振东两同志搞搞账。我考虑再三，想到孩子已安置好，独身留在上海无法掩护，又想到离开解放区时总支书记李德观同志向我交待得清清楚楚，我的任务是安置孩子，保存自己，要是未经组织同意擅自留在上海，万一发生什么意外事故，说不清，难以向党交待。我想只要没有叛徒出卖，是不会有问题的，因而坚决要求回解放区。阿薇表示再研究，终于同意我回去。他们买了船票，派人护送我到浙江舟山群岛的定海姓傅的人家休息，在那里等候上船北返。

当我回到解放区时，银行机构已经调整，重新恢复华中银行总行的建制，行长是龚意农，副行长是邓克生和孙更舵同志。我重新分配工作，在江海公学财经队当助教。我怕胜任不了，有畏难情绪。克生语重心长地鼓励我，要我边干边学，边学边干，还具体地帮助我，使我很快就适应了新的工作。

四、舍己为公的挚友

1945年秋，抗日战争刚胜利，克生任华中银行二分行行长，根据华东局财委指示精神,拟建立一条解放区银行与国统区银行的"通汇线",以获取大量外汇(国统区货币)。1946年春节前,华东局财委曾山同志找克生谈话,拟调他到上海去筹建地下钱庄。克生征求我的意见,我因对上海印象不佳,又考虑我老家无锡太湖一带是"忠义救国军"活动区等诸多因素,没有同意。于是,曾山同志要克生介绍可靠的社会关系,克生便将他在桂林工作时结识的挚友许振东提供给组织参考。

许振东同志是我党忠诚的朋友,他自觉地为我党做过许多好事。1941年在上海,许曾正式提出加入中国共产党的要求,经研究,当时认为许留在党外比入党更能发挥作用,就由克生出面作工作,动员他暂且不要入党,利用他在上海上层社会的关系,为党更好地工作。他也就同意了。现在是充分发挥他作用的时候了。

1946年春节期间,克生介绍陈国栋(后来曾担任上海市委书记)、徐雪寒(后来曾担任中央外贸部副部长)两同志秘密到达上海,在许振东家里住了一个多月。他们向许传达了组织上拟在解放区与上海之间建立一条"通汇线"以及在上海组建一批工商企业两项任务。

不久,华东局派遣时任华中银行总行副行长的徐雪寒同志到上海部署并领导这项工作,许为徐的得力助手。前后半年,共筹建了联丰花纱布公司及合众进出口营业公司、建华贸易行、同庆、鼎元钱庄等六家企业,其中鼎元钱庄从筹办到开业都委托许振东负责(早在1946年初已在仁泰钱庄酝酿成立了筹备处),我地下党投资鼎元钱庄的资金约合黄金四百两,占股金总额的50%,许振东投资40%,其余10%在社会招股。鼎元开业由许振东出任总经理,我地下党派两位同志担任副经理和襄理,负责经营业务。

早在1946年春天,克生派人赴沪邀请许振东来高邮商量建立通汇线事宜,决定双方各投资金50%,在高邮合办益大钱庄,在扬州合办仁泰钱庄，在镇江建中大钱庄，二分行派党员汪华同志（后来曾担任江苏省体委办公室主任）负责上述钱庄的经营业务及联络工作。至此，上海鼎元钱庄与解放区华中银行连成了一条完整的通汇线。这条通汇线的高邮至镇江段运转了半年左右，由于国民党发动内战，大肆进攻解放区，而在1946年10月结束。其中只有高邮合办的益大钱庄因战祸遭受严重损失，所余仅存委托镇江联行代收的部分国统区汇票，许振东当即将这些汇票折换成黄金保存下来，直到上海一解放，便如数交给了当时由邓克生任行长的中国人民银行苏北分行，没有遗留问题，经手人是陈立同志（后来曾担任中国工商银行总行行长）。

按理说，作为"益大""仁泰"的私方股东，许振东可以分得这批黄金的50%，但他分文未取，主动放弃了。正如徐雪寒同志所说："党在和许振东长期交往中，确认他政治进步积极支持党的革命事业，经济上廉洁清正，分文不入私囊，又精通金融业务，善于经营管理，所以委之以重任，他也慷慨接受任务，身家性命在所不惜。"

就是这样一位党的忠诚朋友，解放后，却多次受到冲击和误解，并影响到他的子女。克生深感内疚，每每忆及此人此事，就会很伤感地对我说："我对不起老许和他的孩子。"

在白色恐怖环境十分险恶的情况下，上海鼎元钱庄在地下党的领导下，经许振东为首的全体员工的努力和灵活经营，短短一年多，至1948年底，鼎元先后两次向党组织上缴黄金900两，我党投入鼎元的本金已全部收回。此外，鼎元还从资金方面支援党兴办的其他企业，如1948年底，我党在香港创办宝生银行，鼎元就注入20%的股东；夏衍、张尔华同志在香港成立大光明电影公司，鼎元投资黄金260两。

后来鼎元又将盈余的黄金100两上缴，用来采购东北解放军急需的大批胶鞋与搪瓷碗，通过安全渠道经香港将这批物资运到东北解放区，直接支援了解放战争。1949年5月，上海解放，鼎元所担负的光荣历史使命胜利结束。

五、蒙冤三十载

许振东不但放弃了"益大""仁泰"等50%的私股分额，这都是与我党合办钱庄逢战乱业务结束时将汇票及时折换成黄金而应得的，连同后来投资于鼎元的40%股金的应得分额，他也放弃，悉数缴公了。谁知，这件本来是廉洁奉公的大好事，在"三反五反"运动中，苏北区党委竟怀疑邓克生勾结许振东搞地下钱庄，把它当作重型炮弹，对邓克生撤销党内外一切职务，实行隔离审查。

那是1952年年初，"三反"运动一开始，苏北区党委就认定苏北分行是重点单位，派了两位部长和几位地县级干部，还有上百名"打虎"队员进驻，大造"山高林密，必有猛虎"的舆论，发动群众，检举揭发，来势汹猛。克生在这种形势下，忧心如焚，他根据党的政策，以马克思主义的观点，1952年1月13日写信给打虎队负责人，建议领导上搞"三反"运动"要防止有麻痹思想（主要的），但同时也不要有急躁思想（次要的），必须保持领导上的清醒。""急躁思想贯穿到下级领导及骨干中，很容易产生普遍性的偏差，在此运动进入实际检举坦白的时候，提请高级领导层加以注意，使运动能正常进行。"

这个建议，本来是根据实事求是精神提出来的。可是这位负责人却认为"邓克生三反运动初期暴露出严重的右倾思想，曾一度发表谬论，拒绝检查，对运动起了严重的阻碍作用。"对此，该负责人于1952年2月18日在检举揭发动员大会上，代表苏北区党委宣布撤销邓克生苏北分行行长及增产节约委员会主任委员等党内外一切职务，隔离审查。我也受到株连，同时被隔离并撤销党内外一切职务。上述消息，次日刊登于《苏北日报》头版和《三反快报》。

经过整个运动的检举揭发、隔离审查、重点批判后，在既不允许本人解释又不准申辩的情况下，1952年12月由苏北区党委纪律检查委员会以"对资本家许振东问题上，表现为立场模糊，阶级界限不清，如与许为'私人好友'，不但与许在生活上混成一片，并曾在不少地方为许的利益着想，解放后接受许的礼物近千万元（旧币）。……邓克生在三反运动初期暴露出严重的右倾思想，并曾一度发表谬论，拒绝检查，对三反运动起了严重的阻碍作用"的罪名给以"党内当众警告处分"。

不久，我们都被调出了银行系统。克生虽然蒙受冤屈，但一如既往地认真工作。后来又主动提出到宣传理论战线工作，他征求我意见时，我考虑他在长沙、桂林抗日救亡时，就做过这一方面的工作，有基础又有爱好，也就支持了他的选择。

直到1978年党的十一届三中全会关于拨乱反正的决定下达后，各地党委开始着手处理历史遗留下来的一些冤假错案，我写报告要求省委重新审理克生"三反"运动中的冤案，给予平反，恢复名誉；对于本人因克生的所谓"问题"受株连，当时同样受到撤销党内外一切职务的冤屈，也要求给予彻底平反。报告经江苏省委批转，由省人民银行党组复查。

1982年12月26日中共江苏省委发出（苏委[1982]57号）文，对省人行党组的复查报告作了批复："同意你们的意见。一九五二年二月十九日原苏北区党委在大会上宣布撤销邓克生同志苏北分行行长和增产节约委员会主任委员职务的决定和一九五二年十二月原苏北区党纪委给邓克生同志党内当众警告的处分都是错误的，均予以撤销。""邓克生同志的爱人臧文同志，因邓的所谓'问题'受株连，也被撤销党内外的一切职务，同样是错误的，一并予以撤销。"

至此，这一长达30年的历史冤案总算有了一个公正的了结。但是，克生已去世六年了！消息虽然来得太迟，但终于还历史以本来面目，还克生以清白，终于可以告慰九泉之下的英灵。也实现了我和孩子们多年来的心愿。

六、慈爱的"孩子王"

新中国成立后，我们都向往着建设新中国，过上幸福美满的生活，好好孝敬老人抚养孩子。当时为稳定市场物价，打击粮油投机不法商贩，苏北从四川、湖南等地调运大批粮食抛售市场。我们委托运粮船队将克生的老母亲，胞妹邓德惠和她的孩子，我们的孩子健荣、晓文，以及母亲收养的孤儿寡母史习敬一家，共八人，搭乘运粮船带到扬州，和我们一起生活。

从这时起，克生对父业纸店的股金及长沙城区的房产做缴公处理，直到"文革"前，他曾两次写信给江苏省委转湖南省委，要求组织接收。长沙市委的答复房产全部接管，至于股金，因涉及对私改造政策，暂不予以考虑。为此，克生竟被视为"阶级异己分子"，在"文革"中屡次遭到批斗。

克生逝世后，我曾找过江苏省革委组织组负责人，要求对克生的问题作结论，对他的家庭问题有个说法。那位负责人明确告诉我，经调查，邓的家庭在民主革命时期，对党是有贡献的，解放后表现也是好的。

解放初我们已经有了四个孩子，克生和他母亲都很喜欢孩子，孩子给我们的生活增添了无穷的乐趣。克生爱孩子的心情比我外露，不管工作多忙多累，只要有时间就抱抱哄哄。孩子长大以后，他爱和孩子一起下棋、猜谜、讲古今中外的故事，老像个"孩子王"似的。

孩子跟他也没大没小，自由平等。记得有一天两男孩打架打得不可开交，二儿子将大儿子的胶鞋剪破一寸多长的大口子，老阿姨急得想拉也拉不开，正好看到克生下班回家，心中大喜，以为他会对孩子训斥一顿，哪知他往"角斗场"中间一站，充当起"教练"

和"裁判",指导两个宝贝如何取胜,纠正他们各自的姿势,弄得老阿姨目瞪口呆。两个儿子则在无形之中由打斗变成了游戏。

克生疼爱孩子,但不娇惯孩子。我们俩的工资收入不低,他有时还有稿费收入,这使我们的生活条件不错,可他常跟我说不许孩子有心理上的优越感,要培养孩子爱读书爱学习的习惯,要注意孩子的品德教育,要教育孩子任何时候任何情况下,都不能丧失人格和国格。

后来孩子多了,我们的工作也很忙,他还经常下乡搞调研,但一直都很注意对孩子的教育。他自己虽然性格内向温和,但为人开朗豁达,说话风趣幽默,遇事沉着冷静,办事讲究实效,从来不说空话大话。不论写文章做报告都亲自动手,他思维敏捷,落笔成文,很少修改。这一个人特点,对孩子们影响很深很深。

他一生的嗜好唯有读书。不论是战争年代还是建国以后,他始终不渝地坚持读书,反复读马克思的《资本论》及其他经典著作,也喜欢阅读古今中外的文学名著。"文革"后期,等待做审查结论,他有了较多的空闲时间,就重温了一遍马列的哲学著作。这些都给孩子们做出了很好的榜样。

七、爱惜器重人才

不论在哪里工作,克生与同志们的关系都是亲密无间的,许多同志至今十分怀念这种没有"官气"的情谊。他特别注意培养干部,鼓励干部读书学习。对勤奋好学的同志更加爱护。

扬州、泰州、南通等城市先后解放,克生忙于接管整顿国民党遗留下来的金融机构,组建人民银行苏北分行,需要大批干部。他亲自规划,经批准向社会招收一批知识青年进行培训。他还亲自到上海华东区行,从接收的留用人员中挑选一批熟悉银行业务的干部(约10人),调到苏北分行工作。这些同志,初离大城市难免不适应。他爱才心切，对他们一视同仁，量才使用，把他们安置在各个合适的岗位上发挥专长，并从思想上生活上给予关心照顾。

会计科胡惕同志的爱人徐志迪同志带着两个孩子来到扬州探亲，回南通时，临走前，克生派自己的警卫员将她们母子三人送到南通家里才放心。胡惕夫妇深为感动，至今难忘。他们在各自的岗位上勤奋工作，成了银行、医疗战线上的业务骨干，两人都入了党，胡是江苏分行会计处副处长、高级会计师，他爱人是南京第一医院的护士长，现都退休安度晚年。这样的小事数不胜数。

在苏北分行工作期间，克生对居乃吟、葛钧、黄如之、张放等中青年干部印象良好。对黄如之自学成才印象尤深。黄在"反右"中被划为"右派"，克生很是惋惜。张放同志的遭遇更使他叹息不已。解放前张是南昌某大学的学生，因参加反内战、反蒋斗争，被敌人追捕而撤到苏北工作，有才气，笔头快，克生十分器重。后来也被划成"右派"，组织上还强制他的未婚妻与他断绝关系。克生得知后连连以惋惜的口气说"实在可惜！实在可惜！"

对我也是一样，他一直鼓励我抓住各种机会，多学知识。解放初，中央决定选调一批工农兵干部到人民大学去学习（学制3—4年），提高文化素质，培养建设人才。苏北区党委组织部拟调我去人大。谁知克生在上海参加华东区行行长会议时，突然发病，被送进医院。当我赶到上海时，他已平安无事，神志清楚，可以下地了。我很快返回扬州，组织部却改变主意，以克生身体不好、孩子幼小为理由，说服我放弃，并推荐其他人去了。为此事，克生一直心里不安，总认为是他妨碍了我上大学，生前想起此事就说："我对不起你。"

八、情同手足

克生有一个姐姐一个妹妹，没有兄弟，他和警卫员徐能周、挑勤员黄国宝的关系亲如手足，他常对我说："我没有兄弟，他们就是我的亲兄弟。"他这样说也是这样做的。

徐能周同志出身在浙江省山区一个贫苦农民家庭，被国民党抓壮丁抽去当了兵，很快被我军解放入伍。他在我们身边时，战争间隙里，克生亲自抽空教他识字写字，提高文化。建国后，他曾任江苏省军区招待所所长，后任常州102医院的副院长。离休前是师级干部。"文革"中他不怕受牵连，多次来南京看望克生，给身处绝境的我们很大的精神安慰。形势好转一些后，他又在常州接待克生，让他身心得到休整。他还把我们远在内蒙插队的女儿安排到他们医院学习医疗技术。在那特殊的年代给予我们莫大的支持和帮助。

去年春节，我和两个女儿专程到常州去给他拜年。他有一个幸福美满的家庭，妻子能歌善舞，两胎双胞胎四个儿子都已成才成家，对老俩口也很孝顺。说起当年他一头挑着克生的文件、书籍和简单的行李，一头挑着我们的孩子，南征北战的情景，大家都感叹不已。

现在黄国宝同志的情况也不错，爱人是一位小学教师，生有三男一女，孩子都长大成人，走上了工作岗位。克生在天有灵，知道他的小兄弟和他们后代的情况，也会感到莫大的欣慰。

九、十年劫难

"文革"一开始，克生奉命在江苏饭店传达"5.16"通知时，突然发病，仍不能适当休息。随着运动深入，出现造反派给一些"走资派"戴高帽子、挂黑牌子游街之类的事情。他见到平时尊敬的一些老同志遭殃，心里很难过，也很害怕，怕不知何时也会轮到自己。

1966年8月3日，吴天石夫妇在高温酷暑中被揪斗折磨身亡，克生通宵达旦难以入眠，辗转反侧，欲哭无泪。

9月9号，省"文革"小组派人找他谈话，向他正式宣布："决定对你的问题要在新华日报点名，公开批判。"叫他不要上班，在家等候处理。

当天，他领了当月的工资回到家里，写好遗书。晚饭跟平常一样，喝了一大碗他特别喜爱的干菜酸辣汤。没有拿任何东西，没有向任何人告别，怀揣着一瓶白酒，他从后门离家出走了。在黑暗中，向城外走去，转了几个曲折的大弯，摸黑到了江东门方向，痛苦地徘徊，边走边饮酒，又吟起绝命诗："采石江中太白魂，我今携酒去追寻；临终一醉千愁解，何必遑遑身后名。"这首先前默默准备的绝命诗，因时间匆忙，没有写进遗书里。此刻看看天已快亮了，非常痛苦地喝完最后一口酒，投入莫愁湖西边的河塘中……

当时我在四清工作队，得知消息，赶回家中，不见克生影踪，不知去向，焦急万分。女儿最先发现他的遗书，我们又在抽屉里见到他从不离身的钢笔、手表等物，当月的工资分文不少。我们打电话，给省"文革"小组领导，向公安、水陆交通部门、车站码头询问求援。第二天上午，四清工作团团部的同志告诉我，克生已被一好心的菜农救起，正在工人医院抢救。

我赶紧跑到医院。他一见我，就紧紧握住我的手，含泪对我说："我入党三十年，从来没有做过对不起党和人民的事情……""我受不了，我想了很久很久，只有结束自己的生命，才能摆脱苦难。我对不起你和孩子。"克生自杀未遂，又增添一条"畏罪自杀"的新罪，继续接受批斗。

在以后的日子里，他不是接受造反派的批斗、陪斗，就是应付四面八方来的要他写证明或揭发材料的人，其中有些人是带着"任务"来的，非要他按他们的意图提供某人的罪证，克生总是实事求是地写，令来人大失所望。他也常因此横遭训斥，回到家里就找个角落独自一人闷坐，唉声叹气。他每周写检查作思想汇报，仅 1966 年 11 月 13 日至 1969 年 4 月 27 日的两年半中，思想汇报就写了 122 期，全是违心地自我批判、无限地上纲上线。

1968 年秋冬，孩子们先后到边疆去到农村去，临行前照相留念、送别都没有爸爸的份，外出串联写信回家也不提爸爸，这使克生内心十分痛苦，他理解孩子为了"划清界限"才疏远他，他渴望得到他们的理解。

1968年10月21日是他下乡去句容县朱林公社的第五天，他在给干校监管小组的思想汇报中写道："昨天写了一封短信给小女儿，只是告诉她，我已经到了这个目的地，决心劳动改造自己……""我只有改造好了，才有面目回去见家人。"

早在1959年以后，学术批判就同政治上的反修防修联系起来，以群众运动的方式搞学术批判。克生当时就很反感，情绪时好时差，很不稳定，原本虚弱的身体就更差了。几年下来到了这时，他身心都受到极大摧残，患上了严重的失眠症，有时服安眠药也无济于事，常常彻夜难眠。他满腔的忧郁和委屈全闷在心里，最多捧本书叹叹闷气，我看了心里十分难过，但是又有什么办法呢？

1969年5月下旬，干校革命领导小组向克生宣布他的问题"作为人民内部矛盾处理"。从这时起，他可以参加一定范围的群众活动，但他的心脏承受力已越来越差，心律衰竭、心绞痛不时发作。

尤其让克生心痛的是，和他一道投身革命、最疼爱他的姐姐邓评，却在"文革"中被造反派活活折磨致死。西安派人来调查，向他进行"阶级教育"，要他"正确对待""划清界限"，他不得不强忍着内心巨大的悲痛，装出很平静的样子，原想具体提一些问题，了解姐姐遇难的详情，面对来人凶狠的目光，就再也不想开口了。1978年党的十一届三中全会以后，西安市委开大会为评姐平反昭雪时，克生早已在"天堂"与姐姐相会了。

即使是在最艰难的时刻，克生也坚守自己做人的原则，决不为了改善自己的处境，迎合造反派的需要，按他们的要求说假话做伪证。刘顺元同志是克生所钦佩的领导同志之一，"文革"中造反派勒令克生交待与刘顺元的关系，揭发刘的"罪行"，他始终咬定与刘只是一般的上下级关系，为刘老补缺，买过几本马列著作；下下棋，自己的棋艺不如刘老，等等。我知道"反右"以后，刘老曾对克生叹息过："不管怎么说，用钓鱼的办法反右派，言而无信，是很不光彩的。"刘老还多次提醒克生对毛泽东也不要迷信，阅读毛选要独立思考，保持清醒头脑，等等。这些谈话曾让克生得益匪浅，但在"文革"中如揭发出来，就是重磅炮弹。造反派一次次追逼克生，企图从他身上打开缺口，却一次次落空。克生每次回来就对我说，这些人完全无知，有理说不清，不开口最好。

十、悲极后喜　乐极生悲

1976年1月8日敬爱的周总理与世长辞，克生万分悲痛，目睹南京人民悼念总理的悲壮场面，他的心情更加压抑，身体也日趋衰弱。春天我陪克生去北京检查身体并治疗。清明那天一早，我们一起去了天安门广场，看到北京市民陆陆续续自发地把花圈、挽联送到人民英雄纪念碑前，深受感染。不久形势大变，我们以"待罪之身"，不敢多停留，也就撤离了，但亲身感受到了"四五"运动民心鼎沸的壮怀激烈。谁知回到南京，就开始了大追查，我们藏有在天安门广场拍的照片，克生的神经终日紧绷，加上内心的愤怒与郁闷，心脏的负担更加沉重。夏秋之际，又受到"地震"的侵扰，家无宁日，居无定所，身体根本顾不上，人也苍老了许多。

9月毛主席去世又是一场大悲恸。悲哀之中，渐渐有各种振奋人心的消息传来，先是老战友老同志之间悄悄地口头传递，慢慢地报刊广播中也可看出听出端倪，终于迎来普天同庆。克生压抑了十年的心，一下子舒展开来，然而他的心脏已经受不了这样的大悲大喜，11月8日他终于病倒在欢庆粉碎"四人帮"的会场上，住进了省中医院。

他不顾医生的忠告和家人的劝阻，兴高采烈地和朋友们畅谈内心的喜悦，给散落在全国各地的孩子们写信，告诉他们："我这辈子最高兴的就是三件事：一是打败日本鬼子，二是新中国成立，再就是粉碎四人帮。真是民心所向啊！"他开始通宵达旦地整理笔记和手稿，构思新的经济学研究著作。他说："我想了很久很久，现在终于可以动笔了。"在医院里，他怎么也平静不下来，又像孩子一样爱说爱笑，往昔的生命活力又回到他身上，我为他焕发出新的青春而高兴。

谁能料到，11月28日，星期日中午，我正在商场劳动（我们实行星期一休息制），传来克生病危的消息。我赶到医院，他已不能说话，大面积心肌梗塞，加上混乱的医疗体制夺去了他的生命。这次他连遗言都没有留下就匆匆而走，但他看到了"四人帮"的下场，看到了新时代的曙光。他是在阳光下笑着离开的。

四分之一世纪过去，我们的祖国发生着巨大的变化，经济学领域的变化更是克生生前无法想象的。克生如泉下有知，一定会很高兴的。

安息吧，克生！

【附一】

答谢词
—— 在邓克生百年诞辰纪念会上的发言

各位来宾，各位亲朋好友：

12月13日是克生诞辰100周年，上月28日是他逝世35周年。在35年的漫长岁月里，朋友们没有忘记老邓，一直在用各种方式不断地缅怀他，纪念他；还在各个关键时刻，对我和家人给予了真诚的关心和帮助，给克生的在天之灵以莫大的宽慰。35年来，我和孩子们虽一再表达了我们的感激之情，但随着我年事渐高，即将跨进90后，眼花耳聋，行动维艰，静思默想之中，对朋友们深深感谢的情意也日益加重，总想找机会一了心愿。然而朋友们也渐入老境，有的已离我们远去，有的则卧病在床，不少人垂垂老矣，大家相见时难别亦难。随着老邓百年诞辰的临近，好友们纷纷来信来电话，表达了真切的缅怀和纪念，还有一些朋友专门写了纪念文章，我和孩子们又一次深为感动，商量来商量去，我们决定自家举办今天这个追思会，低调进行缅怀和纪念，并借此机会表达我们多年以来对大家的深深敬意和由衷感谢。

谢谢大家！

（2011年12月）

【附二】

克生百岁

倾家荡产为革命，撒手人间两袖清。
身前身后人格在，家风不变慰君灵。

我的一九三七

——难忘的十四岁

1937年,我还不到14岁,那是一个苦难的岁月,也是我终身难忘的岁月。

一、亲历日机轰炸上海

7月7日,日军进攻卢沟桥,中国军队奋起反抗;8月13日,日军又在上海挑起战火,中国军民开始全面抗战。8月14日下午,我正在家里的阳台上晾晒衣物,抬头看见东南角上空中国飞机和日机正在交战,突然一架飞机后屁股掉下两个小黑点,紧接着就听到"轰隆隆"两声……

我马上跑下楼来,站在人行道上呆望。听到行人都在议论,有人说日本飞机的炸弹丢在"大世界"娱乐场附近了,他刚从西藏路那里过来,看到卡车装着血肉模糊的尸体,车子由东向西开过去(大概是开往殡仪馆)。又有人说马当路那里有个石库门房子,天井里躺满了被炸伤的人,许多女学生在给受伤人员擦红药水,等等。还有个从青岛路书店(在我家东边约100多米)里走出来的人,对大家说共炸死炸伤1000多人。

吃晚饭的时候,大姐对我警告说:"不准瞎跑!炸弹是不长眼睛的,穷人富人都会碰上……"上海陷入一片战乱。

不久,在战乱中,我跟着大姐逃难回到无锡乡下胡埭蔡村老家。

二、逃难二十里

1937年深秋初冬季节，日军占领无锡城后，经常下乡奸淫掠夺，无恶不作，我们全家不得不逃难。逃难中有两件事，我终生难忘，至今记忆犹新。

第一件事就是无锡沦陷后，家乡人民惨遭殃，乡民万分恐慌，纷纷弃家外逃。我们蔡村东西拢共七八户人家，躲的躲，跑的跑，一时间竟不见人影。

我们怎么办？父母亲和大姐夫大姐一起商量，父母决定带着三个孩子：我（14岁）、大弟（9岁）、小弟（6岁）逃难。大姐一家就地留守，大姐说万一日本兵来，她可以躲藏到田野里去……

于是父亲挑一个担子，一头是行李干粮，一头是小弟弟。母亲是一双解放脚，拉着大弟弟，我紧跟其后。我们这个小队伍走啊走，一天走了多少路？大约有一二十里，傍晚到了阳山脚下（著名的无锡水蜜桃的产地）。大家又饿又渴又累，足底下都起了水泡。当夜就蜷缩在一起，躺在一户农家的牛棚里动弹不得，一家人与牛相伴而眠，过了一宿。

次日清晨，父亲向农家买了一捆稻草，借锅烧了锅开水，大家啃着自带的母亲做的圆贴饼，边吃边商量。前进还是后退？母亲先动摇，她不肯继续向前走了。因为，往何处去？谁也不知道。

我和两个弟弟眼巴巴地看着两个大人，母亲看着我们暗自掉泪。她最后说：死也死在家里。又说家里还有半瓮头黄豆（留了做种子的），意思是这会儿可以拿来充饥。于是，我们又掉头回家。

第二天走走歇歇，歇歇走走，走过黄昏，走到半夜才到了家。

三、躲进猪船逃回上海

第二件事是我和大姐躲在猪船舱里返回上海。

这一年寒冬腊月里,有一条运活猪的船要开往上海,我大姐想回上海,找到船主答应带她走。装猪的船是上下两层的大木船,可装活猪数十头。母亲就叫我跟姐姐同行,人躲在猪船舱里,靠活猪掩护。我和大姐躲在下面的底层,上面一层猪拉的粪便尿水直往下淌,臭气熏天,难闻极了,我想呕吐又没处可吐,也不敢吐,竭力控制自己。

夜深人静时船过太湖,正好遇到日军的巡逻艇,哒哒哒……马达声由远而近,姐姐和我吓得直抖,大姐紧紧地把我搂在怀里。就听到日军上船检查,鬼子站在甲板上,他们用枪尖的刺刀往猪船舱里乱戳,只听见猪们哇哇乱叫。吓得我抱住姐姐,一动也不敢动。我们把身子紧贴着船身,不敢呼吸,不敢透气。

过了好一会儿,敌人汽艇渐渐远去。这时船老大叫我们爬上甲板透透新鲜空气,我们只感到浑身臭气,通体乏力,互相对望,只见彼此都是散发凌乱,污秽不堪,一付极度狼狈相。

船到达刘河(靠近上海市,在嘉定县境内)时,天色已经蒙蒙亮了。我们又回到上海的家了。

我们上海青岛路的家地处英租界。在租界里生活过的人都目睹过日、英、法等外国列强在中国土地(租界)上享有特权,作威作福。我从小就对所有侵略者都没有好感。可是,当我回到租界的时候,又产生了一种特殊的感觉,不知道为什么,这时的租界又成了人们的避难所、护身符。

在掘港支行工作的两件事[1]

1941年1月,蒋介石发动了震惊中外的"皖南事变",悍然下令取消新四军番号,党中央针锋相对地决定在盐城重建新四军军部。为加强根据地建设和对敌斗争的需要,根据党中央关于"华中各地应急速成立银行……"的指示精神,军部财经部于同年4月1日在盐城郊外小马沟成立了江淮银行。朱毅、李人俊、骆耕漠三同志担任正副行长。

我在1941年3月从抗大五分校女生队与曾华、麦洁红等同志一起调到财经部。先集中学习会计业务,5月初分配到苏中南大门四分区江淮银行掘港支行与张惠发同志一道搞汇兑业务。当时战争环境,对外业务清淡,我被安排在分区金库(编制属银行)帮助工作,学习记账、点钞票。记得有两件事教育颇深,终身难忘。

一是1941年夏秋,日寇大"扫荡",敌机配合"扫荡",狂轰滥炸,炸弹落在掘港天主教教堂,距我们驻地仅30至50米,我抱住账本躲在桌子底下不敢动。敌机一走,分区财经委主任范醒之、金库主任陆慕云同志马上召集我们,进行防空教育,叫我们注意防空警报,随时做好一切准备对付来犯之敌机。陆还做示范动作,说"敌机轰炸时人体要靠墙壁,站在不易倒塌的墙角上"等等。

二是当时时值黄桥战役后半年多,建立根据地不久,是统一战

---

[1] 曾载《南通革命金融》。

线形式的"三三制"政权，每周一要举行总理纪念活动，会上要背诵总理遗嘱，而我们这伙刚参加革命的小青年，想方设法逃避，实在躲不掉在会场上也视机溜走或躲在壁角落里看普希金的诗、巴金的小说，对这种统战活动毫无兴趣。哪知被范醒之、陆慕云等领导知道了。范很恼火，狠狠地批评我们无组织、无纪律、自由散漫的无政府主义倾向。可是陆的态度却不一样，心平气和地以长者讲故事的口气，给我们讲党的统战方针政策的重要性、必要性。他说他们在大别山地区工作时，为了民族解放的大业，曾与党外著名人士章乃器等人合作共事，还说党外人士有许多长处，不少人具有真才实学，例如四分区司令员季方、专员季强成，都是统战对象，特别是季方，陈毅、粟裕同志都很尊敬他。他还讲到我们有位同志患疑难病症，就是党外同志帮忙安置到外地大城市治疗，抢救了这位同志的生命等等。因此，一再教育我们要好好学习党的统战政策，团结党外人士共同抗战，把日寇赶出去，建立新中国。

战地金库两忆[1]

初忆：一千三百两黄金

八一建军节，和老战友们通电话，也给胡翠华拨了电话，每次和她通话，都会想起她爱人——六十九年前牺牲的泰兴县委书记兼县团政委叶梯青，还有县长张鹏举。

当时大军北撤山东，叶梯青、张鹏举等奉命留在南线坚持斗争。我是苏中金库的出纳，北撤之前，组织上留下1300两黄金交给叶梯青作为部队经费，我亲手把这笔巨款交给了他们。

1947年3月，国民党军一〇二旅一部和两泰保安队及地方反动武装，对泰兴县发动疯狂的第三期"清剿"，形势十分严峻。"围剿"开始前，因部队带着这么多黄金，行动不便，也不安全，叶梯青郑重地把黄金交给了他的上级许家屯。17日凌晨，敌人以五倍的兵力从泰兴城、黄桥、姚家岱、宣家堡等据点出发"会剿"，包围了姚家庄。为保存有生力量，县委、县团领导决定向北突围。到了下午，部队集中在袁家庄，又遭到敌人的封锁包围。在向鞠顾庄方向突围时，县委书记叶梯青因敌人冲击而与大部队分开，身边仅带有城黄路武工队和警卫员等19人，后几经激战大部牺牲，仅剩警卫员一

---

[1] "初忆"部分曾登载于2016年8月23日《扬子晚报》，"再忆"登载于2016年10月18日《扬子晚报》，合并收入个人文集。

人。这时，多年患有肺病，身体十分虚弱的叶梯青，确实跑不动了。他誓死不愿当俘虏，恳求警卫员给他一枪。警卫员被感动了，发誓说："你跑不动我来驮，要死死在一起，要活活在一起。"他驮着县委书记才跑了几十步，叶梯青就不幸中弹。

叶梯青和我一样，都是从上海奔赴苏北根据地的。在苏中这片广袤的土地上，他洒尽了最后一滴血，牺牲时年仅33岁。县长张鹏举不幸被捕，牺牲得非常壮烈。

当时叶梯青的上级许家屯也同样处于危急之中，仍想方设法把黄金转交给了负责财经工作的吉琳，吉琳冒着极大危险将巨款交给了他的领导金逊，金逊让部队把这笔巨款护送到苏中金库，1300两黄金就这样在大军压境兵荒马乱中，又回到了我的手中，清点入库分文不少。

谁会想到胜利后，经历此事的人竟多次受到这1300两黄金的牵连。首先是吉琳，三反五反时有人揭发他贪污了这笔钱，将他隔离审查。我出面证明了吉琳的清白，告诉专案人员当时吉琳处境十分危险，他冒险妥善地把钱交给了领导后，才隐蔽进一个地窖，躲了三个月才见天日，出来时头发胡子眉毛全都白了，大家都叫他白毛男。文革中，我又在街头大字报上看到说许家屯贪污了这一千多两黄金，我立即回家给当时的文革领导小组写信，说明情况。

如今我已90多岁了，心中常常怀念我的战友。叶梯青、张鹏举英勇献身，吉琳、金逊、许家屯先后作古了，知道这件事始末的只剩下我一个人了，我不说就没有人说得清了，想起往事，十分感慨。战争年代，无论斗争多么残酷，环境多么险恶，在巨额公款面前，无论职位高低，都没有人顾及自身的安危，更没有人起心动念，趁机浑水摸鱼，而是尽各人最大努力，历尽艰险，将它安全归位。我就是这段历史的见证。

再忆：肩背上的金库

我的一篇文章《1300两黄金》日前在《繁星》发表后，有人质疑：新四军哪来那么多黄金？大部队北撤给留下的同志那么多黄金做什么？要回答这个问题，还得回到抗战前期。

皖南事变以后，蒋介石取消新四军的番号，断了新四军的军饷。1941年1月25日新四军军部在盐城重建，党政军一元化领导，开辟了华中抗日根据地。处于日伪顽三面包围的险境。为了在夹缝中绝地求生，根据地首先必须在经济上站住脚，财政经济部应运而生，朱毅、李人俊同志为正副部长，同时组建江淮银行（后更名华中银行），发行抗币。我被分配到苏中四分区金库工作，1943年初调入苏中金库任出纳。

当时银行金库里除根据地发行的抗币以外，还有国统区的法币、汪伪政府的储备券，币种多、面额杂，还互不通用。唯一的硬通货就是黄金。胶东抗日根据地有个金矿，能生产提炼出八成金的金砖。财政部门便派人将这些毛金砖放在油篓子底下，随运送农副产品的船只，运送到上海，通过地下党的关系送到专门的厂里精加工成大小金条（即十两重的大黄鱼和一两重的小黄鱼），再从秘密通道运回解放区。苏中的沿海产盐，设有两淮盐务局，盐税收入可观。当年两淮盐务局的负责人是孙笃生。60年代以后，我们曾相邻而居十多年。另外苏中物产丰富，粮食、棉花、油类、豆饼、生猪、猪鬃、肉制品、酒和土布生产贸易活跃，也是收入的一大来源。收到的各种货币，为了保值，也尽量换成黄金。但大军北撤，我们自己发行的华中币，敌人是不认的。从金库拨出那1300两黄金，不仅仅是给留守同志的经费，还有就是为了安置群众。

现在一提金库，就让人联想到铜墙铁壁和警卫森严。但根据地的金库在哪里？用当时金库主任陈克秋的话说："金库就在我身上，在我的心中!"这话一点也不夸张。根据地开辟之初,敌伪顽三面夹击,部队经常转移,兵荒马乱,怎么可能建立安全固定的金库?我们这些金库工作人员包括主任陈克秋,都是20岁上下的小姑娘,只能背着金砖银锭钞票随部队行军。出发前先进行分类整理,黄金装在贴胸的马甲口袋里,马甲是被服厂专门为我们特制的。各种钞票则打成背包,每个背包有十几斤重,价值至少25000元法币,加上米袋、账册,背在背上,相当沉重,长途行军,越背越重,肩膀都要勒出血来了。白天背着走,晚上用钱垛搭床板,头就枕着黄金睡。人在钱在,一刻不敢离身。这是新四军的"命根"啊!

那时我们作为要害部门,随首长行动,过封锁线并不可怕,有部队保护着呢。最要命的是在水网地带行动,脚登草鞋,穿越那一片连着一片的泥泞稻田,走过那一座又一座摇摇晃晃的独木桥,常常让我们累得满身大汗,吓得心惊肉跳。

钞票实在太多时,就请民工帮着挑。一次行军途中突然遇到敌人袭击,大家一口气跑了七八里路,避开了敌人。部队集合时,急忙数点民工挑的钞票包,一个也不少。多好的老百姓呀!在巨额金钱面前没有一点贪念。为什么?老百姓说,人民政府和我们是一家人!

信用：银行的生命线[1]

——半个多世纪后再忆江淮银行和华中银行

作者说明：人民银行总行部署抢救性工作，指定江苏人行召集我们健在的华中银行老行员回忆、提供资料，编辑出版了《华中银行历史资料选编》《华中银行史》两本书。后来江苏银行协会约请我们银行老人以史带论，结合当前社会经济现实问题，撰写回忆文章。我针对当前社会忽视"信用为本"的严峻问题，和老同事陈立多次通电话，交换意见，在多方帮助下完成这篇文章，既算是交稿，也是对当年为建设江淮银行、华中银行做出大贡献的老领导、老同事们的纪念。各位的名字，有文中提到的，也有没提到的，对他们毕生讲信誉、重信用，"诚信为本"一代风范，表示内心的敬重。

江苏现有的几家国有银行，前身叫江淮银行、华中银行，抗战时期就成立了，一直扎根于华中、苏皖的根据地，称为根据地的"经

---

[1] 本文于2012年正式发表在《江苏银行业》总第32期第66-70页，篇末注明"作者系1940年参加新四军，1982年离休"。编入个人文集，考虑到读者对象有所不同，尊重原论述框架，仅在原文基础上做适当修饰。又，作者生前审定的《忆华中银行与华中币对淮海、渡江战役的支持》一文，已于作者逝世后次月发表在《铁军》杂志2019年8月号上，此摘录其中两章节，作为附录，略当补充。

济心脏",从新四军到解放军的华东、华中野战军,完成其历史使命后,随着南京、上海的解放,1949年春改组为中国人民银行华东区行。

至今,大半个世纪过去了,江淮银行→华中银行→人民银行→四大国有银行,我省银行演变的脉络,我是亲身经历者。我和陈立(曾出任国家工商银行总行的首任行长,离休后居京)、麦洁红(已故,中国银行江苏分行原副行长)等一批青年,刚参加革命就被分配从事新四军的财经、银行工作,见证了江淮银行、华中银行的创建与发展,加上我爱人邓克生,当年也在华中银行担负过重要职责(担任过华中银行二分行、一分行行长,至总行副行长、行长,文革受难过世)。银行,经营的是信用,靠的是商信商誉。在金融日益重要的今天,理性地回首往昔,就着江淮、华中银行在特定历史条件下成功经营信用的历程,作些探讨和认识,对今后如何办好银行,或许仍有借鉴意义。

战争重创社会信用,敌伪货币极度贬值,江淮、华中银行临危创建

为什么说江淮银行是临危创立呢?

其一,有新四军之危。1940—41年是抗战最艰难时段,皖南事变后新四军在苏北重建军部,承受着极大压力,经济犹为困难,几乎毫无后勤供给,急需建立起保障自身的经济系统,迫切需要创建自己的银行。

其二,有经济信用之危。当时,日寇侵略造成了社会信用极度破坏、匮乏。苏北苏中地区老百姓,日常生活及经济生产,面临着货币信用极度低下、难以交换的困局,这是当年新四军进军苏北所面对的险恶环境。那时我从上海来到苏北,对比鲜明,印象极深,目睹军民因缺乏有效、可信的流通媒介手段而困苦不堪;军民之间、民

众之间，没有彼此可信用的货币媒介，几乎没有了买卖。

当时，虽有伪币、有法币可见，实质是怎么一回事呢？沦陷区日伪政权滥发的货币，被叫"伪币"。这类伪钞本身就是敌伪用来洗劫边区民财民物的手段，如同废纸，不值钱，谁也不信，谁也不敢用。国民党中央政府所发的货币，本叫"法币"，包括地方实力的韩德勤，借江苏农民银行强推的钞票，同样也由于膨胀发行、信用贬值，加上假币充斥，也不得百姓信用。在这两种不信任、不敢用的货币之外，民间及我军持有的极少量银圆黄金，远远解决不了普遍的买卖与流通需求，社会经济呈现出以物易物的原始状态。靠这种物物交换，解决不了正常的需要，更难承载一支大部队加党政机关在当地扎根。

创建民众可信赖的银行货币，不仅是新四军能否打开局面的一大经济、政治任务，而且是解决华中、苏北地区经济正常运转的社会需要。江淮、华中两行能先后筹建运营，除了经济上支撑新四军的迫切需要，也和当时当地社会急需重建信用体系的现实条件分不开。今天来认识，就叫历史条件下的应运而生。

1941年初，新四军军部重建，特地设立财政经济部，同时在盐城建立了江淮银行（取名是接受刘少奇建议改的，他说原拟的两淮银行不够气派），陈毅诚聘了从日本明治大学留学归国的朱毅，担任财经部长兼江淮银行行长，又派陈国栋秘密潜入上海，采购彩色印刷机，印发了新的币种——江淮币，又叫抗币。至抗战胜利前夕，新四军控制下的苏中、苏北、淮南、淮北四个抗日根据地连为一片，扩大形成华中解放区。中共中央华中局和新四军进而决定，在原江淮银行基础上成立华中银行（1945年8月1日设立于江苏盱眙的张公埔），发行华中币。这两行的建立，两行相承的货币体系的建立，使所辖根据地军民的日常买卖及商业交换等经济活动，得以在货币媒介下展开——手持江淮币、华中币，在根据地里通行、通吃——

社会信用体系得以恢复。回想朱毅着手组建江淮银行之初，就把抗大的几十名学员调去培训，为华中各根据地各野战部队包括银行培养出了首批财政金融骨干。我和麦洁红等，从上海到抗大不久就被抽出，由那时开始了银行生涯。

信用的成功经营，为江淮、华中银行及江淮币、华中币赢得了商信商誉，确保了新四军的生存发展

银行开张、货币印发后，就面临着如何取信于民、流通于市的大问题。新四军初到苏北华中，不能靠军权强迫老百姓接受共产党的抗币，自身又面临着能否不靠外援而靠自身经济力量站住脚的大难题。回想那时的银行货币得以成功，靠的不是行政、军事权力，而是尊重了开办银行、发行货币的经济规律，坚持了"信用、信誉至上"的经营原则。细说起来，可以举出几点：

一是货币发行时，确保有等值的储备应兑。说储备，根据地虽然没有足额的黄金储备，却牢牢备足财物，由我党实际掌控着，坚持作为发钞基础，充足的食粮、油盐、布匹等，可备及时兑换，再辅以黄金、外汇（指解放区以外的货币）为后备。财物、黄金、外汇三项储备加起来，价值不得低于货币发行量的80%，仅允许20%的额度可作为信用发行，随时应对有疑虑的群众、敏感的商贩来兑换退还抗币。坚持这套做法，就叫抗币的量力适度发行吧，不走敌占区的通胀发行之路。

二是杜绝财政透支的通货膨胀压力。我新四军的党政军机关，首先做到本身艰苦节约，压缩开支，不靠滥印钞票生存，始终注意实际控制区域里市面货币流通量的适度调控，防止实控区里的物价上涨。说起通货膨胀，不要简单地以为只有沦陷区、国统区才会有的事，几乎同期，晋冀鲁豫根据地也曾出现过通货膨胀，就是因为军费开支过大、财政收支不平衡、财政透支比例很高而形成的。我

们新四军根据地主要通过组织军民合力,生产粮油豆盐茶棉及菜蔬猪禽蛋等,再把这些农副产品卖到南京、上海等城市,当时叫"对外贸易",靠抓生产与外贸,来增加积累财政盈余。

三是妥善处理市面实际存流的各种货币,逐步巩固本币。当时的办法是,对百姓手中的伪币,明令超过五千元的限制流通,组织回收,千元以下的准其按我行公布的牌价流通,对国民党政府发行的中(央)、中(国)、交(通)、农(民)四行的法币及关金券,则区别对待,做好汇兑工作,不使百姓的持币财富遭受损失,努力维护民利。

四,更重要的是积极开展对日伪及国统区的"货币战争"。当时叫做好"标、折、比",即根据所掌握的主要物资储备算好江淮币、华中币与法币等根据地以外货币的比价、折算率,公布指导市场交易及征粮征税依据的牌价(如华中币与法币之比价为1元华中币等于50元法币,以后按其跌价情形提高华中币之比价),稳定好解放区的币值与商品流通需要。再进而把所持的外币大量转回到敌占区去采购,易回根据地所需物资,削弱其币值购买力,打击敌伪币。为此,朱毅、陈国栋、陈穆、徐雪寒及邓克生等专业干部,化费大量心血,他们在银行内部、在华中局的有关财经会议上,反复探讨保护本币、抵御外币的政策措施,讲解"劣币驱逐良币"道理。我们老邓那时最富理论特长,写下不少文章,出版过论述货币常识的小册子。我那时在银行金库,行军转移总是身背成捆成包的各种货币,晚上枕包而睡。银行领导和军部及华中局的领导,总是需要及时统计上报各种货币的头寸,我们也从不延误此类"军情"。

五是利用银行的信贷发展经济。"因根据地主要生产者为农民,抗币发行第一年,以50%的发行额用作农业贷款,包括耕牛、种子、水利、植棉、植麻等项目。光是粮食一项在2000万斤以上。借款的是农户小组,互相保证信用,手续简单便捷。利息是年利5厘到

1分，最高不过 1 分半。巨额的农贷，对提高根据地的农业生产和农民购买力，起了很大推动作用。小部分还用之于中小业主与私人商业贷款。"（引号里的内容，可参见原华中银行副行长徐雪寒 1945 年 7 月的文章《华中解放区的货币》）

我党所办的银行、所发行的货币，讲究信用，价值稳定，确实有助于百姓的生活与经济，赢得了民信民心，用老行长徐雪寒的话来说，就是"测验抗币的信用和购买力的最好标准是物价，如今根据地的物价不但远远低于国统区域，而且由于根据地有丰富的物资，对敌占区还是绝对出超的，巨大的出超就保证了抗币对伪币保有绝对的优势。"（同上文）换句话说，重建社会信用体系，获得百姓认可、有货币作媒介的经济得以发展，是江淮银行、华中银行成功的基础与标志；新四军的自我经济保障，也就有了可靠的金融命脉。

华中银行的信用，在发展壮大的征途中经受住了更大更严峻的考验

这小标题一拉出来，就有一连串的故事要说：

一是把信用、结算与资金调度，延伸到了敌占区。1946 年初内战还没爆发，华中局财委的主任曾山，他组织布置了陈国栋、徐雪寒、邓克生，找到上海的许振东（我党在沪秘密工作的长期合作者）、朱枫（地下党员、著名烈士）等，在解放区到国统区建起一条金融地下"通汇线"，通汇线上分别创建了高邮益大、扬州仁泰、镇江中大、上海鼎元等钱庄，全部由我党控制，形成联结解放区、敌占区的金融秘密通道。同期又加强了物资采购链，在上海筹建了联丰花纱布公司、合众进出口营业公司、建华贸易商行等，也是由党控，由忻元锡（建国后曾任上海市副市长、财政部副部长）等人在那边负责。有了通汇线和采购链，邓克生等在这边，把住华中银行，把收到的国民党政府所发法币、关金券、金圆券等，通过通汇线及时排

出,那边徐雪寒、忻元锡、许振东、朱枫等同志在上海,依靠通汇线,把根据地钱庄转汇来的法币款,转至物资采购,加快结算与资金周转。甚至还利用钱庄的信用,拉入国民党一些官员及机构的资金,巧妙地调度过来,用于我党的军需采购。一条通汇线,跨在两区间,起到了很好的资金结算与支付保障作用,大大方便了我党采购药品医械、通讯器材等大量急需物资的地下贸易。

二是促进了根据地军民的对外贸易、买卖通商。华中、华东地区物产丰富,历来民间商贸活跃,江淮、华中两行建立,发行起货币,并挂出本币与"外币"的汇兑牌价,此招一出,为恢复全域对外区的商品流通和商贸活动,起了很大的作用,促进了局势发展,使新四军能得益于以商养军,搞活拓宽自身的补给。

当时华中局发文,要求各地"积极开展对敌贸易战,通过调剂供需,**繁荣市场**,平抑物价,稳定金融,有计划地输出剩余产品,换取我之必需品",把根据地军民富余的粮油、皮毛、木竹、猪禽、蛋蔬等农副产品卖到区外,再从敌占区秘密采购军需及短缺品。当时,我所在的银行金库,多跟随军部及新四军一师(师长粟裕)行动,该师1942—45年从上海购进的军需物资,总量近2400吨,货值约5亿银元。新四军由皖南事变后的弱小之旅,成长为120万兵力的第三野战军,到解放战争开打时,作战兵力加华中根据地的经济实力,不但雄据全军与各根据地之首,还富有财力财源支持中央,支援兄弟野战军,先期如助刘邓的二野,后期有助长途南下的四野。

讲起来呀,与四野大有不同,他们地处东北地区,日满留下的厚实经济可据为军需基础,外加上苏联援助,而新四军、三野的财源军需之路,全靠自己打拼,因地制宜,走的是搞活商品货币流通、获利致富之路。华东地区物产丰富,有经商务实的传统,根据地军民以农副物产大做与敌占区的买卖,贸易区域也正是往返于繁荣的长江三角洲城市经济带,敢于大盘面获利。这样做,显然离不开银行、金融信用的得力施展。

三是成为我党在敌心脏区开展工作的资金后盾。1946年7月10日，延安党中央致电华中分局："你们对南京、上海及五师已经拨出巨款共已有十九万万元，内给五师者四万万元，及目前财政困难情形均深悉。惟京沪及国统区工作用途仍大，望从八月份起，每月仍为南京筹款一万万元法币。"为此，由华中银行与华中局的两淮盐务局，专门负责向中共南京局供给输送工作经费。1946年6月，中共代表团在上海设立驻沪联络处，对外称"周恩来将军公馆"。中央即要求华中局负责提供各项经费，并由苏皖区金库款支付。华中局研究，由华中银行办理汇拨解送。仅在11月，两次支付给南京中共代表团就有黄金490两、法币4900万元。

我作为华中银行金库的会计，还经手过黄金调往敌占区支持民主党派的反蒋斗争。如1943年秋，徐雪寒接华中局指示携黄金赴沪，看望病重的邹韬奋。其后，华中银行还筹集上万两黄金，由徐雪寒负责在上海、香港设立我党控的钱庄、商号及公司，其中香港的宝生银行所持的外汇，到后来美国冻结新中国外汇时，都曾为国家保存大量外汇发挥过很大作用。

四是动用信用杠杆筹集资金，支持了淮海、渡江两大战役。解放战争之初，毛泽东原想要陈粟率军过江打到浙江敌后去，粟裕几次致电毛，留在江北打几个大仗，所考虑的理由之一就是后勤补给，"弹药、兵员、粮食虽然可以部分取之于敌军和敌区，但大部分还是要取之于解放区的后方"，深虑"一、四、六纵队8万多人一旦下了江南，便完全是无后方作战。刘邓跃进大别山，因雨季水大把重武器都丢下了。我们去江南，重武器也得丢下，到江南也没有后方的弹药补充，第一年又不可能打歼灭战，所以不大可能大量缴获敌人弹药。一个火力配备很强大的兵团，突然降为只有轻武器而且弹药不足的游击兵团，这不是用其长而是舍其长！""把战争引向何方,主要是个吃饭问题,也就是经济问题,这正是战略问题。如果不考虑战争消耗,不考虑几百万人的吃饭穿衣,就不是战略家。"(参见 1948 年秋粟裕致中央的"齐辰电"等往来电文)粟裕提出并敢于坚持留在华中打淮海战役,确系对华中根据地经济实力与支持打大仗的后勤保障能力心中有底。

进入淮海战役的准备阶段,华中财委"原计划在 1948 年冬季增加发行货币 690 亿元",可战役开始后,实际发行情况大大超出原订的计划,12 月 15 日,华中银行总行就"报告货币发行情况:截止 11 月底,净增加货币发行 947 亿元,其中支援淮海战役的军用款项为 642 亿元"。以独家银行来支援空前规模的大战役,投入经费数百亿元,且时间紧迫,支付高度集中,不仅财政任务十分艰巨,而且现金调度尤其困难,为应付此局面,"从 1948 年 10 月份开始,华中的财政收入均在未入库以前已调拨使用,华中各项支出完全在货币发行中调度使用",确实呀,当时从总行金库直接支付的现金,帐上可查数字即达 250 亿元,其中财政性支出"主要为军事支出占 81%,生产、贸易资金仅占 19%。"(以上几条引文,可参见《中国金融》2008 年第 3 期载文)至战役结束算总账,华中银行执行华中财委的决定,为确保部队作战供给,拟增加发行华中币 2000 亿元。偌大的数字,何尝不是银行信用的大透支。

说起增发的 2000 亿,我们老邓是主管行长,1949 年 2 月 1 日,他在华中财委会上汇报了货币发出去的具体分配计划:"修复铁路 200 亿元,新解放城市恢复生产 450 亿元,新解放城市银行业务基金 300 亿元,生产建设基金(运河、春秋救灾、农贷)150 亿元,财政透支 300 亿元,采购准备 300 亿元,贸易基金 300 亿元。"(同上,参见《中国金融》2008 年第 3 期载文)当时,陈国栋、忻元锡调任支前副司令,专门筹调粮草,邓克生留守银行,负责资金筹集调度,日夜紧张。

应该承认，两大战役耗资完全超出了华中银行按实际发行货币的能力，确实也启动了超常规的信用发行。今天可以查到，华中银行前后四年发行华中币总量为 3079.1 亿元，单单 1949 年 1—4 月，为支援渡江战役军需，短短四个月里，总行就在泰州发行了 1972.3 亿元。除了尽量发行公债募资，作为行长的邓克生对透支运用信用杠杆、超量印发货币，也不无忧虑，他毕竟是钻研过经济学理论的知识分子呀。好在前有华中银行、华中货币信用良好的商信商誉作基础，加上大势所趋，人们对解放军取胜抱有预期的信心，同期国民党政府的金圆券已丧失民心——华中银行、华中币总算借助信用杠杆，支持了两大战役。可见可触的光明就在眼前，战事在推进，战果在扩大，战利缴获源源而来，货币发行的储备物资乘胜剧增。随着战争结束，中国人民银行与人民币站到了历史前台，回收华中币成为应急任务，老百姓卖粮卖草卖船出租船所持的华中纸币，顺利兑换为人民币，没有造成洗劫民财的失信恶果。

历史翻过一页，金融史也翻过一页。

今天，如果只讲我党经济政策及华中银行的成就史，讳言我党我军特定历史时期也有过巨额信用透支的行为，以及承担潜在巨额通胀压力的历史真相，那是对银行金融工作的复杂性、特别是经济上支持超大战事的艰难性缺乏认识。你说国民党政府滥发金圆券而兵败如山倒，可共产党为赢得战争，同样开过印钞机呀，双方都借力于银行当杠杆，胜负则系于经营的信誉，成败全赖"信用"二字；立信岂在朝夕，毁誉莫过早晚。千秋得失，值得深思！

话归结束语，我要表达的是：理性回顾两行的历程，银行信用、信誉的建立，以致运用与维护，绝非易事。

应《江苏银行业》之约特撰此文，籍以表达对长期培养我、领导我的老领导朱毅、陈国栋、徐雪寒、忻元锡、邓克生、孙更舵诸位行长,以及共事多年的陈立、麦洁红等老战友的怀念,对他们为中国银行事业所作的贡献,再表敬意。

【附】:

《忆华中银行与华中币对淮海、渡江战役的支持》(节选)

华中币胜出缘于老百姓信任华中银行

华中银行华中币是在苏北苏中地区成长起来的。苏北老百姓受够了日伪顽匪的货币洗劫之苦。日本人和汪伪政权除了强推"华兴币""中储券"搜刮民财以外,还有意发行仿印假造的法币掠夺物资、搅乱中国市场,加上地方顽匪自印的各种代币券,弄得老百姓不敢持币,银元成了稀缺的硬通货。

华中银行发行货币后要建立起流通信用,颇有一番周折。首先是维护信用。光靠印钞机印票是无法流通的,靠军力强推也不行。华中银行一开办,就以新四军军部所持的金条银圆为开办资本金,军部金库也是华中银行总行的金库。金银及外汇储备不足时,以掌握的粮油盐布等物资储备作为钞票发行的依据,明确规定以上储备不得低于80%,仅允许20%的信用发行。还注意"货币发行的计划性、分散性,选择适当时机和适当地区,避免集中、突击发行"冲击物价。其次是注意党政军驻地的物价变动,防止物价上涨影响百姓利益。一旦发现驻地管区物价高涨,随即由"华中银行拨出大批粮食低于市价售出,直至压低物价。"转移驻地时更加注意货币投放适度,大采购总由银行与部队及机关协调,严防货币过多冲击市场。撤离时则做好华中币的回收,不让战局动荡、敌我拉锯状态下的百姓因持有华中币而不安、吃亏。部队北撤山东时最明显,华中银行把所存物资全部抛出，回收了流通中的大量货币。首次撤离淮阴时，城区居民已基本无华中币存留。银行信贷工作，也是于民有利。1945年9月首次解放淮阴，发了10万元抗币无息贷款给贫困摊贩做生意，帮扶了城镇商业。农贷对农民支持更大，抗币发行额第一年的50%用于农贷，春季放贷帮农民购买种子、农具、耕牛等，秋收后可用粮还贷、抵税。1946年春一次发的农贷8000余万元，约值法币40亿，超过了国民党江苏省政府的全省农贷数字。1948年12月再度解放淮阴，又发了500万元小本贷款给失业居民做创业资本。华中银行种种举措有利于民众恢复经济，很得民心。

在国共反复拉锯战中，老百姓渐渐把信任票投给了华中币。华中币最初只能和国民党政府的法币建立"统一战线"，与法币挂钩流通，以1:1的兑换值确定身价。在根据地内部，也是允许法币与抗币共同流通的，严禁流通、查堵没收的仅是日伪币。那时我在金库工作，睡觉以金条为枕，钱垛为床脚。转移驻地行军时胸前后背背负的也是金条或钞票。点钞工作首先就是把五花八门的各类钞票分检，便于到国统区或日占区去的同志携带不同钞票。没收回来的敌伪币还要设法弄到敌占区去换回有用物资，当时这叫"把敌币推出去"。华中币靠自身的储备实力、经营有方、自由兑换，赢得根据地百姓认可、信任后，逐步占据本位币、主币地位，国民党的法币反而成了辅币。

以法币为对手开展了国共货币之战

华中银行华中币不光在根据地和拉锯地带赢得民心、成长起来，还在与敌占区的市场流通中为我军采购了大量军需物资。与其他根据地的银行有个最大区别，就是华中银行不仅要承担区域内的货币职能，抵制域外敌币，还要承担根据地与敌占区、国统区之间大量商品买卖、物资贸易的货币结算功能。华中根据地的区域特殊性在于，一方面，地处长江中下游我国经济最活跃最繁荣的地区，战争割据、政治对立阻挡不了民间商业来往；另一方面，新四军解决自身的财源特别是战时紧缺物品的军需也离不开商贸。仅"一师1942—1945年间从上海购进的军需物资总量近2400吨、货值5亿银元，巨额军费款项大多靠商贸解决。新四军财源90%来源于流通性收入"。商贸规模大、外汇需要量大，华中币与域外币的比价如何确立？不同货币之间如何结算？成了大问题，考验着华中银行的经营水平。华中币紧盯法币，比值兑价由开始的1兑1、1兑5、1兑10，逐步向1兑20、30、50升进。华中币不断坚挺、升值，法币则不断贬值。

抗战结束后，法币发行过量、通货膨胀出现加剧之势。经华中财委研究，邓克生与陈国栋、陈穆、徐雪寒（新中国建立后任经贸部副部长）等行长商议后，于1945年10月宣布华中币放弃固定汇率，采取浮动汇率，改由市场自然比价定价。国共和谈破裂后，华中币把法币视作敌币、对手币，以上海为金融主战场的"货币战"逐渐进入白炽化。记忆犹新的有三点：一是华中银行在沿江商业活跃的黄桥、靖江开办起"外汇交易所"，主要是做好华中币的吞吐调剂，满足商人频繁交易需要。1946年上半年，黄桥所一天成交900万法币，合20多万华中币。二是邓克生与陈国栋、徐雪寒商议建立了由高邮经扬州、镇江到上海，由淮阴到南京、上海的两条地下通汇线，解决大宗外汇的供求与结转需要，也保障了中共驻南京、上海代表团的活动经费。三是工作量最大的"标、折、比"业务。华中币的汇率如何挂牌标价，对根据地军民经济影响甚大。现健在的黄如之（原江苏人行金融研究所所长）回忆说，那时每天用收音机收听沪锡等地市场行情，收记后上报分析。忻元锡回忆说，邓克生运用所学理论原理配合朱毅、陈国栋等，重点紧盯上海等敌占区的物价变动、法币美元黄金比值变化，做好两种市场物价与两种货币的折算比率，确定华中币对法币的标牌价，浮动地向市场公布，作为指导市场交易、商人换汇及征粮征税的依据标准。"标、折、比"掌握好了，确保了区内经济有序不紊、军需保障不乱。在共产党所有根据地银行的金融活动中，华中银行这三点是独具特色的。这也是针对上海金融市场、以汇率波动为手段的货币之战，既反映出当年共产党所办银行同样能适应商品货币经济活动的规律，更显示出华中银行的商战能力。货币大战几年下来，一江两岸两重天，我党这边，币值稳、民心安、军事政治经济越战越强，华中币成了支持我军军事的重要保障。粟裕说苏中地富人稠，人口占华中总人口的 2/5，粮食亦占 2/5。沿江商业繁盛，税收占华中的一半。这些都是支援战争的巨大力量。反观江对岸，法币垮了，后来币制改革的金圆券也不过 10 个月就夭折了。

（2019 年 7 月稿）

"大跃进"小片断

1958年"大跃进"运动，到今年已是五十周年了。经历过那个疯狂的年代，许多荒唐事，时隔半个世纪细节忘得差不多了，反复想也想不起来。只有一个小片段，因身临其境，现场感受至今没忘。

那一年我从省委财贸部下放到南京市化工原料公司搞支部工作，一上岗就碰到"大跃进"。一时间很是热火朝天：党中央号召解放思想，破除迷信，敢想敢干；南京市委为跟上"大跃进"形势，也动员各行各业解放思想；层层刮风，到了基层就冒出许多胡想胡说，甚至胡干。例如财贸系统各大商场搞撤柜经营，行动迅速，不设柜台，商品放在货架上，不用营业员，让顾客自我服务，自己取货，自觉付款，有点类似现在的超市。可实行没有几天，乱了套，不少商品被人偷的偷、拿的拿，损失惨重。市委财贸部得知情况，召开紧急会议，市委分管财贸的书记要求立即刹车。各大商场赶紧收摊子，恢复旧貌。

我所在的化工原料公司有个危险品仓库，设在远离市区的老虎山。这座仓库是根据苏联专家建议设计建造的，占地面积约二万多平米，存放着江苏全省的大量的特殊商品，有雷管、炸药、硫磺，以及其它极毒性的商品。这些危险物资储存保管的要求特别高，有的要浸泡在水里，有的则不能碰水。我们的内部职工责任心很强，商品的收发、保管，手续制度严格、严密。倒是用货单位在"大跃进"热浪冲击下反映强烈，纷纷要求我们改进"繁琐"的手续制度，"方便顾客"。这就对仓库职工压力很大。面对客户的要求，我们也考虑如何跟上"大跃进"形势，想改又不敢改，更害怕出大事故。迟迟按兵不动，因而来自各方面的批判指责越来越多。两位经理只得轮流坐镇危险品仓库。有幸的是仓库主任林雪洪同志具有高度责任感，他是个转业军人，工农干部，坚决反对胡来乱来，敢于顶住歪风，没有出一点小乱子。后来，形势变了，我们才松了一口气。

事后想想，要是危险品仓库也搞什么"自我服务，自己取货"，一旦乱了套，非出大乱子不可，几个脑袋也扛不住惊天动地的"损失"。那位林雪洪同志，踏实，务实，给我留下深刻的印象。如今他已经过世，是值得怀念的。

（写于 2008 年初）

鹤舫，好弟弟

母亲生育了六胎，我上面有三个姐姐，小姐姐夭折，我升为老三。我下面是两个弟弟。大弟鹤舫（后改名亦夫）生于1928年，比我小5岁。他婴幼时，母亲把照看他的任务落实给我。家里贫穷，重男轻女，两个姐姐都没有上过学，我已经11岁了，还没上学。舫弟才6岁，家里要送他去念书，又不放心，就要我陪他去，我这才沾光，有了书念，我们在同一个班级。

顽皮的孩子

舫弟小时候非常聪明，性格倔强，十分淘气，父母器重男孩，疼爱他，又管不了他。上学后他顽皮得很，常因跟同学打架闹事，被罚站、挨板子。我跟他在一个班级就读，算是倒了霉，老师常找我谈话，要求我转告家长对他严厉管教。

我家有个姓蒋的亲戚是个皮毛商人，他对我父母说：淘气的孩子，只要教育得当，说不定也能成才。而我父母亲不懂教育，还是听之任之。

我和舫弟在一个班级念书，考试成绩常是并列第一。我得过数次"品学兼优"的银盾奖（这是学校颁发的最高奖项），他却每每落榜，原因是成绩虽名列前茅，却因打架闹事品德评价较差，对此，他根本无所谓。

我印象最深的是他有极强的记忆力，过目不忘。记得我那时应付考试的方法是死记硬背，他从不复习功课，考试成绩却总是很出众，第一名非他莫属。他放学一回家，就拿个陀螺或弹弓到处乱串，暑假期间他会跑到很远的公园去捕捉蟋蟀等小动物，也不知饥饿，回来总见他满脸污黑，喝碗稀粥就呼呼大睡。总之，老师、家长都认为他是个管不了的"野孩子"。

到了1939年，家庭贫困加剧，无力供我继续读书，我不得已停学进信谊药厂当了工人。两个弟弟继续上学，两人成绩都很好，为语文老师所看重。舫弟的语文老师还有意识地让他背诵古文，培养他的文才。

投身革命

1940年秋，我由上海地下党外围组织介绍，进入苏中根据地抗大五分校女生队学习，直到1946年初，长达五六年之久，仅与家人联系过一次，根本不知家里的变化。

抗战胜利以后，国内形势相对稳定，我们进驻高邮城，在华中银行二分行工作。1946年春，我临产前，写信告诉家里我已和克生同志结婚。不久，接到家信得知舫弟的老师推荐他免试进无锡国学专科学校，这是一所国立文学院校，有官费支撑，毕业后马上能就业。

我考虑再三，和克生商量，还是动员他到解放区来。于是克生给挚友许振东、黄笛初写信，让他们和舫弟取得联系。不久，舫弟和他的同学沈泛结伴，由上海经镇江的交通线路来到高邮，找到我们。

起初，我们打算送他进彭康同志领导的建大学习，哪知华中银行总行得知舫弟在上海曾学过立信会计学校创始人潘序伦编著的会计学原理，抢先一步，将他"扣留"在华行总行业训班学习成本会计，没等他结业，就提前派往造纸厂（专制印钞纸的厂）搞成本核算。

1947年舫弟随大军北撤至胶东地区坚持斗争，第二年年秋参加攻克济南战役，随军进驻济南，接管敌产，着手准备恢复工业生产的工作。

命运中的冷暖

不久，舫弟与孙秀芝相识、相知、相爱，于1953年初结婚，婚后生有一女一男，他多次来信告诉我们：秀芝十分温柔，对他体贴关心，他有个温馨美满的家庭，我们为他高兴。

哪知好景不长，1957年整风，为了响应党的号召，耿直而又坦诚的舫弟向所在单位领导提了两条善意的意见，被定为反党反社会主义右派分子，被开除党籍，下放劳改。还株连到爱妻秀芝，也三次被下放劳改。家中只留下幼小的女儿小其照顾弟弟小柯。两个可怜的孩子努力读书，成绩优异，奋发图强。中学在动乱中度过，高考却因是"右派"和摘帽"右派"子女而落榜。小其到小清河挖河，患上严重的风湿性关节炎。进厂以后，又住在山洞里，使风湿病更加严重。小柯高考报了山东大学无线电系，成绩名列前茅，却因政审不合格，而另择专业。

劫后重逢

2000年秋，我偕女儿仕文到济南看望舫弟一家，他刚搬入新居不久。见到我们，非常激动，他向我倾诉了数十年苦难而又悲愤的经历。他说：被划成右派后，他们曾一次次被无缘无故地扫地出门，在同一个城市搬了14次家，境遇一次比一次不堪。他说：在最痛苦的时候，他也想到过用毁灭自己来解脱那非人的生活，但一想到日夜思念的爱妻秀芝和年幼的孩子，才又振作起来。他说：他在苦难中十分思念妻子和儿女，是他们支撑他活了下来。说到自己有家不能归时，他禁不住老泪纵横，我强忍不了，也陪着他泪流满面。

我知道他在历次政治运动中身心受到严重摧残，90年代初曾得过心肌梗塞，害怕他再次引发意外心梗，立即劝慰他说：苦难已经度过，历史不会重演。他哽咽着说：但愿如此。

在济南的日子，舫弟陪我们游览各处名胜。在李清照纪念馆，他边看边讲解。心情转为舒畅时，他的话就会多一些。

舫弟在"文革"后期一度钻研中医中药，为患有疑难杂症者治疗，酌收成本费。久病不愈的患者，经他治愈后登门道谢，有人送钱送物，他一一婉言拒收。我问他为什么？他说："凡是找我治疗者，都是基本群众，生活拮据。"还说："我的原则是不给官场人物治病，他们有权有势又有钱，根本不把基本群众放在眼里，也看不起我们这种草头穷医。"

有口皆碑

2004年初秋，我随朱竹雯（管文蔚司令员夫人）大姐游览胶东半岛，去了烟台、蓬莱、威海、刘公岛、成山头等地，转到济南休息时，他的情绪很好，陪我聊天，一起看望了老战友胡雨、邱葆珠、盛靖等同志。他们对舫弟的百折不饶都十分了解。胡雨同志对我说：老臧（指舫弟亦夫）是个好同志，为人正派，秉性刚直，作风严谨，言必有据，剖析问题观点明确，从不含糊。她说，他干一行，爱一行，钻一行；他负责建筑管理的工程，始终坚持质量第一。还说他一生奉公尽职，他任山东财大客座教授时，结合实际，自写提纲；讲课内容生动活泼，深入浅出，深受学生的欢迎。还说在他们的接触与交谈中，他只讲真话，从不讲假话，等等。

在这个假话连篇的时代，这已是对一个人的最高评价了，我由衷地表示感谢，谢谢熟悉舫弟的人所给予的好感好评。

安度晚年

我在济南住了十天，与舫弟朝夕相处，谈得很多，很深。他告诉我，现在群众对他十分尊敬，组织上也很关心他，退下来后还给他分配了这套169平方的住房，让他安度晚年。更让人欣慰的是两个孩子勤奋踏实，自强不息。女儿小其早已取得成人高考本科学历，通过自己的不懈努力，出任山东省一家大企业的总会计师，该企业是国家支柱产业，上市公司。儿子小柯毕业于山大电力系，已是山东电力设计院设计师，有了高级职称。女婿高兵、媳妇小何对二老都很尊敬和孝顺。第三代健康成长，孙子、外孙都受到高等教育。如今，一个已经就业。

这是我们最长时间的交谈，让我终身难忘。

2006年舫弟和秀芝由上海的小弟弟鹤义夫妇陪同，一起来到南京，我们大团聚，又一起回了趟无锡老家，重温儿时的旧梦。都是离休的人了，原以为没有了任何羁绊，将有更多的机会重逢、叙旧聊天，谁知这竟成了我们最后的欢聚。

无愧而去

2008年5月，汶川大地震震惊世界，舫弟从电视传媒中看到地震中大批民房校舍倒塌，无数平民百姓、就学的孩子被埋，十分揪心，切齿痛恨建筑行业中偷工减料的不法分子。他曾经重创过的心脏无法承受如此巨大的悲痛，5月15日晚间再一次不幸大面积梗塞，心脏骤停，到16日凌晨，终于不治而逝。我和孩子晓文、伍文赶到济南，和他告别，全程参加了安葬仪式。在遗体告别时，看他脸色红润，显得安详自然，我也放心了——他无愧地走完了一生，最终守着无愧的心，抱着无愧的神采而去——舫弟这样重回父母身边，我彻底放心了。二老的心愿，让我照看好弟弟，我只能到此了。

现在，舫弟的骨灰安放在济南市英雄山烈士陵园，那里的青松翠柏陪伴着他，一起长存。舫弟，我的好弟弟，你颠沛的身影，已掩映在起伏的群峦中,你刚直不阿的灵魂,已化入葱绿的山岗,八十到此,珍重慢行!

2009 年 6 月 8 日

【附】

挽联两幅

(一)

尊师长 永志而不忘 前行楷模认顾准
敬乡贤 彻悟未畅言 晚慕自由思李中

姊文率子女哀挽

说明:舫弟进入苏中根据地曾连续去听顾准讲课;李中即李慎之的本名,他也是我们无锡人。

(二)

亦守真率 敢做事有开创 建制以树人 告慰平生未虚度 回首感恩知音 患难濡沫 惟憎弄权儿颐气恶

夫称桀骜 性鲠直无韬戢 坦荡见清白 颠踬逆境从不悔 信念遵循民主 曲折演进 且待等外品末日临

甥 诸文泣挽

【附】

迟发的唁函[1]

立梅贤侄媳:

惊悉贤侄小柯不治归去,不胜悲痛。闻大殓在即,我们无法赶

---

[1] 唁函是写给鹤舫弟家儿媳的。

去为小柯送行，甚感惋惜。

　　这一年多来，小柯与病魔搏斗，你日夜陪护，为求他的康复，你们四出寻医，几次远赴外省就诊，虽寒冬酷暑，双双奔波，可谓吃尽了世间辛苦。小柯带着你的温暖，去见他的父亲，当然是莫大的欣慰。你们夫妻携手，恩恩爱爱走过近三十年，相濡以沫，理应白头到老，不想竟遭此突变，有如天灾浩劫，不可抗拒。谨望你节哀，再大的悲痛也要依靠亲人、朋友，珍爱自己，保重身体。大家相互宽慰，一定会顺利度过难关。对于你、对于我们大家，明天仍是美好的。

　　小柯是我们看着他成长的，他是我们臧家的好孩子。好些年来，他的父母亲为儿子的工作业绩骄傲。他们姐弟俩，从小就浸泡在艰难困苦中，所以比一般孩子更懂事，自幼发愤学习，早早自力。无论外界如何歧视，命运的不公使他们受到特殊的锻炼。他们热爱自己的事业，心里总想着出色地工作，全身心地扑上去；他们也热爱自己的家庭，处处想着他人，宁愿苦了自己也不愿麻烦别人。他们的这些优秀品质，在大家族同辈的孩子中，都是很突出的，应该告诫活着的人、特别是下一代人牢牢记取。

　　小梅，作为长辈，作为饱受失去亲人之痛的人，我能体谅你此刻的哀痛，比谁都伤心，因为小柯是你最亲爱的人！我希望待你心情平静以后，在清理小柯遗物的同时，对他的遗风，也尽可能回忆回忆，如有可能，一点一滴记下来，让小柯可爱的音容再现，让那憨厚的神态更清晰地留在每个人的心里。继承一笔精神遗产，可以说是无上珍贵的。孟孟若能理解，能参加，帮上你一把，对他爸爸、对他爷爷都是极大的告慰。

　　今天是不幸的，也是有思想准备的。上个月，我们在电话诉说过，安慰过。今夜，我难以再和你通电话，只能以这样的方式，表达我的哀思，也表达一片心意：愿小柯之灵安息！

姑妈致哀。

12 月 6 日夜

  这封唁函迟发了。我和你婆婆通了电话，知道小柯的丧事已办完，办得很好，大家对他的评价很高，突出了他的贡献、他的清白，我们都很欣慰。很欣慰！

  盼珍爱身体！

8 日午前再补
（时在 2009 年）

唁电四封

一、电唁沈容大姐去世

北京新华社李普：惊悉沈大姐仙逝，不胜悲哀。我们两家人之接触，虽可追溯数十年，但回想起来，近年交往更密。最感大姐热诚待人，畅怀言谈，音容犹在。此一年间，连续拜读大姐美文，记上下南北之事，载昨日今宵之闻，言心底所念所虑，自然透出纸背，以一片真挚，染成万般清新，情辞动人，笔触流采，以至难忘。总盼着高端流韵，淳香飘逸，有如鲜花常开。不承想天公也妒，竟于众望之际，使才女绝笔，忽化烟霞。岂非让天下人咏叹哉！谨希李老节哀珍摄。臧文率子女泣唁。

（2004年12月16日）

二、电唁徐滨大姐去世

北京黎家众子女：惊悉徐滨大姐不幸去世，深表悲痛。你们的母亲是一位非常高尚的知识女性，一生追求民主自由，甘为教育、学术献身。她同黎澍先生结合，携手走过辉煌的人生。在黎澍先生突临垂危救治无望之际，她毅然决定让先生平安先行，自己独立继起先生未尽之夙愿，将黎先生大宗的学术遗著整理传世，在极其艰难中争取出版，不惧权贵佞臣发难，坚定维护黎先生的学术原旨。

世人称颂黎先生为"吾国当世理论学术新闻出版之林,君其卓越者也",今日徐滨大姐将随黎先生长卧青山,她乃当世兼师兼母之卓越者也。我相信,他们的仁智声望,慈怀懿风,口碑入云而享誉无愧。徐滨大姐平易亲和的形象,永远活在我和孩子们的心中。为纪念两家的世交,我将告诫下一代,终生以你们的父母为楷模,做人做学问就要像他们那样,大德大爱,思而再思。在此悲哀难表之刻,谨盼贵府全体家人节哀保重。南京臧文率子女敬唁。

(2005年3月2日)

三、电唁陈国栋同志去世

中共上海市委办公厅速转陈国栋家属

沈思并哥姐及全体家人:惊悉国栋同志与世长辞,谨遥向我尊敬的老首长表示沉痛哀悼。国栋同志是我党难得的领导人才,食货财经的经纬之器,治国安邦的干将能臣,堪称一代栋梁。几十年间,他承担过多项重要职务,对全国大局、对重要区域的稳定发展,尤其是处于关键时期,都做出过卓越的贡献。他身正不惧影斜,任职一方必赢得一方口碑,以无私高德而名扬天下。他因守正拒邪而为党内恶势小人所不容,惨遭迫害,险于被戮。因而他在复职以后,更知关怀干部,严格把握党的各项政策,兢兢业业,只为举国现代化大业。我同国栋同志初识于国难深重的岁月,是在抗日民主根据地,并有幸长期在他的领导下工作,深得指导教诲。我党取得全国政权以后,我们分赴不同岗位,半个多世纪的和平建设时期里,特别是经历了十年动乱以后,他和沈大姐对我和我的家庭,甚为关切,从遗留问题到现实生活待遇,虽不在他们职责之内,但仍是关怀备至,敦促有关方面落实政策。这近三十年的特殊友情,对于安抚饱受创伤的心灵,是极大的温暖和宽慰。我常对子女们说:你爸爸若地下有知，也一定会感谢陈伯伯的！今天，我率孩子们向敬爱的国栋同志和沈大姐致意，祝愿他俩的在天之灵安息！同时也愿他们的亲属后人们节哀保重。国栋同志对党的事业忠贞不渝之心，为国为民谋福的赤子情怀，忘我务实的孜孜之风，刚正不阿的堂堂之气，和他那宽厚长者的音容笑貌，将永远活在我心里。臧文敬唁于南京。

（2005年6月8日）

四、唁电胡敏同志去世

无锡季家全体家人：

  惊悉胡敏大姐仙逝，不胜哀痛。相识七十多年来，我对大姐十分敬仰，钦佩大姐的风范。从青年时代起大姐就向往真诚、善良与美好的生活，在民族存亡的岁月里追求民主自由，在国共斗争的风雨中渴望光明和平，在动荡无定的政治运动中保持正直无私，在艰苦勤俭的家庭生活中守护美德，直到晚年光彩依旧。大姐总是默默奉献，大爱无疆。大姐一生对人和善，关爱他人。大姐一生体现了中华女性的宽大胸襟、温暖情怀。我与大姐走过相同的路，有过相似的经历，人生的酸甜苦辣也很相似，最后时段的欣慰更为接近，我们看到了改天换地富裕兴盛的进步，我们感受到了子孙成长、报效社会、敬老爱幼的乐趣。大姐人虽然远去，但大姐的音容笑貌却留在了我心中。愿大姐安眠于天国！

  谨此问候季家全体家人，节哀自珍！

南京臧文率儿女及全体家人敬唁
九月十二日
（时在2014年）

我在方行组织下投奔新四军

今年第一期《上海滩》刊载了方虹撰写的《我父母掩护中共上海局》，我读了后感觉异常亲切。我认识方行。我就是在他组织的"读书会"里受到革命启蒙教育，并在他的安排之下，和十多位上海青年一起，奔赴了苏北新四军根据地的。

"读书会"吸引我向往革命

我少年时从无锡乡下到上海的，15岁那年，进了信谊制药厂割瓶洗瓶车间当工人。干的是最脏最苦的活，记得在严寒的冰雪天里，两手长时间泡在冷水里洗瓶子，冻肿的像馒头。有一次，一不小心，玻璃将手指划破，鲜血直流。这时，制药车间的一位女工走来，关切地对我说："你以后弄小瓶子要特别小心，别划破手指，当心破伤风……"她名叫蒋瑛，是我投身革命的第一个引路人。

从那以后，蒋瑛常和我在一起，关心我，帮助我。有次，我受了风寒引起发烧，偷偷躲到厕所休息几分钟，被"拿摩温"（女监工头）看见后破口大骂。正巧蒋瑛上厕所，她听了极气愤，当场指责"拿摩温"不顾工人死活，为我出了一口气。

1939年的上海，是日寇占领下的"孤岛"，到处笼罩着惶恐和悲观的气氛。我当时年轻，也不知将来的出路在哪里，彷徨度日。蒋瑛看出我内心的苦闷，介绍我参加青年业余读书会活动。就在"读书会"活动中，我第一次看到了方行，后来还看出他是个组织者。参加读书会活动的有工人、店员、学生，读书会每周活动一两次，为了避开日寇视线，活动地点经常转移，有时在浦东的楼上，有时在里弄小学教室里，有时在法国公园（复兴公园）的大树底下。活动形式多样、生动活泼，活动内容丰富多彩，除了讲知识、介绍时政，有时教学唱抗日救亡歌曲，还组织讨论。这对于我这个文化不高、从乡下进城不久、闷在药厂干苦活的女工来说，很有吸引力。他们介绍的书、讲述的道理都通俗易懂、说到我们心里。

方行与巴人（老共产党员、著名作家、外交家王任叔）等讲授的社会发展史、人类进步史，大开了我的眼界。他们说人类是由猿猴演变成的，概括地说人就是猴子变的，是我首次听说，终身难忘，这也是讨论中引起大家哄笑的事。讨论中大家还鼓励我说话，使我有了与人平等的感觉。渐渐地，"读书会"开始灌输革命思想、宣传共产党主张，如毛泽东的"论持久战"观点。共产党、新四军，我都是在"读书会"里听说并心生向往的。记得1940年初夏，主讲内容是第二次世界大战爆发前夕的欧洲形势，给我留下深刻印象。那一两年"读书会"的启蒙教育，使我的思想接受了抗日救亡和共产党理论，开始向往革命。蒋瑛、方行是我走上革命道路的最初引路人。

17人乘同一条船前往苏北

当时，苏北新四军根据地急需青年人才，方行通过"读书会"组织了大批青年前往苏北。我也是其中一员。在1940年10月离沪赴苏北的那批17个人中，有蒋瑛烈士（原名蒋莉芬，1924年出生于上海市，1941年8月，日寇大扫荡，在盐城伍佑地区为掩护群众撤离，遭敌追击，不幸中弹，英勇牺牲，年仅17岁）、俞仪凤、俞仪铨姐妹俩、陶云、陶琳姐妹俩、陆锡琼、王奋、陈坚、吴仁森、严敏、王珏、陈允豪（后为人民出版社高级编审）、丁峤（后为文化部副部长）、汪志馨（后为团中央宣传部局长、福建省委书记项南的爱人）等。

离沪登船前，蒋瑛告诉我若遇到盘查，就说是永安纱厂女工，因工厂停工生活困难而回泰兴乡下的。我们 17 个人各自动身由十六铺码头（退休后我还陪我的老领导，也退休的陈国栋到这个码头故地重认了一遍，当然已旧貌换新颜几乎认不出了）登上同一条船，在船舱里看到有十来个读书会里熟悉的面孔，但按规定装着互不认识、彼此不得交谈。船开到苏北南通的新生港后，我们下船，通过日本鬼子的盘查后，再转道泰兴黄桥进入根据地。

那次行动，事先并没有经过正规严格训练，也没有人现场组织指挥，分散的 17 个人却能在几百个旅客中统一安全抵达，说明了当时方行和上海"读书会"对这批人、对这项工作，组织的是很成功的。我们后来在招生处主任吴强同志（小说《红日》的作者）安排下赴盐城抗大五分校学习、培训，进入了新四军和根据地的不同岗位。

当年赴苏北的 17 人，除了牺牲的烈士，没有一个逃兵、没有一个背叛革命的，说明方行参与的、上海地下党组织的"读书会"，早期对我们的革命启蒙教育是有基础有成效的，挑选的青年投身职业革命也是有眼力的。方行后来到苏北根据地汇报工作时还看望了我们，得知他培养、挑选的这批青年进步很快时，自然也很高兴。

地下党自建药厂　　确保药源安全

方虹在文章中重点介绍了方行夫妇在上海为我党开设了一个制药厂——进化药厂，这是我首次听说，也解开了我心里长期存在的一个疑惑。

新四军的苏北根据地一直和上海做生意，通过货物贸易解决部队与根据地急需的短缺的物资，而且贸易的规模还不小，这点我是知道的。电影《51 号兵站》讲的就是那段故事。我在新四军、华中银行金库，干的是资金出纳、保管，知道一些上海地下党要钱、用钱的事。《我父母掩护中共上海局》一文中又提到的徐雪寒与我爱人邓克生，都还担任过华中银行的领导，更是参与了这项工作大的资金调度（我曾在 2012 年 11 期、2013 年 7 期的《上海滩》上写过回忆文章）。而忻元锡同志（当过新四军的兵站站长、淮海战役渡江战役支前副司令，退下来之前为财政部副部长、上海市副市长）是我的顶头上级，那时他是华中分局苏中行署的对外贸易局长，直接负责与敌占区的商品贸易。忻元锡还潜入淞沪秘密组织了我党的商贸公司——上海大华贸易公司，开展与敌占区的贸易。药品和医疗器械，是根据地军民最急需的重点物资，也是日、蒋当局管制外出最严的物品。不仅要躲避敌人检查，还要防范采购药品中的上当受骗。我是从上海出来的，深知越是紧俏物资，上海滩的奸商就越会以假冒伪劣品充好行骗，而药品一旦有问题，是要人命的。

有一则刻骨铭心的故事。1943 年夏，我爱人邓克生在根据地得病发高烧多日不退，躺在老乡的门板上呼吸困难，瞳孔开始放大，克生自己也以为难活了。我在抗大有个最要好的女同学麦洁红（毕业后和我同分在华中银行工作，担任过会计科长，离休前任中国银行江苏分行副行长），她父亲是上海永安商场的高管，家境富裕，她却在刘晓介绍下，与刘的小姨子张璇结伴来到苏北根据地。她后来与"皖南事变"逃出来的新四军一师卫生部保健科（主要负责首长医疗保健工作）科长杨忠结婚。杨忠在救治垂危的克生过程中，除了日夜监护、想尽办法以外，也深为急救药的奇缺而伤脑筋。以后我和克生每每见到他们夫妇言及救命之恩时，他们总是说，当年药品太奇缺了，连退烧药都没有，更怕用错药、用到假药反而误医坏事。

地下党在上海买药，如何才能保证不买假药确保药品安全呢？一直是我心里的问号。读了这篇文章，知道了地下党让方行夫妇在敌人眼皮底下，建起了根据地某些急需之药的制药厂，搞起了生产、销售、运输一条龙，直供解放区。也多少解释了我多年的一个心底疑惑。同时也由衷感叹：我党当年的办事效率很高呀，地下党与根据地的配合很密切，新四军与华中局善于经商强军也真有门道。

苏北根据地"整风"也出过偏差

方虹的文章中，附有一张方行和他母亲、妹妹的三人合影。我在此想补充一点轶闻。

方行的这位妹妹叫方静，也来到苏北根据地参加了革命，后来还和新四军的一个团长结了婚。1944年初，苏北解放区也按照延安要求开展了整风运动，开始是学习文件，倒也正常，通过学习还提高了认识。但后来进入对照、检查阶段，凡是我们这些从上海、从敌占区来的，或是剥削阶级家庭出身的，就要详细交待家庭成员、入伍动机、历史经历什么的，一旦被怀疑有疑点就要被隔离审查，甚至被批斗。有一阵我也忽然由可靠的积极青年变成了怀疑对象，受到监控。说是介绍我入伍革命的方行是"特务、汉奸"。原来，方静在交待社会关系与投奔根据地的经历中说了她哥哥方行是汪伪《中华日报》的记者。这下不得了，我们这批由方行介绍来的人（除了牺牲的蒋瑛等）一下子成了重点怀疑、排查对象。就在那段时期，连我们的领导陈国栋同志（时任华中局苏中区财政税务局长、财委副书记等职，解放后任粮食部党组书记、上海市委书记等职）也曾被怀疑为"托派"（实际是名字相同）受监控，日夜被人盯着。整风运动中，新四军1师后勤部采购科长张渭清（电影《51号兵站》里小老大的原型之一）被人揭发说是与汪伪人员吃吃喝喝、拉拉扯扯，要他从上海撤回来，监管查处。粟裕听说后命令立即放人，说：在敌占区从事商贸工作，哪能不吃吃喝喝的？幸好新四军、华中局没有扩大化，没有进一步搞成延安的"抢救"运动。方行的身份也得到澄清，他是地下党员，打入汪伪《中华日报》是党组织派进去的。

整风很快结束，苏中行署主任、分区司令管文蔚还找我谈话要我放下包袱、安心工作。看到方行、方静和他母亲这张合影，使我不由得又回忆起这段往事。

上海"读书会"的那批幸存者，解放后分散在各地忙于工作，彼此已很少联系。"文革"中被外查内调，反而使我们恢复、加强了联系，证实了革命经历，健在者后来还常打打电话。改革开放后，我还到上海看望过方行老，记得他和忻元锡同住在宛平路的一幢小高层公寓楼里，楼上楼下为邻。当我向他讲起往事时，说文化大革命比当年的"整风、肃反"还厉害，制造的冤、假、错案还多，他也摇头叹息。当然，也为"读书会"影响、培养、引导了这么多青年走上革命道路，没有人在文革中乱咬胡说，更添高兴。

难忘上海"读书会"，难忘方行、蒋瑛，在我人生的起步、探索阶段，启蒙、引领了我走上投奔新四军的道路。

缅怀老部长朱毅同志[1]

1941年1月震惊中外的皖南事变后,新四军在盐城重建军部,考虑到没有统一的财政金融机构,势必影响政权和军队的建设。特地设立了财政经济部,任命朱毅、李人俊、骆耕漠为正副部长,统管地方和部队的财经工作。

朱毅同志1928年赴日本明治大学攻读政治经济学,1931年"九一八"事变后,他毅然弃学回国参加抗日战争,是位高素质的领导管理人才,他财经知识渊博,办事豪爽,被陈毅同志称为"理财专家"。

一、制定法规 培养干部

据我所知,财经部建立仅七个月,鬼子就对盐城开始了大扫荡,为适应形势,财经部一分为二,由朱毅、李人俊带领一批干部南下至栟茶,归新四军一师领导（李不久即回军部,朱留在苏中一师工作）,骆耕漠带领的干部留在盐阜地区归三师领导。部的名称随之取消,改为财政经济处,但人马未动。

不管是财经部还是改建后的财经处,在当时的情况下,朱毅同志都作了许多建设性的工作:

1、制定简便易行的工商税收政策法规;

---

[1] 曾在《老兵话当年》第九辑上刊载,2005年12月。

2、制定财政工作规则（如部队伙食标准，每人每天多少油、盐、柴、米，都严格规定，对地方行政人员也有规定）；

3、建立起严格的审计制度和严肃的财经纪律。记得，1942或43年，启海税务分局的一名干部叫邢爱身，贪污税款200元抗币，在查清事实后被判处死刑。当时派陈国栋同志前去宣布判决书，在他简短的讲话中有句话令我终生难忘，他说："邢爱身爱钱不爱身……"

4、培训干部：部成立后从抗大五分校抽调了几十名男女学员（我是其中之一），又从各根据地选调人员，举办训练班。受训学员中因文化程度不齐，不少人对会计学借贷原理听不懂而影响教学效果。朱毅同志知道后即指派闵之、胡雨等在大学学过会计学原理的同志，重新编写通俗易懂的讲义，让我们很快就掌握了该学的东西。为华中各根据地培养了一批财政金融骨干，为主力部队输送了财会干部。

二、组建江淮银行

1941年，朱毅同志受命组建江淮银行及所属印钞厂、造纸厂，发行抗币，抵制伪法币流入根据地掠夺重要物资，保卫人民生命财产。为巩固抗日民主根据地的经济建设，击退国民党顽固派第二次反共高潮起了重大作用。

筹建印钞厂谈何容易，一无技术人员；二无机器设备；三无原材料。面对三无实情，他亲自选兵点将。首先得到管文蔚司令员的大力支持，即调时任苏北行政委员会保安处督察长的吴福海（1925年入党，原上海中华书局印刷工人，曾在莫斯科劳动大学学习），同时调胡金魁（曾护送斯诺赴延安的警卫）等得力骨干，迅速将印钞厂的班子搭起来。接着就分头进行筹建工作，由吴福海赴沪通过地下党关系物色人才，采购机器设备；胡金魁则负责印钞厂的内部机构设置、干部调配等。同时，又调陶厚卿、韦明同志抓造纸厂的筹建。

为了加速印钞纸的试制，朱毅同志请有关部门支援了一名化学教师。他提出自制的印钞纸一定要具备防假性能。经过上百次反复试验，造出的纸张，看似粗糙，却手感良好，印出来的钞票不但画面较好，且符合防假要求。1944年朱毅同志又派陶涛同志去印钞厂，帮助制造印票版（凹凸版），将印钞的制版工艺技术由平版制作提高到凹凸版的印制，还进一步提高了票面的清淅度。直到抗战胜利，市场上流通的抗币，从未发现过假币。为了区分各地区的发行量，在抗币正面下边沿处，还分别盖上"苏中""盐阜"或"淮南"的不同字样。

三、外冷内热的"热水瓶"

在战火纷飞的生活里，在准军事化的环境中，朱毅同志保持着良好的生活习惯，每晚临睡前坚持书写毛笔字（情况特殊时例外），给我们留下深刻印象。

他的记忆力特强，任何文章数字都能过目不忘。他在苏中工作期间，不管参加地方还是军队的重要会议，要他做报告，他都亲自动手写讲话提纲，各地区或部队上报、下发的财政数据，凡经他过目的，他都说得清清楚楚，有时根本不用提纲，对各个数据之间的比例关系也讲得一清二楚。

我们这些入伍不久的"小鬼"，既把他当长者，又都在他的领导下无拘无束心情愉快。他最初给人的印象看似态度严肃，难以接近，其实不然，接触多了，就知道他是个要求严格，又十分爱护干部的好领导，特别是对我们这些毛丫头。

我文化低，在苏中金库搞出纳时，每天要送库存报表给他。有次见他脸色不太好，害怕被批评，就想溜走，却被他叫住，他很耐心地指出我写的阿拉伯数字弯弯扭扭，让人看不清楚，教育我要向刘妙洁（后改名麦洁红）同志学习。这件小事，对我一生起了很大的甚至是决定的作用，我懂得了：做事就得要认认真真。

那时我们年龄小，都很馋，根据地生活非常艰苦，常想买点零食，打打牙祭解解馋。但我们的津贴费只有几毛钱，买了生活必须品后就所剩无几。最调皮的陈克秋想了个好办法，每到一处新驻地，就到小店里买一点点小零食给朱部长尝尝，朱部长一尝，就说好吃，明知是来敲竹杠，也掏钱给她，于是我们就欢呼雀跃，跑去买我们喜欢吃的。他的津贴比我们多，乐得和我们分享。

他对年龄稍大的女干部的婚姻极为关心。王真同志品德优秀，任劳任怨，长期坚持在海船上负责金库工作，没有机会接触男同志，他曾关照海防团领导要关心她的婚姻大事。时间长了，我们背后就瞎议论，说朱部长是个"热水瓶"，外冷内热。

1945年，朱毅同志奉命调回军部，任华东局财委财政部长。抗战胜利后随军部北上山东，先后任华东局财委副书记、华东财办副主任等职。

四、为解放战争提供优质炮弹

值得一提的是，解放战争时期，我军缴获了蒋军的大批日式或美式大炮，却缺少炮弹，大炮难以发挥作用。

1947年3月，陈毅同志点名推荐朱毅同志调往大连负责军工生产，还给他配备一名得力助手——曹鲁同志。他们在接管了旅（顺）大（连）地区的钢铁、机械、铸造、化学各厂后，立即调整班子，组织技术力量，全力以赴组建炮弹厂、信弹厂和发射药分厂等。为适应战局需求，又着手创建大型军工联合企业——建新公司。"建新"于1947年7月1日正式成立，对外定名为"大连建新公司"，由朱毅出任总经理，曹鲁任秘书长。华东局曾山同志、东北局的李富春、何长工、伍修权等同志非常重视，马上给该公司增派干部并供给大量资金。

在朱毅同志亲自主持下，团结技术干部，依靠广大职工，经过半年的日夜奋战，进行反复研制试验，到1948年年初，首次制造出我军工史上第一批钢制炮弹。仅1948年一年就为淮海战役及其他战场提供了二十余万发全优质炮弹。同年12月，朱德总司令在全军军工生产会议上，亲口对朱毅说："你们建新的炮弹，前方反映很好，在几个战场都用上了。"栗裕同志在1949年初赞扬说："华东的解放，特别是淮海战役的胜利，离不开山东民工的小推车和大连生产的炮弹。"

五、实事求是，不打"老虎"

武汉一解放，朱毅同志奉命带领百余名干部前往中南局报到，任中南军政委员会重工业部部长。重、轻工业部合并后任副职并兼任中南兵工局局长。

朱毅同志是个只唯实，不唯上，不说假话的干部，在1952年的"三反"、"五反"运动中，上级机关要求他从兵工局打出大老虎。打了一、两个月，他打不出来。上级责问他时，他当即表态："我所管辖的单位和干部，我了解，国家拨给我们多少钱办多少事，我亦清楚，我这里没有'老虎'。"顿时引起领导的不满，认为他思想右倾，必须搬掉这块"绊脚石"，于是马上换将，先后进驻的"打虎队"猛将，对受审人员刑讯逼供，打出了八只"老虎"。具有讽刺意味的是，到追赃定案时，竟都是假"老虎"，证明了朱毅同志当初的判断是正确的。

运动结束，朱毅同志调往北京，继续从事工业工作。经过几次变动，到1958年，他年已六十，患有肝炎，组织上调他任国务院参事室副主任，工作轻松，安度晚年。

1976年初，我陪老伴邓克生在北京检查身体。我们得知老部长住在北京医院，就前往探视。他见到我们很高兴，马上从沙发上站起来，握着克生的手说："老邓，您好吗？时光流逝，三十多年的日子在风风雨雨中一晃而过。"看到老部长，想到在根据地时，他一撇修剪得很整齐的小胡子，显得特别精神，大家都说朱部长演斯大林不用化妆，当年高大英俊的身躯此刻显得如此消瘦憔悴，我们不禁一阵心酸。但当时"文革"尚未结束，政治气候异常复杂，我们什么话都不敢说，很快离开了医院。

一年以后，麦洁红和我收到陶涛同志（朱毅同志的夫人，化工部原副部长）的信和照片，信中说老部长走完了人生旅程，于 1977 年 8 月离她而去。看着手中的信和照片，我们陷入久久的思念之中。

我们将永远怀念这位为中华民族的独立、为新中国的诞生而奋斗终身的忠诚的共产主义战士！

岁寒思故人[1]

——回忆陈国栋、徐雪寒、邓克生和许振东点滴

2011年岁末有四项纪念活动，引起了我无尽的思念。先是三地纪念三位老同志百岁诞辰，上海在纪念陈国栋，北京在纪念徐雪寒，南京在纪念邓克生，他们都是我党的干部，去世多年；之后，上海为刚辞世的许振东同志开追悼会，这位享年97岁的老人，没能入党，却是共产党难得的忠实朋友。我今年虚90岁了，见证了他们四人的友情和对党的贡献，还能讲讲。尤其是许老，撒手人寰还不为人们所知，值得大书一笔。

我原是上海信谊药厂的女工，1940年进入新四军苏北根据地，一直搞战时财经工作，陈、徐、邓三位是时常见面的领导。1945年我和邓克生结婚时，苏中区党委组织部的章蕴大姐（后来担任中纪

---

[1] 在2011年12月举办的"邓克生诞辰百年的纪念会"上，作为遗孀，本书在开场时有一段简短的致谢词，会后又完成了这篇文章，不单单是怀念邓克生一人，更多的是谈老友许振东。许老于南京纪念会十天之后辞世。文章修改后以"鼎元钱庄：又一座中共地下金库"为题，署"臧文口述，龙高孙执笔"，刊登在2012年11月号《上海滩》杂志上。本书所收是原稿。

因《新民晚报》和多家网站转载《鼎元钱庄：又一座中共地下金库》文，反响不小，后又见到有关鼎元钱庄的不少资料，作者与《上海滩》商议，续写并发表了《再说鼎元钱庄和许振东》，在该刊2013年7月号发表，把华中银行牵线的鼎元钱庄与党中央全局的关系，做了补充说明。

收入本书用前后两篇文章的原稿。

委副书记）最热心，介绍情况很细。那时，"灰色"的许振东在上海等地做"生意人"。1946年春上，邓克生请许振东进入根据地"研究工作"，我才初次见到他。同年深秋，我和另一女同志从根据地转移出来，隐蔽到上海，我带着孩子在许振东家里住了两个月。几个月以后，我从邓克生的湖南老家返回苏北根据地，转道上海，在接头点得知出了叛徒，万般艰难中我又去找许振东和他夫人陈志威，在他们的帮助下我找到了有关同志，安全返回根据地。在白色恐怖下两进两出大上海，我才知道许振东是什么样的朋友。

  许振东是镇江人，他父亲从事江上航运，眼界比较开阔，家境也比较宽裕。年轻的许振东做人走正道，不嫖不赌，不吸烟，不喝酒，年轻时偏爱进步书籍，还大力经销。抗战初期在桂林搞抗日救亡，他与人合办"桂林""东江"两家书店，并认识了徐雪寒、邓克生。那时徐雪寒在办新知书店，邓克生在办写读出版社，都有党组织的背景，他们是职业革命者，而许振东还是广西大学的学生。当时党内有人看不惯许振东，甚至说他是"花花公子"。但邓克生一再向同志们解释，要看他的政治态度。使得周围的人慢慢改变看法，彼此成了密切合作的好朋友。

  1941年，桂林的政治环境恶化，按照李克农的部署，许振东先行撤到上海，随后邓克生和他的姐姐邓评、他们的好友李仲融三人结成一个党小组，经上海往苏北根据地转移。他们在上海滞留了好几个月，投宿的立脚点由许振东先行安排妥。那时，许振东与两三同学筹办文学杂志，李仲融和邓克生就请郑振铎、萧岱出面指导。而邓克生还继续他的经济学理论研究，正抓紧修改《经济学常识》小册子，李仲融、邓评也有自己的研究和著述，邓评写出了《哲学常识》小册子。两本"常识"，姊妹篇，都用习作出版社的名义刊印，书在左翼青年中小有影响。这家临时应急的小小出版社，资金来源于许振东的资助。在许振东那里，同这样的朋友为伍，成为他的内心所愿。当他们三人接到指示离开上海前夕，许振东正式提出了加入共产党的要求，并准备一同进入新四军的根据地。经过临时党组织的慎重研究，由邓克生和许振东谈话，认为他不入党，以"灰色"面貌留在上海，"放手放脚"地为党工作比较有利。许振东很敬重老邓，听从了"劝告"。多少年后，邓克生得知老许和家人被定牢了"资本家"的阶级成份，政治上、家产上遭受了许多不公正的待遇，伤感至极地说："我对不起老许和他的孩子！"一把老泪，已无地抛洒。许老家的道道伤痕，至今未能完全平复。我也竭尽所能帮他们落实政策待遇，上下努力，总是落空。

抗战胜利不久，以邓克生的名义请许振东进入苏北根据地，研究的可是不小的"买卖"。那时，邓克生是"华中银行"二分行的行长。内战迫近，形势严峻，苏北、淮北、鲁南一大片根据地（先后叫华中局、华东局）有统一的备战部署。为了筹款采办军需战略物资，华中局财委的曾山找到克生，先提出派他到上海去，后来又改主意，请邓克生推荐"绝对可靠的"社会关系，在上海开辟第二战线，筹办钱庄及商贸业务。（此次开辟第二战线的更大的背景，本文的"再补充"中另述。——2013年9月补注）这才有了许振东的接连两次的根据地之行。老许为表达对我军首长的敬重，选了两支派克金笔作礼品，经邓克生转给陈毅和粟裕。老许领命回到国统区后，着手筹建钱庄和贸易公司，双管齐下，放手放脚地做起别人做不了的事。他揽财，经邓克生一条线，送达我们党；他揽物，经徐雪寒、陈国栋一条线，转运根据地。老邓一直随军转战，徐、陈他们在国统区时，都和老许保持着密切的联系。老许的家也是我党的一个落脚点、转运站，如文化人刘季平的夫人，作家艾寒松等同志，往根据地撤退时，都是由许振东接待转送的。

大战打响之前，中央军委曾有意图让粟裕带大部队南下江南，插到国统区，你国民党要"剿共"嘛，我就重拳捣你的腹背。粟裕却向毛主席提出，让他在苏北打几个胜仗再说。因为江北民众条件好，经济上厚实，作战补给、军需筹措顺当。粟裕的意思是，已经备酒备菜了，吃完了再挪窝。他这股子拧劲儿，底气就在华东根据地有一大批得力的后勤人才、精心建立起可行的后勤体系。我们华东根据地里的经济人才济济，单单我所接触过的，个个叫人佩服。比如我的老部长朱毅，1928年留学日本学经济，皖南事变以后重建新四军军部，他是财政经济部长，统管地方政权和作战部队的财经。1941年建立起江淮银行，发行"抗币"，自办印钞厂，抵制"法币"，盘活了根据地的物资流通，稳住了根据地的经济命脉。1947年被陈毅点将去大连负责军工，着手创建大型军工联合企业——大连建新公司，7月1日挂牌，来年1月就出产钢制炮弹，一年间为各战场的我军提供了20余万发。朱总司令赞不绝口，"建新的炮弹，前方反映很好"！粟裕和陈毅也说，淮海战役的胜利是大连的炮弹打出来的，是山东民工的小车推出来的。又比如徐雪寒，三年内战打响前，华东局根据党中央指示，让他携带万两黄金拓展商贸，到上海、台湾、香港等地筹措钱款、军需物资。随军接管上海时，主管对内对外的贸易，推进人民币流通，稳定了大上海的市场物价，还兼"铁路大王"，总管粮煤等重要物资的调运，1952年调京，当国家外贸部副部长。还有陈国栋，百万大军淮海决战，他是"运粮司令"，建国后，粮食部长几乎是非他莫属，他到粮食部工作很早，任职最长，起先做章乃器、范式人的副手，后来由他负全责，周恩来和李先念称他是"粮食活字典"。说到人才，就连在华中银行和我同一科的陈立，调京工作出色，升任人民银行总行的副行长，组建国家工商银行时，他出任首任行长。

我在根据地还看到顾准与我们老邓很投缘，一次老邓请他吃饭，他迈进我们的"住家"，一眼看见一只大老鼠钻到我女儿襁褓边，大叫一声，"救"了我女儿一命。我弟弟在上海中学毕业即失业，走许振东那条交通线，来到根据地，老邓就把弟弟送到银行的培训班，听顾准的课，算是拜顾准为师。顾准成了我弟弟终生最敬佩的老师。弟弟后来能成为财会行家，很大程度受益于顾准。像承了师传一样，也有拼命自学的钻劲。1957年以后，他同样吃足了"右派"的苦头。弟弟去世时，我率孩子们送的挽联是："尊师长，永志而不忘，前行楷模认顾准；敬乡贤，彻悟未畅言，晚慕自由思李中。"李中是李慎之的本名，他是我们无锡老乡，也是徐雪寒晚年的好友。

上面说到徐雪寒受党委托做"万两黄金"的大买卖，许振东和他弟弟许介眉是重要的参与者，过许振东手经理的就不下千两黄金。徐雪寒、陈国栋1946年春到上海，就住在许振东家里，一住就是一个多月。虽然徐、许早在桂林时就已认识，但邓克生还是写了"介绍信"，一来表示郑重，二来再叙友情。老邓的手札，署名"筱春"，这是他的乳名，只在家族中使用，公开场合从不用，只在与杨荣国（他俩属世家之交，自幼情谊，相知最深）、许振东的往来中用过，不仅从心里认同了"自家人"，更愿以保持童真般的纯洁。许振东回忆，他和陈国栋、徐雪寒以及地下党同志同心协力，共创办了六家企业和鼎元钱庄，许振东是鼎元的总经理，还兼另外那几家的董事。纪念陈国栋百年诞辰前夕，我向上海市委递交了一篇书面发言，文中讲到陈老1946年潜入上海的故事。纪念活动时，我应邀去上海，又特意去看望了病中的许振东。这是最后一次见面，他病得很重，已无法交谈。

当年，门面设在上海南京路与四川路口上的鼎元钱庄，是按照在根据地商定的方案建立的。鼎元开张了，又继续布点，全部是私营面貌的钱庄，高邮的叫益大，扬州的叫仁泰，镇江的叫中大，与上海的鼎元衔接，主要搞"外汇"业务（我们根据地里一直把敌伪统治区的货币叫"外币"），实质上就是华中银行的通汇线、交通线。这批钱庄筹划果断，业务开张迅速，替根据地搞钱也来得快，靠的是彼此信任，像亲兄弟一样齐心合力。因为上海的鼎元是重头，筹组时我们党出资50%，许振东投40%，剩下10%在社会招股。当时，益大靠得近，由华中银行直接领导，委派许介眉出面做经理。高邮、扬州、镇江三个点都有华中银行派的人参加管理，主要是党员汪华。鼎元那边的副经理、襄理则是地下党员。国民党部队大举进攻后，交通断绝，汇兑业务停止，精明的许振东立即通知将汇款结余全部购买黄金保存起来，以防国统区货币贬值。

就我所知，另外那几家企业叫联丰、合众、建华、同庆，挂牌花纱布公司，或进出口公司，还有就叫贸易行，依靠着龙头鼎元的资金调度，主业务是采购紧俏物资。白色恐怖，环境险恶，地下党领导，许振东为首的员工们个个尽职，灵活经营。到1948年年底，鼎元向党组织上缴的黄金是900两。我们党投资的本金全部收回。那时，老邓已升任重新组建的华中银行的副行长，我在银行的金库，进进出出的数目，不敢忘记。那一年，我们党在香港创办宝生银行，鼎元出资20%做股东；夏衍和张尔华在香港成立大光明电影公司，鼎元投过去的资金是260两黄金。不久，鼎元又将盈余的100两黄金上缴，用于采购军用的胶鞋和搪瓷碗，全部运抵东北战场，解决了东北我军作战部队的急需。这些事，仍健在的陈立也都清楚。1949年5月，我军进入上海，鼎元的使命随之结束了。当时我和邓克生驻在泰州，老邓5月25日以"说不尽的愉快"提笔给老许写信："能够这样自由自在、毫无顾忌的写信给你……老许，让我们首先紧紧的握手一次吧！"老邓溢于言表的自由自在，从保留至今的原件上仍可读出，他公开用"中国人民银行苏北分行"的信笺与信封，句句挥洒着革命热情，往日的暗语、商界的套话，瞬间就无影无踪了。

白色恐怖下肩负重任的许振东，与党组织接头交换情况、接受任务的领导只有徐雪寒和陈明两位，可这两位又穿梭于上海、香港，他们不在上海时,一旦遇上麻烦事,被指定的联系人则是朱枫。朱枫其人近几年才为世间所知,是我党隐蔽战线上杰出的女性,1950年6月在台湾就义,尸骨直到去年7月才迎回她的家乡宁波安葬。我在上海时,在许振东家里也见过朱枫,当时只知道她是鼎元的女职员,那几家公司里也兼职,精干出色。她那气质,一看就富有教养,给我留下难忘的印象。大家闺秀的言谈举止,与许振东、陈志威一拍即合,他们夫妇对她自然敬重有加。建国以后,许振东才向我透底,说出朱枫的真实身份:一直是秘密党员呀。1947年间,徐雪寒应紧急情况急需去香港,朱枫为他买好了外轮头等舱的船票,许振东把自己的皮袍和礼帽借给他,帮他装扮成富商,由朱枫护送上船,开船前,老徐脱下皮袍礼帽,对朱枫说:这些在香港都用不着了,你带回去还给老许吧。

我和陈志威一度朝夕相处,近距离地感受到老许能在敌人的眼皮底下完成那么重要的任务,志威是难得的贤内助。没有她的支持协助,老许的"放手放脚",做那许多贡献,完全不可能。我从苏北根据地刚出来,土里土气,为打消别人的注意,志威提出替我买衣服。可我不会长住,又身无分文,当然不愿买。志威并不勉强,连夜踩缝纫机,改自己的衣服,改了给我穿。我在根据地,习惯紧张的行军和工作,到上海整日带孩子,心里发空。志威就找书给我看,边教我织毛衣,边和我聊天,给我讲她自己的经历。志威一直在上海,大学肄业就转入立信会计专科学校,坚持到毕业,这在40年代可谓凤毛麟角。她曾想和振东一起去我们的根据地,又一起服从组织安排留在上海;她曾打算就在上海参加工作,最后又是顾全大局,留在了家里。她默默无闻地迎来送往,接待,安置,让来她家落脚的每一个同志既安全又温暖。年复一年与狼共舞,志威养成了高度的警惕。一次她陪我上街买毛线,逛了几家,又到一家店里,我正在看毛线,她突然拽拽我衣角,使了个眼色,我赶紧跟着她出来。她悄悄告诉我：我们刚进去，就有两个男的跟了进来。什么年头，哪有男人进毛线店的！她机警地带着我连转几个弄堂，甩掉可能的尾巴，安全回到她家里。

建国后，克生和我只要到上海，都要去看望振东和志威。有一次志威告诉我：她几次提出要参加工作，但有关方面派人做她的工作，说民主工商界许多上层人士的夫人都是全职太太，建议她还是留在家里，她再一次服从了组织安排。这位终身没有出来工作的知识女性，不知道为社会做了多少工作哟。她去世前什么"级别""待遇"都没有，但她赢得了亲人和所有认识她的人的敬重，甚至可以说是无比的敬重。我记得，徐雪寒有一段高度赞扬老许的话："党在和许振东长期交往中，确认他政治进步积极支持党的革命事业，经济上廉洁清正，分文不入私囊，又精通金融业务，善于经营管理，所以委以重任。他也慷慨接受任务，身家性命在所不惜。"徐老一向出言谨慎，依他的性格，依他对老许和志威的了解，予以这样的大誉，何尝不包含对志威的肯定呢！

想起这些故事，我觉得，许振东毕生经受住了历史的考验，和载入千秋的秘密党员毫无区别，如果不是和徐雪寒一样情怀，"临终前对官场腐败深表愤慨"，许老很可能再次提出希望加入共产党的请求，但已是绝对不可能的事了。我们的党不再是昨天的党了。我还觉得，人们写隐蔽战线的故事，写过潘汉年、徐雪寒，写过朱枫，也应该写写许振东和他的鼎元。

我说出这些话，有点老迈寒心。就是的嘛，岁寒，事寒，我一想起上述一个个老同志的经历，便忍不住心寒。陈国栋资格很老，曾被怀疑是"托派"，长期不被重用，派人盯他，一盯就是两年；文革中在河北干校，一帮丧心病狂的家伙竟挖坑要活埋他，土快埋到胸部时，被当地的农民兄弟救了他一命。徐雪寒坐共产党的牢房比蹲国民党的监狱长一倍，十年，是秦城监狱建好后的首批"政治犯"。

我们老邓在文革中写检查,说到徐雪寒时只能用"不知下落"来交代。老邓自己1952年当过"大老虎",1965年被戴上"阶级异己"的帽子,文革一开始就被逼得自杀,也是好心的农民救起。他和许振东的关系,回回运动是交代的重点。当年老许连私方应得的那份盈利都放弃、悉数上缴了,可查老邓时还强加一个尾巴:说他俩串通把利息贪污了。明明是及时兑换成黄金了,哪来利息一说呢?直到1982年,老邓去世六年了,"勾结许振东搞地下钱庄"才算审查清楚,蒙冤达30载。二十多年里,不管组织上如何查,老邓没有向老许透过一个字,老许从不知情,也没有出来说过一句话。他俩凭着简单彻底的相互沉默,而绝不授人以"攻守同盟"的半点口实。老邓在检讨中多次说"我犯了与资本家界线不清的错误",又多次说"我以后仍同他保持往来",一往情真,任凭什么"党性原则",什么"革命风暴",白色恐怖下结为莫逆之交,红色浩劫中再历炼狱,终显出"莫逆"的二颗心。

　　人常说"革命吞噬自己的儿女",若要我说,三天三夜说不完。我以前想不明白,好好的党,过了河,怎么说拆桥就拆桥呢!往后你就不过河了吗?老邓早年的好友黎澍的那篇文章《怀邓克生同志》,让我明白党内确有一种风气,对人到死都不予以信任,态度偏狭;对忠于革命的人,避免对他的一生全面加以肯定,总是有所保留。黎澍太了解邓克生了。1938年在湖南办《观察日报》时,出力最多的是总编辑黎澍,出钱最多的是总经理邓克生。这张报纸成了地下省工委的机关报,出报十五个月被国民党当局查封。邓克生去世六年,一生尘埃落定,黎澍凭历史眼光,有感而发,由知人而论世,剖析极不公道的现状。他说的"保留对人全面肯定",又一次应验在许振东同志身上:人已驾鹤西天了,原单位写"生平",定稿印毕,连许老生前五次当选上海市人大代表都"保留"不见了,那是基本事实呀。能叫人心安吗?我压根没想到会有这种事。噩耗传来时,我请孩子们代拟代书了挽联——

> 世间旧雨相知肝胆
> 泉下重逢共览诗书

把许老和邓克生几十年生生死死的情谊简略写进去了，要说情谊，何尝不包含许老和徐雪寒、陈国栋、朱枫等人的生死情谊呢！

  同船共渡却不能肝胆相知，这种事发生在我们这些人身上倒也无碍大局。可连邓颖超都说过，毛主席离不开胡子，要靠胡子做事，又不信任他。邓大姐只有在很亲近的人面前才称周恩来"胡子"，她这话是对李普说的，是李普陪同她会见一个外国的新闻代表团的间隙说的。李普也是我们的老朋友，和克生的姐姐邓评更熟，他和李仲融还是儿女亲家。他把邓大姐内心的痛苦写进了《在周恩来身边》一文中。文集寄到南京，我看到这几句，顿时想起黎澍说过"偏狭"。在毛主席、周总理的层面上也出现这类"到死都不予以信任"，波及到国家、民族，伤害可就深了，我的心寒就不算是个别特例了。我盼着真正的春天回来，但愿司空见惯的"偏狭""不信任"，在和谐的春风里早早消融，统统消融，不再发生令人寒心的事。

  最后我还要带一句，再过半个月又是黎澍百年诞辰的日子。总要纪念一下吧，用"两头真"的精神财富，多讲个"真"字，也好暖暖人心。

（2012年1月，春节）

  补充：今年恰逢生活·读书·新知三联书店八十年，《三联生活周刊》出专刊纪念，其中单有《徐雪寒：纯净的理想主义者》一大篇，详细介绍了他。虽然1943到1949年那一段写得很简略，因为是"党的经济活动"，所以远离了"三联"的文化家园建树，也没有提及精诚合作的生死战友。可正是这段时期，聚集着一群理想主义者，敢于在战云下奔波，并创造出业绩。他们的心灵纯洁，他们的名字会是一长串，应该有徐雪寒、许振东、陈国栋、邓克生这样的好男儿，也有朱枫、陈志威这样的女杰，还有默默奉献的无名者……

（2012年7月）

再补充： 2013年2月续写《说透这"地下金库"——关于鼎元钱庄及许振东的重要补充》一文，首先弄清鼎元钱庄及华中银行在党中央、在华中局战略大局中的作用，力求把史事中的这一亮点，重新擦亮，透出真实的光亮：

接下一篇——

【附】

再说鼎元钱庄和许振东

去年11月号的《上海滩》杂志，刊登了我口述的文章《鼎元钱庄：又一座中共地下金库》。编者很重视，放在第一篇。随后，《新民晚报》又作了转载。这下可热闹了，几个月来，我周围的老朋友新朋友都在谈论"地下金库"，有的热心人还送来相关资料。看来，历史尽管过去了半个多世纪，但知情的还大有人在。我感到有责任把这事说说透。

要说什么呢？先得感谢编辑《上海滩》的年轻人，他们脑子灵，眼光灵，抓了要点，"金库"的背后，真还有文章。牵住这个"牛鼻子"，自然触动了我，要去弄弄清，说说透。这些天来，在年轻人的帮助下，大概理了理思路，我又翻出自己保存的一些资料，加上当事人留下的回忆，力图将各种线索串联起来，尽可能还原历史的真相，以对得起那些为新中国建立做出过贡献的老朋友。有这么几点，须补充讲来。

两座金库各司其责 华东地区承担重任

所谓两座"地下金库"，是我党两个不同的指挥系统布下的金融据点，一条线是从白区到白区，即从重庆到上海，另一条线是从根据地到敌占区的大城市。

《上海滩》杂志在1996年第7期上的文章《中共上海地下金库》，讲的是1946年5月随中共代表团从重庆迁上海的"地下金库"，开张的公司取名"华益"，"老板"是共产党员萧林，直接由重庆红岩村的老上级钱之光指挥，钱是八路军驻重庆办事处处长，建国后又任过国家轻工业部部长。中共代表团转到南京，重设办事处，又在上海置办"私人住宅"——周恩来将军官邸（周公馆）。无论在重庆，还是在南京、上海，办事处与周公馆的日常开支要全力保证，通过秘密的经济活动赚钱支撑。萧林从1941年起就受命负责此项专职经营，一直是代表团的"钱袋子"，分担着党中央拨款的不足。他来到上海办公司，指定的联络人叫刘恕。刘的公开身份是周公馆会计，党内则任"中共中央南京局财政委员会秘书长"。直到全面内战打响之前，萧林"华益公司"这一"地下金库"承担的任务就是财力上保障中共代表团，代表团撤离南京、上海以后，又与刘晓（中共上海局书记）接上头，成了上海地下党可以"提取钱款"的一个大钱袋，上述《中共上海地下金库》文中记载了当事人的回忆，我就不多引用重谈了。

从根据地跨入敌占区，插楔子式地建起的地下金库，设定的任务则大不相同。出谋划策的源头是在党中央。鉴于"双十协定"已公之于世，当时的大情势有一种可能，会出现和平时期，将面临民主选举，要准备开展合法斗争；还有另一种可能，会爆发战争。无论哪种可能，特别是前一种可能，到大城市里去发展党的力量，刻不容缓。问题随之来了：你想钻到敌人当家的城市里去闹腾，吃什么、喝什么？到大城市里去发展党的力量，靠什么生存下去？徐雪寒回忆，"根据中央指示和华中局决定……加强了对大城市的工作"，他前往上海负责开展党的经济活动，"资金全部由华中银行设法输送，大约有上万两黄金的资产"。我在上一篇文章里谈到 1946 年曾山首长曾找我爱人邓克生，要派他出去建钱庄、办商贸行。这件事，几十年来我一直以为老首长们考虑的是我们华东根据地的战略布局。其实，用意远非如此，那是党中央的全国战略布局呀！徐雪寒领衔唱起这出"大戏"，戏唱到了上海、台湾和香港，他回顾说他在上海"办了一个银行、两个钱庄、一个对外贸易公司、一个花纱布公司等六七家企业"，做到了"完全公开合法"。为了摆开这么一个"战场"，他多方调用干部，配备精明的人手，扎扎实实"做生意"。老徐在 1982 年 4 月 9 号夜给我的信中说过"鼎元钱庄，是我亲自布置的"，同年的一份证明材料上说，他对许振东是"委之以重任"的；在 1990 年 4 月回忆朱枫的文章中，又说朱的"组织关系转交给我，由我调遣"。

与此前后光景，钱之光、萧林那条线也在往沿海转移，而他们能否站稳脚跟，能否保彰中央代表团所需，自然成了延安的顾虑。为万全起见，中央指示"华中局负责供应"代表团的"各项经费"。这是一条很重要的史料，《华中银行史》上有记载，也让我的回忆有了全局观念，让后人评说历史有个宽广的视野。可以说，从 1946 年春天以后，中央代表团和党中央的财务关系发生了重大变动，由华中来挑中央搁在外面的担子。围绕南京、上海的周恩来、董必武等人，一个代表团，那么多来往人员，那么多工作，有谈判桌上的，有团结民主党派、争取中间人士的，还有推动爱国民主运动等各方面，所需经费数额大，提款频率高，而华中银行的钱，即根据地的钱，如何输送到代表团的手上，靠携款人员奔波递送，风险大，效率低，成否难料，只有建立起跨越敌我两区的通汇线，才能险中求夷，平稳有序运作。鼎元这一类钱庄的实际作用，随之凸现出来。

党设在大城市的秘密金融点，当时面临的无非是两大任务：一是确保中共代表团开展各种活动，二是大力为根据地置办军需。围绕着这两大任务，不同的指挥系统会有好几条线展开活动。时隔六七十年，虽然看清了"地下金库"的两条线索，而他们活动的许多细节却湮没无载，重要的是几大账本无处查寻，今天谁还能见到华中银行的账本、中共代表团的账本、鼎元钱庄的账本、华益公司的账本？如果有，我拼了老眼昏花，也要仔细查查。没有原始底账，纵横往来的收支明细、孰轻孰重都茫然如烟，不能匆忙定论，更不能胡乱夸大。不敢说鼎元就是"挑大梁"的主角儿，但我要负责任地说：许振东参与的那一条通汇线确实发挥了很大的作用，肯定比我上一篇文章里提到的那点点数字（上千两黄金）还要大。单单《华中银行史》书中就明确记载了一段：1946年9月里的苏中区第一次财经会议，决定成立华中银行苏中办事处，统一领导下属的三家分行，"办事处主任邓克生"，仅在同年11月里，办事处就"两次支付南京中共代表团黄金490两，法币4900万元"。当时的黄金单价约每两30万元出头，这样算来，华中银行一个月已拨出两个月的经费，因为中央要求华中每月为南京代表团筹款1万万元，并电示周恩来、董必武注意每月"提款以不超过此数为限"。

我们从根据地转出的资金，转到许振东那头，笔笔顺当可靠。党的大城市急办的两项大事，从落实的结果看，远比预想的要好得多，所以才有"节节胜利"之说。我后来去上海许振东家中，见客厅里挂着董必武手书相赠的条幅，说明董老记着那血雨腥风的岁月，不忘肝胆相照的老朋友。

这里还要补充一点，咱们苏中的沿海产盐，设有"两淮盐务局"，销售的盐款也有一部分转作国统区的工作经费，华中银行和两淮盐务局联合组织过"汇通盐号",按《华中银行史》的说法,中共南京局的"工作经费就源源不断地从这些地下通汇线转送过去"。当年主持两淮盐务局的负责人是孙笃生。60年代以后,我们曾相邻而居十多年,推开窗,两家人可以轻声言语。芳邻赛珍宝,同样值得回忆。

金融据点听党指挥 单线联系守口如瓶

许振东作为土生土长的镇江人,具有近代镇江人外出谋生的特色,其中又以钱庄学徒为多。1929年,许振东未满16岁,就由父亲托人介绍,进入上海的鼎元钱庄学生意。没想到,小学徒日后竟能将东家的老牌子吃下来,经营的本事十分了得。

说起早期的鼎元,只是个小钱庄,门面在上海蓬路(靠近吴淞路)上,老板待人苛刻。三年学徒期满,许振东即改换门庭,去上海新泰、三泰钱庄当职员,业余时间上立信会计学校读书,练就了一身真本事。在立信学校时,他认识了后来结为终身伴侣的陈志威。

许振东22岁时,由许家人发起,向亲友集资、到社会上拉股,筹到数千资金,自立门户开设"仁泰钱庄"。许振东被股东们推为经理,由他的兄长许旭东协助,靠信用和热忱服务,广揽生意,兴旺一时。抗日战争一爆发,许振东追着共产党的行踪,赴长沙,往桂林,投身抗日宣传活动,直到1940年底才回到上海。在桂林时期,他开办过两家书店,翻印过毛泽东的《论持久战》等小册子,通过八路军办事处主任李克农赠送前方将士阅读。许振东离沪两年多,仁泰钱庄由弟弟许培东接任经理,俟重返沪上已濒临倒闭,他立即与弟弟携手整顿,有了起色后,还与人合资创办新的公司。

许振东这个"点",在"孤岛"时期既是我党的一个联络点,供过往人员碰头联系,又是地下党从事抗日宣传的一个"钱袋子"。许振东后来回忆:"1941年,上海私营印刷厂因受到威胁,不敢替生活、新知等书店印书,徐雪寒同志要我合办印刷厂,自印书刊,并由我出面请领开业执照。"正是在 1941 年，许振东成了具有组织关系但不是正式党员的特殊人物，其组织关系由地下党负责的唐若愚（后任过福建某大学的副校长）转给金融业地下党的韩宏绰（后任过宝钢的物资处长），单线联系。许振东认识到"党要我当个资本家，我当遵照他们的指示去做"，当时找许振东谈话的就是我爱人邓克生，要他"仍然以以前曾担任过的钱庄经理身份留在上海，为党做些工作，并掩护一些党员，要比去根据地更为有利"。到了 1946 年，徐雪寒对他进一步明确："不能参加民主党派和民主运动，只能以工商者（资本家）的身份参加社会活动。"那些单线联系的组织活动，属于党的机密，即使到了和平年代，许振东依然守口如瓶，直到"文革"以后，他才以"个人简历"的形式向所在单位的党组织交代。

最难得的是他的兄弟和妻子都理解他，支持他，还时常会善意地取笑他："共产党就是你的亲老子！"如果没有"亲老子"的指示，许振东也许会守着他们许家的仁泰钱庄，在上海至镇江一线经营，不会北上进入高邮、淮阴发展。可邓克生一发话、徐雪寒一拍板，说要合办新的钱庄，老许就在仁泰钱庄内设立了筹备处。考虑到新办营业执照费时费力，他便出面借用已关闭多年的鼎元钱庄的老牌子，花五十多两黄金，办成新执照，随即在四川路上正式开业。因为正式开业时，中共代表团已撤离南京、上海，所以鼎元钱庄承担着"党交付的采购军用物资，支持党所需的资金，租用商船以运送物资到解放区等任务"。

许振东后来回忆："鼎元钱庄，党派了二位党员参加负责，叫我担任总经理。同庆钱庄，叫我担任董事。建华贸易行，任务是与解放区交流物资。联丰花纱布公司，叫我担任常务董事。合众进出口营业公司，叫我担任董事。懋兴土产出口商行……上述企业都由党员具体负责。资金大部分是党的，我的家庭和其他私人也分别投入一部分资金。"据闻，当年在鼎元钱庄工作的员工，都享受到了离休待遇，说明党和政府是记住他们的贡献的。

当年，在最繁忙紧张期间，"亲老子"又指示，准备接待过往的"客人"。许振东没动钱庄一分钱，竭尽自家的积蓄，重金买下位于绍兴路的一座私宅。出手购房前，家中人并不情愿，觉得有点"过分"，可老许咬咬牙，还是买下了那栋房子。虽然入住已是 1949 年，局势动荡剧烈，并未完全派上用场，但在此之前，经许振东接待，北上前往解放区的有刘季平夫妇，有艾寒松、恽逸群、楼适夷等文化人，还有臧亦夫、邓亭这样的小青年。

接待这些来客，不但包他们食宿，还掏自家的钱给他们花。邓克生 1941 年滞留上海时，就没少花老许的钱。同行的李仲融，在上海办的婚事，也是老许出钱操办的。新夫人是胡风夫人梅志的妹妹。夏衍的家属留居上海，老许定期送去生活费。香港的翦伯赞、内地的张天翼，老许都按时汇去生活费及子女教育费。刘季平转移的那次，只身先到上海，夫人因缺盘缠，还滞留桂林，老许闻讯，马上汇去路费。老许两次进入苏北根据地，一身盛装前去，光着手回上海，把"自己的行李和穿戴都留给老区的朋友了"。这样的义举不胜枚举，有人赞扬许振东人品好，"只要知道同志有困难或革命需要，即会毫不犹豫地慷慨解囊"。徐雪寒晚年还亲笔为许振东写下"慷慨接受任务，身家性命在所不惜"数句评语。

龙蛇杂处各显其能　结交八方化险为夷

鼎元钱庄在筹备时，场面上的文章做得很漂亮。党内派来的人挂襄理之名，叫许振东出任总经理兼常务董事，请一位懂行的私方投资人士出任监事会会长。而最亮堂的董事长一职，必须找社会知名人士。首届董事会特邀同盟会老人张席卿挂名董事长，张先生是蒋介石的同乡、同学，曾任北伐军总司令部咨议，是可以在蒋氏介卿、介石两兄弟面前替人说项的好友。一年以后，董事会改组换届，拉了骆美奂来当董事长,他是国民党的中央委员,当过中央合作金库的常务董事,为CC派陈果夫坐镇"钱袋子"。同时还把上海市银行的副总经理朱慎微也请来,做个挂名董事。上海市银行是市政府设立的,1945年复业后,朱慎微成了新市长吴国桢信得过的人。把这些有头有脸的人物一个个引来"入伙",不仅给鼎元增添了保护色,也利于从中央金库和上海市银行挖头寸,使官僚资本为我党所用。

一次朱慎微寿庆,许振东作为同业朋友去捧场,又搭上了第二绥靖区司令王耀武和他太太郑宜兰。王耀武出身于山村农家,靠军功做到山东省主席,在有黄埔背景的将领中,他的生意经头脑超灵,自北伐以来,一路驻军,一路开办私人企业,在官场上如鱼得水,上上下下出手大方,那不竭的"财气",后盾全靠一批私人企业。这位王司令邀请许振东去他家中打牌,老许摸不准对方意图,又厌恶鱼肉百姓者,一时拿不定主意。当时正逢鼎元在向社会招股,朱枫知道此事后,极力鼓动:"送上门的主顾,哪能推辞不就?"三来两往,郑宜兰成了鼎元的股东,王司令的连襟也成了股东。

战乱年代,形势险恶,白色恐怖最严重时,沪上夜间实行戒严。因为和王耀武一家子混熟了,通过他搞到了汽车通行证,理由就是为了不误夜晚的"牌局"。许振东按朱枫的指点,在牌桌上舍得"输",在轻松欢洽的气氛中,却获得了不少生意场以及战场上的重要信息。他把这些情报报告给党组织,有利于党分析情势,判断动向。

说到朱枫,她在鼎元钱庄的情况,我原先知道的不多,上次那篇文章仅仅提了几句。说来也巧,国内出版的《朱枫传》的作者冯亦同,曾是我女儿的语文老师。今年1月,追述朱枫一生的纪录片《枫叶红于二月花》在中央电视台播出前,他特意通知我们全家收看。他的书中就有一段涉及鼎元钱庄的故事——

朱枫有个同父异母的六妹,妹夫姓水,夫妇俩同在中统做事。有一次聊天,妹夫无意间说:"共产党真是无孔不入,连上海的金融业都钻进去了。"再往下聊，水某说："我只听说有个带鼎字的钱庄……"朱枫立刻警觉起来，向徐雪寒、陈明报告后，决定由她出面化解危机。朱枫即和六妹联名发请柬，宴请蒋府红人沙孟海，就在六妹和水某的家中，还让沙的四弟史永（原名沙文威）前来作陪。沙孟海是朱枫学书法的恩师，朱枫与沙先生的夫人包稚颐及弟媳陈修良都是宁波女子师范的同学；史永已参加上海地下党，曾携妻带子住在朱枫家中。朱枫原名贻荫，自感字面过平，曾央沙先生更换典雅的名字。沙为她取名谌之，字弥明，并各治一印相赠；朱枫远嫁沈阳，沙先生另刻象牙小印"弥明欢喜"作为贺礼。这些都可印证两家人关系之稔熟。这场"家宴"，借沙孟海的话，真个是"亲切如家人"。朱枫在六妹家中请沙孟海题写"鼎元钱庄"，留心观察水某的反应，并有意挑起旧话："你上次听到的那个消息，不能听到风就是雨哟。"朱枫解释说，鼎元的经理是她亲戚，经商失败，转而投资钱庄，勉强维持生计，家里人口多，生活艰难，说不定什么时候钱庄倒闭，全家又要饿肚子了。她提醒妹夫，若是你"下面的人去胡搞"，那是"伤阴德的事"哦。水某不得不当场表态："我不去深究，就没事了。"

嗣后，鼎元钱庄干脆将沙孟海的手迹放到报上去做广告，那时沙公是国民政府的秘书，正在为蒋介石纂修宗谱。《上海滩》去年发表我的文章时，配发了一张鼎元钱庄的支票，支票上的"鼎元钱庄"四字，一看就是沙孟海的手迹，他老先生当时写的就是隶字。据沙公回忆，朱枫托他写过好几家工商企业的招牌，而写鼎元的招牌，是他"最记忆清楚的"。在鼎元的营业厅，还故意将给王耀武总司令的大信封压在办公桌下，以引人注目。这两手高招，假借官威警示宵小，鼎元果然平安无事。

不过，要说完全"平安无事"，其实也不见得，有时也会出现令人提心吊胆的险情。志威大姐就对子女们说过，有一次来了一伙人，点名要找老板许振东，单拿他问事。许振东躲在暗处，一看苗头不对，就让弟弟培东出面应付，自己爬上房顶跑了。来人把许培东带走审问，因兄弟俩外貌酷似，不开口难辨真身。许老弟被抓去后，审问了半天，均答非所问，才发现抓错了对象，只好放人。此事多亏许家兄弟应付得当，才化险为夷。多少年后说起这事，志威大姐依然心有余悸："当时吓得要命哟！"许培东不但是个好帮手，也是我们党的真心朋友，曾在家中掩护张尔华同志住宿。

两次发文回忆许振东其人其事，可能会有前后不太一致的情况，因为前一次凭记忆多一些，后一次看材料多一些，查证核实太困难，我也老了，请读者们原谅。至于有没有将"地下金库"真正说透，我心里也没底。我毕竟老了，虽然还有许多话想说，也是力不从心了。如果还没说透，请读者们再惠赠资料，我继续补课，能把"地下金库"的故事流传下去，我就安心了。

另外要说明，这两个多月来，由我的文章而引发的议论中，我也听到一些尖锐的声音，多是针对我们党的。我很赞成习近平总书记最近说的，中国共产党要容得下"尖锐批评"和"逆耳"的言论。我愿引徐雪寒的一段话来结束这篇文章，他在1983年3月30日给我的信中，动情地说过："老许等对于革命是有贡献的，我这个人，对于革命困难时期帮助过革命的党外人士特别多情，觉得革命胜利了，对这些人士，不能忘记，要优礼有加，宁可我们党内克己些，对党外人士宽厚些为好。"可就是在"老许"的身上，无论生前身后，我们党和政府"宽厚"得不够，还在占着人家原有的那一份，债欠大了，拖久啰！徐雪寒动情，都30年了呀。年前，老许的儿女们专程来看我，我很想说说，却无法再说下去了……几时能像习总书记说的那样，解决问题，克服工作中的不足？

（2013年2月下旬稿）

怀念陈国栋同志和沈一尘大姐

战争岁月

我是在四分区的时候认识陈国栋同志的。

1941年5月，我从新四军军部财政部分配到了苏中抗日根据地四分区的江淮银行掘港支行搞汇兑业务，因战事频繁，正常业务很难开展。于是，我又被调至税务三分局搞出纳。分局主任先是宋良甫，后来是徐明（后改名徐也平），徐调走后由吉琳来接替。

当时，根据地是三三制政权的组织形式。税务分局的业务和党的领导关系，皆由分区税务局和地方政府双重领导。分局税务总局设党的总支委员会，直接领导辖区内各分局党支部，总支书记是陆若勉。陈国栋同志当时是南通县财政科长，县长是梁灵光同志，周一峰同志任县委书记。当时四分区还管辖启东、海门地区。吉琳和我都是1942年1月在同一天入党的。介绍人是宋季文（时任分区税务总局局长，文革后任轻工业部部长）和龚克（原名张文）两同志。

这期间，发生过两起案件，都是由地方政府查处的。这两件事我印象最深的一件是邢爱身事件。邢当时是一个税务分所的所长，贪污了200元抗币，查实后被判处死刑。宣判会要求我们财务人员都去听，接受教育。我是出纳，不能离开钱，吉琳说：你们去好了，我和徐政来替你看钱。我就和薛如英（后改名余世平）、施振新一起去了。邢对自己的罪行供认不讳，承认自己违犯了党纪。为了严肃党纪，他当场被宣判死刑。时任南通县财政科长的陈国栋同志在会上讲了话，他说"邢爱身，爱钱老不爱身。"这话让我终身不忘，一直铭记至今。

还有一件事是分局通讯员殷某开小差事件。当时离开解放区是要有通行证的，殷某只身逃跑，没有通行证是跑不出去的，就是跑出去，也跑不远。他的通行证是哪里来的呢？就怀疑到了文书薛如英，怕他们是串通一气的，更怕薛也要逃跑，就把薛看管起来了，让我看着她。那正是中秋前后，我们住在南通县北兴桥老百姓家里，两人都挺瘦小，两张方桌一拼，就睡在上面，大小便我都得跟着她。后来县公安局来人把她带走了。经反复审查，路条的确不是她开的，当时印章就放在她的挂包里，很可能是殷某偷盖的。再说他逃跑后，并没有给部队造成损失。陈国栋同志说，没有真凭实据怎么能把人关着不放呢？一个多星期后，就把她放了回来。临走时还对她说：没有你的事了，回去好好工作。

这是我入伍一年多来亲身经历的两件事，这两件事使我对陈国栋同志实事求是的工作作风印象深刻。

后来听陈国栋同志的夫人沈一尘大姐告诉我，国栋同志本名吴永和，江西婺源县赋春乡赋春村人。他的曾祖父吴元视是西汉长沙王吴芮的 78 代孙，做过永新知县；祖父吴德乾是国学生，钦加五品衔；父亲吴清芬学医，在南昌开过私人诊所，后参加北伐军，在许崇智部任军医官，1926 年在福建漳州征战中殉难。吴清芬有三子一女，长子就是陈国栋，1911 年 11 月出生于南昌，因参加革命，改从母姓。他早年毕业于英国人在上海创办的教会学校，喜欢读英文报纸，在英国人开的国际电台工作，还做过报务员，曾骑着摩托在上海的大街小巷风驰电掣。作为 20 世纪初上海外企的白领，同时也是地下党成员，他每个月工资 140 多大洋元，捐出 100 元，作为地下党革命小组的活动经费。他不止一次说过："革命成功后，我们那个地下党小组九个人死了六个，活着本身就是一种幸福。"

国栋同志与沈大姐上世纪 30 年代在上海相遇、相知，1931 年由当时国际电台同事吴雪之（解放后任中央人民政府商业部副部长）作为证婚人结为伉俪之后，他们无论处于顺境还是逆境，始终相爱，无怨无悔，相伴终身。沈大姐当时在上海职工夜校教书，因为"上海的富人富得不得了，穷人却连饭都吃不饱，社会不公平……"为了缔造一个公平、平等、温暖的新国家，1933 年她在白色恐怖下加入了中国共产党。她婚后一共生过四胎，第二胎是双胞胎，是龙凤胎，因参加革命只能躲在无锡娘家阁楼上，准备自己接生，不知是双胞胎，措手不及，淹死一个在马桶里。

当年，敌人加剧搜捕共产党人，国栋同志奉命撤离上海，由组织安排转移到安徽地区，一尘大姐则带着孩子回无锡老家居住。

据国栋同志的老战友、至交汤瑞同志（原宁波市政协常委）告诉我，陈国栋同志很长一段时间是被监控使用的。他说那时党的组织被破坏得非常厉害，地下工作又都是单线联系，出了一个叛徒姓吴，有人怀疑是国栋同志，但一时又无法确证，就对他监控使用，边工作边审查。抗战初期，我们都在安徽工作，我就是监控他的人。当时组织上虽没有明确说，但我心中有数。因为组织上跟我谈话的同志向我交代：他（指国栋同志）参加任何活动你一定要跟在他身边，他到哪里你就跟到哪里，寸步不能离。前后大约有两年时间。他还说，1941 年秋黄桥战役结束之后，建设根据地急需干部，我奉命"护送"他绕道上海转赴苏中解放区，我的任务才算完成。

其实，国栋同志到了我们苏中四分区，组织上还是对他不放心，把他分配到南通县当财政科长。一直到 1945 年中共七大结束，他的"问题"大概基本审查清楚了，可以对他放手使用了，朱毅同志调到华东局去，就调他担任了苏中行署财经处长兼江淮银行行长，接替朱毅同志的工作。我所在的苏中金库也属财经处领导。

这之前，国栋同志和一尘大姐分居两地，很难互相照顾，因为南通县地处长江下游，靠近上海，是对敌斗争的最前沿。但是，国栋同志还是很关心一尘同志和孩子的，只要环境许可，他就将他们母子女接到身边，安置在邻县。沈大姐可以继续从教，大的孩子可以就地读书。一旦情势紧张，组织上要考虑干部和群众的安全，必须及时撤离敌人"清乡"圈，又不得不动员她带着孩子回老家无锡暂住，几进几出。她在无锡又无固定职业，只能当当代课教师，收入微薄，孩子长期营养不良，影响发育。

直到1944年春，车桥战役胜利后，苏中地区形势相对稳定，苏中党政军领导机关驻地转移到了宝应县的林溪、油坊头一带，苏中区党委响应党中央号召开展大生产运动，以减轻民众负担。我们行署机关财经处就驻在油坊头，国栋同志派人将沈大姐和孩子接到身边来。大姐把大女儿放在母亲那里，自己带着两儿一女来到解放区。他们的生活才逐步得到安定。那时沈大姐的工作分配在行署文教处，孩子与农家子弟在当地学校就读。我初见大姐时，孩子脸上气色不太好，有点面黄肌瘦，比一般同龄孩子矮小。那时大弟已经能走长路了，行军时，他就跟着跑，小弟和小妹就由挑勤员挑着走。沈大姐在文教处编写教材，她说一口无锡话，看见我就笑笑。因为是老乡，每次见面我们都很高兴。

这里，值得一提的是行署文教处处长刘季平同志（后任行署副主任，新中国建立后曾任国家图书馆馆长），他是从西南大后方撤退到敌后来的文化人，赴新四军军部途经苏中，不料被行署主任管文蔚"扣押"，留下来负责抓文化、教育、卫生工作。沈大姐就在刘季平、杭苇同志领导的文教处工作。

1942—1943年初是苏中地区，特别是四分区的反清乡、反扫荡斗争最紧张最激烈的阶段，几乎天天游击，天天转移。他们面对频繁的战斗环境，深感责任重大，大家首先考虑的是怎样从实际出发，解决教学中的主要难题——使广大青少年都有书念。于是，他们团结广大教学工作者，依靠人民群众，围绕战斗环境如何不让一个孩子失学这一中心，千方百计想办法，采取各种措施，组织流动学校，实行"敌来我走，敌走我来"的策略，没有固定教室也坚持野外上课。还给每一个学生发一个小板凳、小黑板，上课的时候使用。行动时可以挂在身上，放学可以带回家里。没有小板凳、小黑板的学生就用小背包，坐在背包上上课，这样，就不会影响成长中的学生的学业。

国栋、沈大姐的孩子正是在我们民族大灾难时期出生，成长于战火纷飞的年代。

在油坊头我和邓克生结婚后，怀孕了，反应特别厉害，吐得一塌糊涂，情绪也很不好，认为结婚妨碍了工作，非常后悔。沈大姐就语重心长地开导我，说我们共产党人不是独生主义者，女同志总是要结婚生孩子的，妊娠反应是正常的生理现象，反应期很快就会过去的。劝我想办法多吃点东西。这第一次谈话给我留下了很深的印象，让我感到既亲切又温暖。

不久，抗战胜利，苏中行署、华中银行等机关迁入兴化城。原苏中、苏北、淮南、淮北四块解放区统一划为10个分区，党政军机构也相应调整，1945年11月成立苏皖边区政府，领导机构有中共华中分局、苏皖边区政府和华中军区，统一领导指挥苏皖解放区的全面工作。李一氓任主席，季方等任副主席，苏中行政公署的主任是管文蔚同志，副主任有贺希民等。国栋同志调边区政府财粮处任职，沈大姐和孩子随之北上。

1946年夏，蒋介石撕毁停战协定，集中其全部正规军80%约160万兵力，向我中原、华东各解放区猖狂进犯，内战爆发。我苏中军民遵循党中央《以自卫战争粉碎蒋介石的进攻》的指示，奋起反击，开展保卫战，在粟裕司令员亲自指挥下，连续七次与蒋军作战，七战七捷，沉重打击了敌军的嚣张气焰，缴获了大批日式美式武器装备。苏中七战七捷后，我大军战略转移，主动北撤至山东，让蒋介石背上得地丧师的大包袱。沈大姐和孩子们去了大连，从山东烟台上船，在海上碰到了海匪，所幸部队及时赶去营救，才避免了损失。

1947年9月，中共中央华东局决定组建华中工委。11月初，华中工委和华中行政办事处在苏北射阳县耦耕堂成立。工委书记是陈丕显、曹荻秋、吉洛（姬鹏飞）、管文蔚等。行办主任是曹荻秋、贺希明、陈国栋。国栋同志还兼任财粮处长，副处长是宋季文。华中工委是华东局的派出机构，统一领导苏、皖解放区的工作。我把大女儿送回湖南她奶奶家，回到解放区已是1947年秋了。在合德镇我又见到了国栋同志，这时原华中银行的负责人陈穆和徐雪寒都已北撤，华中银行就由陈国栋、龚意农领导。不久，邓克生也调了进去。

1948年3月，中共中央又决定成立苏北军区，司令员是管文蔚，政委是陈丕显。淮海战役之前，陈国栋调过去分管财贸和粮食。解放战争中一切为了战争，粮草先行，为了保证淮海战役的胜利，1948年他又和忻元锡一起调到了支前司令部，他任副司令员，在决定中国前途和命运的这场战争中发挥了重要作用。淮海战役胜利后，蒋介石宣布下野，李宗仁任代总统。

1948年3月，已是新生全国政权诞生的前夕，陈国栋、龚意农、忻元锡、荣健生等同志，随军搞支前工作，准备接管芜湖至上海长江沿线各大中城市的财政、金融、邮政机构的财产和人员。

和平年代

1949年4月，人民军队势如破竹，南京、无锡等城市相继解放。苏南行政公署在无锡成立，主任是管文蔚，陈国栋任副主任，兼苏南财委副书记。5月底，上海解放后，恢复国民经济的任务极为繁重，国栋同志调任上海军政委员会财经部长，华东财委副主任。

上世纪90年代初，我去上海看望他们，闲聊时，他告诉我：上海解放后蒋介石不甘心失败，潜伏的敌特活动猖獗，造谣惑众，说什么共产党的干部都是泥腿子、土包子，只会打仗，不会治理国家，管不了十里洋场的上海滩，老蒋中秋节要回来吃月饼……他还说：现在的年轻人不了解历史，上海刚解放时，物价飞涨，市场混乱，能攻占上海，能不能管理好上海，全世界都在拭目以待。那时党中央和毛主席十分重视知识分子。陈云同志就曾对他说过：旧中国的知识分子绝大部分是好的，新中国建立后，他们热爱我们这个国家，工作很热情，应利用他们自己的专业特长和社会地位及影响，尽心尽力为新中国献计献策，充分发挥他们的积极作用。是中央指派陈云同志坐镇上海指挥，并请著名经济学家马寅初、章乃器等人协助，才扭转了局面。他说：他们一行干部一到上海，就从调查研究入手，召开爱国工商业者、知识分子、市民座谈会，听取各方意见。在摸清情况的基础上，第一步抛售10万枚银圆，起初用我人民币兑换国民党的金圆券，比价是1:10万的比例，兑换结束后人民币未能进入市场，市场仍要用银圆标价。经研究，决定再抛售10万银圆，也被投机资本吃光，仍不起作用。又进一步通过传媒机构，规劝投机分子停止犯罪活动，而投机分子根本不听，继续兴风作浪。在规劝说服无效的情况下，上海军管会出动军警查封了投机分子的大本营——上海证券大楼。不到一个月，猖狂的银圆风暴便风平浪静了，人民币终于在市场上站稳了脚跟。

与此同时，还有粮食供应不上，波及上海500多万人口的吃饭问题；棉纱也短缺，影响轻纺工业不能正常生产。而投机商贩高价收购粮食棉纱成风，囤积居奇，影响人民生活。陈国栋说：这时是陈云他们向中央建议，要求全国配合，迅速调运粮食、棉纱支援上海。紧缺物资的缺口动用外汇进口来解决。有关各省市接到中央命令将粮食、棉纱、油料等物资迅即调运上海,稳住了市场。

这就是上海解放初期,震惊中外的"三大战役"——"银圆大战""粮食之战""棉纱战役"。毛主席称赞说上海市场得以很快稳定,是"三大战役"打得好,它的意义不亚于"淮海战役"。听国栋同志回忆在陈云同志亲自领导下,在马寅初、章乃器等专家学者的指教下运作这"三大战役",仍可感到当年工作的艰辛,斗争的惊心动魄。

再如,1952年,中央派马寅初与南汉宸(时任中国人民银行行长)一起筹备和参加在莫斯科举行的世界经济会议,也起到了重要作用。

无论在无锡还是在上海,沈大姐仍在文教处工作,她一辈子没有离开过这个岗位,一生中极大部分时间都扑在文教工作上。

全国解放,百废待兴,陈国栋全身心投入建设新中国,一直顾不上和南昌的家里联系,对儿子朝思暮想的母亲还不知道儿子已经改了名字,她直接给毛主席写信,说我的儿子叫吴永和,去上海闹革命,现在不知去向。老人家向毛主席询问儿子的下落。主席把信转给了帅孟奇同志,帅大姐在上海做过地下工作,估计吴永和就是国栋同志,打电话给他,一问果然是,就让他赶紧和家里联系。国栋同志和母亲联系上后就托运粮食的船把母亲接到身边,后来就一直都住在一起。

1952年10月国栋同志调任中央人民政府财政部副部长、党组副书记兼交通银行董事长。1953年9月起历任中央人民政府粮食部副部长、代部长、部党组第一副书记、书记、国务院财贸党委委员。当时的粮食部长是章乃器。国栋同志不止一次地对我谈到他十分敬佩章乃器,这已是他们第二次合作共事了。第一次是在1938年抗战全面爆发后,国栋同志从上海撤退到安徽,先后任安徽省动员委员会干事,皖东北区泗县县长,章乃器时任安徽省财政厅厅长,和国栋同志一起去的还有范醒之、陆慕云和宋季文,陈说他们四个人都对章的学识和才干非常敬佩，在他那里学到不少东西。

50年代克生只要去北京，都要去看看国栋同志。当时国务院各部都集中在中南海办公，有一次出来时他坐在国栋同志的车里，忘了把会客证交给门卫了。半夜两点陈国栋接到电话，问他："你去哪里了？"陈回答："我刚从总理那里回来。"（因为主席是夜里工作，总理也就经常在夜里处理问题，部长们也总是在夜里去汇报工作。）又问："你的客人到哪里去了？"陈一下被问懵了，说："什么客人？出来了呀，是坐在我的车里，我带他出来的。"对方还紧追不舍："他现在在哪里？"又连夜找到克生住的招待所，一直到查到那张会客单才算消停。

浩劫余生　彻底解放

"文化大革命"中，因为陈沈两人30年代都在上海做过地下工作，沈大姐还和江青一起搞过职工教育，不仅和她熟悉还知根知底，受迫害的程度就可想而知了。造反派揪住早已澄清的"叛徒"问题大做文章。国栋同志说在河北的干校时，一帮丧心病狂的家伙竟挖坑要活埋他，土快埋到胸部时，被当地的农民发现了，农民兄弟说：你们这样做和日本鬼子有什么两样？我们是贫下中农，是革命派，把他交给我们，由我们来"处理"。这才救了他一命。

沈大姐在去干校前，参加教育部的斗批改，每天到晚上9点钟以后才肯放她回家，有时赶不上末班车，就得走两个多小时才能回到家里。无论多晚，国栋同志年迈的老母亲都会拿个小板凳，坐在大门口等，儿子被抓走了，就等媳妇，一定要等到媳妇回来了才上床睡觉。冬天北京特别冷，老人披件旧棉袄，一坐就是几个小时。后来媳妇也去了干校。造反派连老太太也不放过，多次提审老人，要她交代儿子的反革命罪行。老人告诉我不管什么人来问她，她翻来覆去就是那几句话："我儿子是好人，媳妇也是好人。""我们家又不是没有饭吃，他们出去参加革命不是为了自己。""我相信他们不会干坏事的，他们没有干过坏事，他们是清白的。"老人一个人孤苦伶仃地在家等着，一等就是七八年，终于等到儿子回来。

沈大姐在干校时，是审查批斗的重点。她告诉我，当时造反派勒令她自己烧饭吃，一天只发给她两根火柴，要自己去捡柴草，一只烧得乌黑的小钢精锅，支在自己搭起的小灶上，有点风，火一点着就吹灭了，就要跑好远去老乡家借火，有时跑到半路上，火又灭了，还要再跑回去借。那里缺水，无法洗头，长了一头虱子。她还讲了这样一件事：一次一个农妇临产，来不及进医院，就到干校来求救，干校没有产科医生，只有一个教兽医的，就叫他去，那老先生说他只教过给牲口接生，从来不知道怎么给人接生，死活不肯去，干校领导就来找沈大姐。大姐说，我也知道生孩子是人命关天的大事，万一有什么闪失，很可能被扣上迫害贫下中农，搞阶级报复等大帽子，罪加几等。但我不能袖手旁观啊！虽然她也没有这方面的专业知识和职业训练，但毕竟还生过几胎孩子，在解放区也看过同志接生，赶紧就跑了过去，她让产妇家人烧一大锅开水，把剪刀等消了毒，自己也用肥皂把双手洗了又洗，然后让产妇配合她用力，终于把孩子接生出来，产妇一家感激万分，当地老百姓也对她刮目相看。

小女儿沈思在川西核工业基地，白血球降到了一千多，请假回北京治病，当时一尘被迫退休得以返回北京，只有年迈的老婆婆在家。她们四下打听，才从一个要好的同志那里知道了国栋的下落。母女俩找到干校，一看爸爸的处境非常可怕。回到北京她写了申诉信，辗转递到林佳楣手上，通过李先念副总理转给了周总理。周总理看后批示：三天内把人（指国栋同志）放出来，送北京医院检查身体。他们才得以恢复自由，又去北戴河疗养了一段时间，恢复健康。

1976年春劫后余生，我和克生去北京，见到他们时，陈国栋一米七八的大个头，被折磨得体重不到 80 斤，只剩下一副骨架子，人也佝偻了。但他的情绪很好，对我们说："你们不要走，我请你们吃饭。"我问："你有什么喜事了？要请客。"他说："我的历史问题彻底查清楚了。"原来是文革中连筛带箩的审查，找到了最关键的证人许亚（原福建省委常务书记），他用确凿的证据证明了 30 年代那个姓吴的叛徒和陈国栋根本就不是一个人。还证明在 30 年代初，蒋介石"宁可错杀一千，不可放过一个"，大肆逮捕屠杀共产党人时，国栋同志利用职务之便，及时为党中央传递了许多极其重要的情报，在腥风血雨中保卫和掩护了党的组织和同志，深得周恩来同志的器重。这使留在陈国栋同志身上几十年的阴影得以彻底清除，背了几十年的历史包袱终于完全解脱了。还有就是沈大姐经过严格审查确认了她抗战前就参加了革命，获得红军待遇。我们向他们表示祝贺，我还开玩笑地说："从这个意义上说，你们还是'文革'的受益者呢！"他们都笑了。

邓小平复出后，国栋又得到任用。1975 年 2 月至 1980 年 1 月，陆续担任全国供销合作总社主任、党组书记，国务院财贸小组副组长、组长，国家农业委员会副主任、党组成员，国务院财政经济委员会成员，粮食部部长、党组书记。全国供销合作总社的一些老同志至今提到国栋同志还说他平易近人、温和善良、处理问题稳健、待人热情、作风民主。他们还记得每次开会，他都很亲切地与同志们说："请大家坐而谈之"，"请大家畅所欲言"。

1977 年沈大姐带着外孙、孙子回江苏老家，第一站就到了南京，那时克生同志已经去世，我们家很挤，没地方住，我就在内桥旁边一个小旅馆里为她定了两个房间，还请了十天假陪她到各地看看，会见老同志老战友，大家劫后余生，见面后特别亲切，有说不完的话。当然也有个别身居高位者，故意避而不见，我为她忿忿不平，她虽有感觉，并不计较，一笑了之。到无锡后我们见到了胡敏、施慕岚等，一起玩了鼋头渚。在苏州看了吴雪之、吴容等，游览了苏州园林。

热情相助　帮我解难

1978年，全国掀起进一步学习大庆经验的热潮，南京市委组建参观团队，由市委领导带队，工商企业领导有上千人，加上全省各地市县来的，队伍就更庞大了，列车增挂了几节车厢还是满满的。

学习参观大庆后返宁途中，我在京城下车逗留了半个月，想通过老首长陈国栋（时任全国供销社主任）帮我协调恢复南京中央商场的一级站供货渠道问题。"文革"前我们商场80%的货源是中央商业部一级站按计划直接调拨，20%是省商业厅二级站按计划供货，不允许自由采购。十年动乱中造反派对这种渠道模式很不满意，想自行采购货源供应市场，妄自断绝了这一渠道，哪知市场紊乱，到处碰壁，反而造成无货供应的被动局面。我调任中央商场党委书记后，全场职工反映最强烈的问题就是要求恢复原来的供货渠道，我们连续给中央商业部和省商业厅写报告，要求恢复一、二级站的供货，根本不予理睬。于是，我想趁参观大庆的机会，亲自找中央商业部解决。因为王磊部长视察商场时，我当面向他专题汇报过，有秘书记录在案，他答应返京后研究给予解决。

我住在国栋同志家中，向他细述这件事，要求他帮忙和王磊部长沟通沟通。他说："好，我给你打电话。"他与王电话联系，王承认有这件事，仍说要研究一下。研究的结果让我大失所望，回答是全国类似的情况有好几家，要通盘考虑，一时难以解决。这时，国栋同志帮我说话了。他说："如果是在文革那种特殊情况下和你们脱钩的，那是造反派搞的无政府主义，现在拨乱反正逐步走上轨道，就应该迅速加以解决嘛。"这句话很管用，第二天王的秘书就给陈打电话说：研究过了，决定通盘解决，包括杭州、昆明等地的问题。我拿到中央商业部的批示，就委托中央商业部的副部长姜习同志的秘书帮我订购了回宁的飞机票，这是我第一次乘飞机，乘的是英制的"子爵"号。

主政上海

1979年中央要调国栋同志去上海负责全面工作，他本不想去，因为他一直是做经济工作的。陈云同志找他谈话：你30年代和解放初都在上海工作过，熟悉那里的情况。苏振华和彭冲同志要调回中央了，你还是去上海工作吧。这样12月份国栋同志和沈大姐就到了上海。陈先是担任中共上海市委第二书记。1980年4月至1985年6月，任中共上海市委第一书记兼上海警备区第一政委。

陈到上海后花大力气抓的一件事就是平反冤假错案，许多案件都亲自抓，如彭柏山的冤案。彭的夫人朱微明同志（也是我们的无锡老乡）提到这件事的时候总是说"那完全是因为陈国栋书记啊，没有他，这个追悼会哪里会开得这么成功。"彭柏山50年代初是上海市委常委、宣传部长，1955年5月19日因是"胡风在党内的代言人"，被捕入狱，后历尽坎坷与磨难，1968年4月3日在郑州河南农学院被毒打致死。1979年底1980年初，胡风问题虽已明朗化，但胡风本人还在四川一个偏远的小村里"保外就医"，还在服刑期间。再说彭柏山最终被迫害致死是在河南郑州，他最后的隶属关系也在那边。朱微明同志告诉我：为了在上海开追悼会，她去找刚到任的陈书记，当时他住在东湖宾馆，两人一照面，他就哈哈大笑说："你是不请自到了。我家老沈在北京就说了，到上海第一个要看的人就是你。"经历了无数的人情淡薄后，听到这句话，朱微明感动得几乎落泪。当国栋同志听完她的请求，简单明确地回答："那是一定的，我还在上海呢！"随后他在市委常委会上说："让朱微明孤儿寡母地跑到郑州去，确实不合适。彭柏山的问题是在上海出的，我们就应该在上海给人家解决。人家受苦受冤快30年了。"6月28日，他亲自主持了平反追悼会，在会上他紧握朱微明的双手，向她致哀。这让他们全家至今记忆犹新。

陈国栋同志认真贯彻党的干部队伍"四化"方针和德才兼备原则，坚持走群众路线，坚持公道正派，坚持不拘一格，培养选拔了一大批优秀年轻干部，有效地促进了领导班子和干部队伍建设。他特别关心和爱护知识分子。克生的姐姐邓评有个一直很要好的老同学叫周曼（是宝钢的会计师），她丈夫胡继葛是冶金部的副总工程师，留美学生，解放后和钱学森一起回国。参加了武汉钢铁厂和攀枝花钢铁厂的建设。80年代初又调到上海建设宝山钢铁厂，我去看望他们时，他们只有一间12平方米左右的小屋，我去了，只能坐在床上和他们说话。回到上海我看到国栋同志，就把这个情况向他反映了，他很重视，马上和宝钢党委联系，请他们关心解决。后来宝钢在罗店给他们安排了一个三室一厅，他们考虑自己年龄大了，罗店比较远，他们又没有车，就放弃了。最后给他们就近调整了一个两室一厅。还把他们的女儿从武汉调来照顾老人。

我在香港时，派驻香港的同志陪同一位从上海出去在那里搞电力的工程师来找我，他自我介绍说他现在的月工资是6万港币，母亲原在上海，现安置在台湾，他每周五去台湾陪妈妈过双休日。唯一牵挂的是在上海的弟弟，他是交大毕业生，也是学电力的，但一直得不到适当的使用，每月只有59元工资，上海既然不用他，能不能放他去香港？我说我不能打包票，只能试一试。后来我到上海办理精梳纱的业务，顺便去看望沈大姐和国栋同志，也把这事说了，他一听就十分感慨，连声叹息道："唉，我培养，他使用。"说着拿起电话，接通了科技干部管理处的处长，说："我托你办个事，能办就办，不能办也不要勉强。"就把这事在电话里说了，我也不知道最后办成了没有。

1981年5月29日，宋庆龄同志因重病多方医治无效，在北京逝世。遵照宋庆龄同志遗言，同年6月4日，她的骨灰安葬在上海她父母陵墓的东侧。国栋同志非常崇敬宋庆龄，曾陪我到淮海中路1843号瞻仰宋庆龄故居，他对那里非常熟悉，一个一个房间向我介绍，还说：在她病重期间他曾多次去医院看望，每次她都紧紧握着他的手，久久不放。对他说：中华民族的伟大复兴要依靠新的领导层。还问他：你还记得国际和平医院吗？怎么会不记得呢？国栋同志说：这是抗战时期宋庆龄捐赠全部设备创建的。至1940年初，除最先运作的晋察冀国际和平医院之外，又增加了延安国际和平医院、晋东南国际和平医院和皖南国际和平医院，这些战时医疗机构的条件相对比较好，在救治伤员、预防疾病、提高公共卫生水平等方面都起到很好的作用。"皖南事变"后由皖南迁到苏北的第四国际和平医院，于1946年在淮安大运河西岸的湖心寺建立了一座模范医院。宋庆龄领导的"中国福利基金会"利用捐款，在马尼拉从美军剩余物资中，购得有250张床位的成套医院设备，在250张钢丝床中，有一半是摇床；有很好的手术床、手术器械、显微镜和X光机等；有大批药品、敷料、钢丝夹板；有化验室和病房的其他必需设备，其中包括病历卡和常用护理器具等。这批物资共1,217箱，总重430吨，于1946年运达上海。这些物资在上海被装上大小700多条船只，分批经镇江、扬州沿运河到达湖心寺。他们共同为这座医院的建设付出过心力。内战中蒋介石放言：三个月内消灭共产党。内战爆发后，轻伤员就地治疗，重伤员全都送到了这里，这里也就成了国民党的眼中钉，好容易才建好的医院，开办不久便毁于国民党空军的狂轰滥炸之中！宋庆龄为此写信向该院院长齐仲恒表示，虽然暂时受挫，但"我们仍感到你们为这件有意义的事业所花的努力不是白费的。创办和维持国际和平医院的精神将激励我们不久重建该院。"国栋同志说：宋庆龄为我们党做过许多许多有益的事，我们有责任保护好她遗留下来的一草一木。宋庆龄一去世，国栋同志就向中央请示，并通知市委警备处和他一起去故居进行封存清点。他说那里面光各国名酒就有 200 多瓶，都是各国友人送给宋庆龄的，有的还未开瓶，有的蒸发得只剩半瓶、大半瓶了，都得到了很好的封存。

怀着崇敬的心情，他还带我去凭吊了宋庆龄陵园。宋庆龄汉白玉雕像坐落在墓园北部中央。国栋同志告诉我：雕像的设计经全国征稿选出，在著名雕塑家刘开渠的指导下塑成，雕像高 2.52 米，取用宋庆龄最具风采的 50 岁左右的形象，身穿旗袍及她出访锡兰（今斯里兰卡）时所穿的圆翻领上衣，头梳发髻，双手交叉叠放在膝上，面含微笑，显示出高风亮节的气质和慈祥的风度。陵园大道中部耸立宋庆龄纪念碑。碑身、碑座分别用青、红色花岗石制成，高 3.3 米，宽 5 米。碑下面刻着邓小平书写的"爱国主义 民主主义 国际主义 共产主义的伟大战士宋庆龄同志永垂不朽" 30 个烫金大字，背面碑文 3300 余字，记载宋庆龄光辉的一生。宋庆龄父母宋耀如和倪桂珍合葬墓居中，宋庆龄墓位于东侧，与其平行的西侧是与宋庆龄患难与共 50 余年的保姆李燕娥的墓。国栋同志说这里原来是万国公墓，有外籍人士的墓园，后来建立了名人墓园。名人墓园安葬有爱国老人马相伯、抗日英雄谢晋元、"三毛之父"张乐平等知名人士。他说鲁迅先生原来也是安葬在这里的，解放后才迁葬鲁迅公园。他对我说还准备在这里建一个宋庆龄纪念馆。后来，宋庆龄纪念馆落成了，我们又去参观过。

1983 年 5 月 5 日我正好在上海，住沈大姐那里，我住的客房隔壁就是国栋同志的办公室，那天夜里我听到电话响个不停，国栋同志通宵未眠。第二天我才知道，原来是一架民航 296 号客机被卓长仁、姜洪军与四名同伙劫持到了南朝鲜（1992 年中韩建交公报签署，随后称其为韩国），这架原本计划从沈阳东塔机场飞往上海的飞机，迫降于韩国春川机场，飞机上共有 105 人，其中机组人员 9 人，乘客中有 3 名日本人。此为中国劫机"第一案"。国栋同志亲自参加了案件的处理。当夜，他守候在电话机边，与国务院秘书长吴庆彤同志保持联系，随时接听韩方的消息。直到凌晨三四点钟，韩方答应将飞机放回，次日将飞达上海。天一亮，国栋同志马上召来秘书，通知有关部门组织接机欢迎仪式。彻夜不眠，我看他非常疲倦，但第二天还是照常工作。十八年后，以"反共义士"之名而被台湾当局视为座上宾的卓长仁、姜洪军因绑架杀人，被枪决于台北分临刑场。

力主公道

80年代初我离休后经常去上海探亲访友，有一次住在他们家，晚上在他的办公室里看报纸时，我把听到的外界传闻如实向他反映，问他：有关忻公的传闻，到底是怎么回事？他说：想不到上海这样的大都市也会这样少见多怪捕风捉影。沈大姐在边上插话："封建意识作怪。"我随着他们的话接着说："老邓对他母亲、妹妹、自己的孩子，高兴时也是亲亲热热的，对熟悉了解他的同志也是这样，这很正常嘛！"他们都笑了。国栋同志说：我和老宋（季文）、老邓、老忻共事多年，我对他们都了解，老宋为人厚道，老邓是书呆子，老忻年轻气盛。抗战初期，忻元锡是上海煤业救护队的头头，带领汽车运输队给皖南新四军军部送煤有功，后救护队全体队员集体参加了新四军。皖南事变中，他吃尽苦头，死里逃生，是突围出来的干部。在皖南、苏北，他长期从事"兵站"工作。后来又搞贸易、银行，做一行精一行。他说阿丕同志对老忻最了解。解放战争期间，中央拟在上海开辟第二战场，要华中局派干部，忻是首选。忻在上海组建大华贸易公司，采购支前战略物资数万吨，出生入死，是拎着脑袋在敌人眼皮底下闯过来的，是有贡献的。我插话说：这段历史我最清楚。我当时在长沙，忻公在敌人追捕下，给我发了"见电速返"的电报，我才安全回到解放区。

他接着又说：老忻这个人很聪明，办事果断，为人正派，无论做什么事情,有板有眼,很可靠。"这些同志,包括老邓都不是玩弄权术的人。"然后告诉我:"忻公的问题事出有因。一次市委领导讨论干部使用问题,老忻出于公心,对组织部门提出的建议一位女同志担任区域性协作办的负责人表示了异议,说这个任务很繁重,这个同志担此重任似乎不太适合,怕工作不到位,会影响上海与其他省市的关系,建议组织部门再考虑考虑。这很正常,是出于公心的。哪知我的那位秘书(此人后犯罪被判刑)当晚就将会议内容泄露给那个女同志,她恼羞成怒,联合个别人编造出这起'绯闻'弄得沸沸扬扬。"国栋同志说:"我考虑了很久,要对党负责对同志负责,就在一次的市委会上很严肃地提出:捉贼要捉赃,捉奸要捉双。对老忻的问题不能捕风捉影,那样既伤害了同志,又影响党的威信和团结。为了弄清事实真相,要求中组部中纪委派人来调查。大家一致同意。不久,中央派习仲勋同志来上海调查,查来查去,没有任何实据。习仲勋同志亲自和老忻谈话,要他放下包袱,大胆工作……但闹了几年,老忻已到了退休年龄。"国栋同志感慨颇深:"中国社会复杂,封建意识根深蒂固。共产党人也不例外。"沈大姐接着说:"都是损害党和国家利益的。"

颐养天年　畅所欲言

卸任上海市委第一书记后,陈云同志曾找他谈话,希望国栋同志能回北京协助乔石同志做中纪委的工作。国栋同志婉言谢绝,说我现在是养老的对象,74岁了,应该让年轻的同志上来干了,不能挡在那里,人家也上不来。再说我的思想水平已跟不上形势了,不是重新安排工作的对象。还有更重要的一点,我是无锡人的女婿,老伴跟着我一辈子,吃了很多苦,现在我要好好地补偿补偿她。他本着对党的事业高度负责的态度,为干部的新老交替身体力行。

陈国栋同志是党的八大代表,中共第十一届、十二届中央委员,在党的十二届五中全会上增选为中顾委委员，在党的十三大上再次当选为中顾委委员，第四届全国政协常委，第四届全国人大代表。1985年6月至1992年12月，任中共上海市顾问委员会主任。

退下来后，他的确开始了和沈一尘大姐朝夕相伴的生活。每天早晚一起在院子里散步。他们有一大堆报纸，沈大姐每天都把重要新闻和文章的大标题摘录下来，以便国栋同志查找，自己也可以每天锻炼锻炼大脑，以防脑力退化。家里楼下的公共区域是保姆打扫，而楼上他们的卧室书房到楼梯都是自己打扫。每天劳务，先是沈大姐整理床铺、书桌，国栋同志扫地。后又调整过来，沈老扫地，陈老整理，因为怕把他的东西搞乱了。每天还把被子拿出去晒，生活很有规律。但晚上睡得很晚，都要看书看到11点以后，常常是女儿、女婿叫了几遍，他们才熄灯睡觉。

每天晚饭后，他们老俩口一定要到院子里散散步，我在他们家时，就拖着我跟他们一起活动，边走边聊。国栋同志边走还边揉肚子，左右各200下，然后甩甩手臂，做做健身动作。他告诉我他患糖尿病，医生要他每天坚持户外活动，最好是走路，还要控制饮食，管住自己的嘴。他说：我一忙就做不到，现在好了，可以陪老沈（指一尘同志）一道走走了。他把头一歪，对我说，她是我的"监管员"。说得我们都笑了。碰上雨天，他们各自撑把伞，也坚持活动。说是雨天空气清晰，对人体有益。一尘大姐对我说：我们只能在这个大院内走动，不能逛马路，保卫处管得很严。我说这是他们的职责，他们必须对你们的安全负责嘛。她说：其实没有必要，不让我们接触群众嘛。国栋同志插话说：这叫官僚！

1990年代初，我经常到上海去，一到上海总是住在一尘大姐家里，她也欢迎我住她家，那样就有人跟她聊天了。当时国栋同志已退居二线，只管市委顾问委员会的事了。晚饭散步后，我跟他们上楼看电视看报纸。他家报刊杂志多，还有外文报纸。国栋同志英文根底好，与外宾交谈可以无须翻译。不看东西的时候就是聊天,天南地北什么都聊,无拘无束。一尘大姐有个任务就是每天晚上要给阿姨开出第二天吃的菜单子。有一次,她边开边谈到陈云同志的爱人于若木是营养学专家,她说于若木对陈云同志每天每餐的主副食和荤素菜蔬、水果摄入量都有严格规定。国栋同志就在旁边插话说:"他们(指陈云夫妇)都是专家,是我最崇敬的领导人之一。"他还对我说:"你应该知道。"我说:"听老邓讲过,具体情况不太清楚。"他就是在那次和我讲了上海解放初期的"三大战役",听得我肃然起敬,至今难以忘怀。

有次他在电话里对我说,我现在有时间好好陪你玩玩了,可以带你看看解放以后的上海,看看改革开放以后的上海了。我就到了上海,他先带我去了南浦大桥,接着又看了杨浦大桥,在两座大桥拍了照片,到大桥的接待室喝了茶,工作人员还给我们送了大桥纪念章。他还带我到上海总工会(原苏联驻华使馆)12层大楼的楼顶上去看上海的全景,拍上海的全景。我们还一起在外滩的滨江大道漫步,江边的黄浦公园行人如织,他告诉我"狗与华人不得入内"的牌子曾经就是挂在这里的。

他把我带到陈毅同志的塑像前,说这是从上千个方案中选出的最好的一个,立足上海,放眼世界,很有气魄啊!然后又把我带到一座雕塑前,让我猜它是什么意思,我猜不出来,他说这个是反映上海工人运动的历史,含义是枪杆子里面出政权的,还有纪念"二七大罢工"的,纪念全国解放的,等等。他还向我介绍汪道涵同志的书法艺术。

那次我在他们家住了半个多月,闲聊的时间很多,什么都聊,随意得很。我想到什么就问什么,他也有问必答。

有一天晚上我们聊到了庐山会议,我问:庐山会议你参加了吗?他说:参加了,我是随员。我问:为什么那么多的中央委员都不敢讲真话?那么多人饿死了,那么多人得浮肿病,江苏还算好的,怎么就没有人出来为彭老总主持公道？国栋同志说：我们上山的时候是准备去反左的，一开始气氛还是非常好的，大家心情也比较舒畅。我跟着总理，帮他算帐，想调整计划指标，把高指标压低一些。谁知后来气候突然变了，我准备的材料、算的帐全用不上了。主流话语一边倒了，但好多人还在私下里议论，实际上背后不少人是有意见的。后来就一起倒向了主席，还有人兴风作浪，推波助澜。我们也只能看在眼里，记在心里，想想又能讲什么呢？你是做基层工作的，老邓是个书呆子，你们都不了解全局。讲真话谈何容易！我和老沈都入党几十年了，深感在中国这块土地上，在任何历史时期，讲真话都是很难的，非常艰难。怎么办？有些事情也只好明知不对，不说为佳。现在大家都退了下来，才能跟你说点真话。

还有一次聊到了章乃器，我问：这个人到底怎么样？国栋同志用赞叹的语气说：这是个人才！他是著名的"七君子"之一。博学多才，是我国罕见的治国理财的专家。我是他的学生，在安徽，他任财政厅长时，我就跟他学到了不少东西，既学习做经济工作，也学习了做人。在粮食部和他共事时，我对他是非常尊重的，一直把他当老师看待，什么事都向他请示汇报。我一直说我们党不能好好和他合作，这么好的人才，太可惜了，结果文革中造反派就批我是投降派，要我交代和他的黑关系。有什么黑关系？不就是工作关系、师生关系吗？

我们还聊到了浦东开发的问题。我说到我1980年去香港，那里的人都说他们初到香港时，香港远不如上海，现在上海和我们差了有三十到五十年。国栋同志说：我原来就向中央建议先开发上海，理由是上海是优良深水港，上海口岸有上百年的历史，而且上海教育发达，干部和技术人员充足，工业基础好，可以用较少的投资，取得较高较快的效益。先天条件比深圳和珠海都要好，为什么不先在上海开发呢？我两次带紫阳同志去浦东视察，他也觉得我的意见有道理。无奈老爷子不同意。执意要先开发深圳和珠海，还要我们上海在财政税收上为中央的战略部署保驾护航,我们只好从大局出发,地方服从中央。国栋同志说这话时很感慨也很无奈。后来我听陆明同志(原上海市副检察长,已故)说:关于浦东开发,国栋同志早就给我们吹风了,早就要我们做准备了。

还聊了一些很有趣的话题。有一天他说起与王磊同志一起访问法国的情景。他们在那里看到二战后欧洲社会稳定,人民生活也大大提高。他说:访问日程结束后,我们到驻法使馆休息,使馆的厨师问我们想吃什么?我们说:吃西餐不习惯,吃中餐。厨师就给我们做了冰糖猪爪,非常可口。第二天他又问我们想吃什么,我们说:昨天吃得还不过瘾,还想吃冰糖猪爪。厨师又去市场买猪脚爪,菜市场的人很奇怪,问:你们大使馆养了几条狗?这才知道法国人是不吃猪脚爪的,那东西是喂狗的,我们闭关锁国对各国饮食文化一无所知。他还说:我们的行李箱在法国机场的传送带上传送时散开了,衣物撒了一地,不得不用绳子把箱子绑起来,十分狼狈。王磊感慨地说:回去后一定要狠抓产品质量。

战友情深

有一年初冬,我在上海看望吉琳同志(原江苏省财办副主任),住在国栋同志家里,他退居二线后事情不多,不要按时上下班。他对我说我现在可以坐下来读点书,看看东西了。他还说他正在看邓榕撰写的《我的父亲邓小平》,还问我看过没有?我说没有。不一会儿,原市委领导成员汪道涵、胡立教同志来看他,他们三个老人在楼上谈话谈得高兴的时候,就听到他们洪亮的笑声传到楼下来。吃饭时,他和一尘大姐告诉我:汪道涵同志文革中被整得很惨,妻子被活活整死,儿子失踪。他有个学生对他很好,很同情他的遭遇,跟他结了婚,就是他现在的妻子,婚后还生了一个儿子。国栋同志说:"道涵同志老来得子是他的福气。他失踪的那个儿子,我们小弟

（即小儿子）访美时，在一次洽谈会上帮他找到了，他高兴极了。"等等。

国栋同志和沈大姐常说：我们这些人都是战争年代和文革浩劫的幸存者。所以他们特别珍惜战友之情。每次他们来江苏或我去上海，他们总要问起老同志的情况。谢克东、陶白、邓洁等二三十年代都在上海作过地下工作，他就一直惦念在心。他告诉我谢克东同志的母亲是参加过"五卅大罢工"的女将，口气中充满敬意。

他听说谢老在夫人林超去世后，和林的表妹朱锷重组了新的家庭，就问我：联合政府怎么样啊？我说：挺不错的。他说：没有摩擦就好。我说：牢不可破。他说：是吗？抓起电话就打过去问：你们的联合政府怎么样？听到谢老回答：牢不可破。他在电话里连连称好，非常开心。

90年代有一次陈国栋和胡立教同志一起到南京来看望谢老，朱锷打电话告诉我国栋同志来了，我就过去看望。国栋同志把我介绍给立教同志。我在电视上看过他打网球、羽毛球，就开玩笑说：你是电视明星，运动健将，身体这么棒，可以活到100岁。他故作惊讶，反问：啊？我只能活到一百岁啊？陈接话说：不够就加码。我说：加上20％，120岁。胡哈哈大笑说：那还差不多！这么乐观的老人，我真希望他们长命百岁，可惜他们在2005年和2006年先后都走了，但又都达到了九十多岁的高龄，也可谓高寿了。

国栋同志非常幽默风趣，和他在一起不会感到拘束，所以我们都愿意去他那里，他也总是嘱咐我：只要到上海来，一定要去他那里。每次我从康平路市委的前门进去，有门卫把关，要先填会客单，再由门卫打电话联系，里面同意了，才能进去，烦不胜烦。他们就告诉我一个妙法：教我门卫如问起，就说是他们请我来吃饭的，门卫就会很快放行了。这一招还真灵，后来我就这样做了。

那次，我从海南归来，途经上海。在海口上飞机是晚上10点多钟，飞抵上海已是深夜 12 点多了。到哪里落脚呢？想来想去无处可去。就在附近的空招临时歇歇，花了住宿费，可里面的条件是又脏又乱又差。我躺了几个小时后，就冲到沈大姐那里，向她诉说了实情。吃饭的时候，国栋同志见到我，很亲切地与我握手，问我什么时候来的。沈大姐把我的话告诉了他，他却问我：为什么不夜里来？我说怕惊动你们，影响你们休息。他说：没关系，我们经常一两点才入睡。你去住招待所还得花钱，何必呢。我就在他们家休息了几天。他们帮我购买好回宁的车票，还派驾驶员把我送上火车。只要住在他们家，他们都是这样无微不至地关心照顾我，令人终生难忘。

住在他们家，我经常是走德昌路的后门进出。但有一回后门的门铃坏了，我站在门口等了近 20 分钟，门也不开，天热，浑身是汗，只好到旁边的警卫值班室打电话进去，看看家里是否有人。马上有人出来开了门。我见到沈大姐就对她实话实说了，她亲自跑到门口去检查，看到门铃确实坏了，就向我道歉，连声说："真对不起，让你在太阳底下晒了这么久。"这些小事他们都很注意，使我深受感动。

有一次我从无锡、苏州到上海，去看望他们。我告诉他吴雪之（苏州市财政局长）、吴容（吴县财政局长）都向他们问好，两位老人很高兴。他们知道吴容在上海安装了心脏起搏器，就很关心地问她怎么样了？我说：很好啊。他们就放心了。我还告诉他们吴雪之的小丈夫对她很好。国栋同志一把拉过一尘大姐，拍拍她的肩膀说：我这个小丈夫也是很好的，我对你大姐就一直很好，你放心好了。说得大家都笑了，保姆也在旁边笑得直不起腰。那年上海举办羽绒制品展销，国栋同志给沈大姐买了件羽绒服。他知道我腰不好，就送了我一个羽绒护腰。这东西南京看不到，非常管用，很实惠，我至今还保存着。

中英关于香港回归的协定签署以后，我和杨映秋、徐敏、缪启芳等人开车到了上海，我们给沈大姐打电话，她很高兴地在电话里说：我这里有螃蟹，你们快过来，都过来哦。我们就把队伍都开了过去。谈到香港回归，沈大姐说：30年代我去过香港，回归后我还要去看看。我说我们一起去。她隔着茶几，从沙发那边伸出小指头，和我边勾小指头，边说：一言为定，说好了，一定去啊！一副童心未泯的顽皮相。谁知这个愿望却未能实现。

后来国栋同志住院了，我到医院去看他，才到门口，他就认出来了，很高兴地说：来，来，来。进去后，聊了一会儿，他忽然问我：你有没有60岁？还伸手做了个手势。我连忙说：你是大猪，我是小猪。我们相差一圈。但有时他又很清楚，他说：老沈在家里等你，你坐我的车过去。就把车牌报了出来，清清楚楚，一点不差。到他们家后，沈大姐和沈思在楼下大厅里等我，一尘大姐对沈思说："你爸爸最喜欢还珠格格了，你去买个光盘给他送去。"这时我才意识到国栋同志的大脑真的退化了，他正在返回童年。2002年，我和麦洁红一起去上海，这时一尘大姐已经走了，我们先去他们家，在大姐的遗像前鞠躬默哀，然后去医院看国栋同志，他还能认识我们，但已不能说话了。我在一个旧信封上写了"汤瑞同志（原浙江宁波市政协常委）向你问好！"他看了就一直把信封抓在手上不放，过了一会儿，秘书把那个旧信封放到抽屉里去，他又拉开抽屉，把它拿出来，盯着看。他在想什么呢？是不是又回到了那个久远的年代？

勤俭朴素　平易近人　清正廉洁　严于律己

住在国栋同志家里，我深切体会到他们是那样的平易近人，那样的勤俭朴素，清正廉洁，严于律己。按国栋同志的级别，他们家是可以配专职警卫员、司机、厨师的，沈大姐对我说：我们两口子都享受红军待遇，工资用不完，孩子们都有自己的工作，也不用花我们的钱，我们就不用厨师，自己花钱请了个保姆。他们就这样处处为国家着想。原来有个保姆是宁波人，回去后发现得了肝癌，沈大姐把她接到上海，住在家中，帮她安排住院，还在经济上接济她。公务员老郑师傅对我说：一次他的老伴突发心肌梗塞，国栋同志亲自打电话给华东医院的领导，请他们一定要认真抢救，结果老伴恢复得很好。老郑说：多亏首长的关心和帮助啊。

我还看到他们家饭厅里有台缝纫机，沈大姐和保姆常在上面缝补衣物。保姆告诉我他们的外衣比较体面，但内衣裤很多都是补了又补的，只要补了还能穿，是决不扔掉的。好一点的衬衣都留着接待外宾穿。这让我想起有一次陈国栋同志和胡立教同志到南京来，协调拍摄潘汉年的电视连续剧的有关事宜，住在南京的金陵饭店，不巧遇上停电，外宾无法洗澡，意见很大。第二天我去看他，他说：你们这里这么大的饭店，怎么会没有自备电？一停电，我洗的衣服也干不了，你看，这个假领子，我洗了就放在被窝里焐，焐了个半干，也只好穿上，反正也不会有人来摸它。说得大家哈哈大笑。文革中缺衣少布，流行的假领子他居然还在穿。

国栋同志有个弟弟是医生，移居台湾，很想念母亲和哥哥国栋。改革开放后就写信给江西有关部门，打听亲人的下落，得知哥哥是中共上海市委书记，就专程来到上海，寻访数十年不见的母亲和哥哥，找到国栋同志家里。当时国栋同志因病住院，母亲也已过世。一尘大姐热情接待，每天送远方来的弟弟到医院去，让他们兄弟俩见面畅叙别情。他弟弟会推拿按摩，还开了中药方给哥哥服用，哥哥的病情很快好转。令我不解的是：他弟弟在沪期间他们没让他住在自己家里，也没安排住进市委机关招待所——衡山宾馆。据驾驶员告诉我：是让他自找住宿，住在南浦大桥附近的一家旅馆。为此，我问过沈大姐：为什么不让台湾来的亲人住在家里或市委机关招待所？她很坦率地对我说："老陈（指国栋同志）背了大半辈子'黑锅'，如今人到晚年，再也经不起折腾了，也怕影响小辈。"他弟弟在离开上海时，定要送一笔为数不小的美元给国栋同志，以表示对哥嫂护养母亲的酬谢。他们老俩口对弟弟的心意表示感谢，美元却婉言拒绝了。他们一再向弟弟表示护养母亲、为老人送终，是做子女应尽的责任。还说：现在我们生活很好，子女都有工作。并要他的弟弟转告在台的亲人和移居其他国家的亲人们，都请放心。

还有一件事，那是在 80 年代，具体日子记不清了。国栋同志为浙江一家企业书写题词，该企业派专人送来了酬金人民币数千元及新茶，他们老俩口坚决拒收。他对来人说：我的字不值钱，人民养活了我们，我和老伴都享受红军待遇，工资不少，岂能再收钱？茶叶我们收下，谢谢你们！我返宁时，他们送了我一听新茶，还把一盒韩国客人送给他们的点心也转送给了我。

关心孩子　热爱教育

陈国栋同志对四个孩子要求非常严格，从不为他们和亲属谋取私利，孩子们也都很争气。四个孩子找的对象都是工农子女，他们对老两口都很关心尊重，在外地的每星期都打电话回去问候。老人也把他们当作自己的孩子，一视同仁。大孩子陈潜从小跟着部队行军，很早就参加了空军，是政治工作者，文革中受父母牵连，他也下放到连队去了一阵，后来又回到部队做政治工作，曾任空军副政委，是中将衔。一次在京西宾馆开会，军委的张震同志去看国栋同志，看到陈潜也在，就问他：你们也认识啊？陈潜说他是我爸爸。张震同志对国栋同志说：你们还对我保密啊，我怎么一直都不知道。国栋同志说：他十几岁当兵，就一直在部队的，他们都是靠自己努力，我从来不去干预。

只有小女儿沈思在身边，她是学核物理的，原在川西核工业基地工作，因白血球过低，父母身边又没有孩子，调到上海工作，小女婿曾任上海核工程研究设计院院长，退休后依然在为和平利用核能而奔波。沈思和李讷是中学同班六年的同学,也是无话不说的好朋友。一次我住在他们家时,市委接待处来电话,通知沈思过去,她去了一夜都没有回来。第二天回来,她说是李讷来了,两人好久没有见面,碰到一起有说不完的话,聊了整整一宿。李讷还和她说起了自己的两次婚姻,沈思为她有了一个很好的归宿,由衷地表示祝贺。

他们两人对我的孩子也很关心,我每次去,他们都会很关切地询问每个孩子的工作学习和生活情况。80年代我还有一个二女儿没有成家,他们比我还着急,每次去都要对我说:工作和恋爱是并不矛盾的,你要多做她的思想工作。她都快40岁了,你让她跟你过一辈子啊!90年代初他们得知我二女儿有了男朋友,非常高兴,沈大姐连连说好,国栋同志拍手叫好说:这是零的突破,你要乘热打铁,不要让好事多磨。二女儿成家后,两位老人都很开心。

沈大姐一生搞教育,晚年更加关心教育事业,她多次跟我说起:钱是身外之物,生不带来,死不带去。自己走后,所有的积蓄都要捐给教育事业,要帮助那些读不起书的孩子都能读上书。国栋同志也不只一次这样说起。2000年沈大姐走了,2005年国栋同志也走了。我因肺部感染住院,未能前去告别,让大儿子代我去给他送行。后来我得知他们的小女儿沈思夫妇和长孙陈海,拿着20万元捐赠给上海市慈善基金会,陈海说:"我爷爷去世后,留下遗嘱,把他和奶奶一生的积蓄20万元捐赠给上海市慈善基金会,我拿这笔钱去基金会时,想法很简单,就是把钱交上去……"基金会理事长、原上海市人大常委会副主任陈铁迪亲自会见他们,并表示,尽管在基金会中设立一个专项基金基本金至少为50万,但基金会愿"特事特办",拿这20万设立一个慈善教育专项基金。可以设立一个以陈国栋同志名字命名的专项基金,陈海很高兴,但他没有特事特办:"既然别人拿50万,我们也拿50万。"2005年7月底,陈海再拿

30万元来到基金会,其中,他自掏腰包20万,两个表弟(沈思的儿子)各拿了5万。不久,"国栋慈善助学基金"成立,陈海还担任了基金管理委员会副主任委员。短短一年,"国栋慈善助学基金"的规模就从50万增长到500余万元,其中300多万元是陈海个人游说得来。基金已经资助了几百个贫困孩子读书,陈国栋同志和沈一尘大姐的心愿正在得到实现,他们的精神正在发扬光大。

2008年12月初稿、2009年12月二稿

这篇长文,我就补充一句:

2011年5月朱镕基在纪念陈国栋百年华诞时题词:"国之栋梁,我之楷模"。这话说得真好,说到我心坎里了。

深切怀念忻元锡同志[1]

尊敬的忻元锡同志于2003年3月4日逝世,至今已一年八个月了,可是每想起他对我的帮助关怀,常激起我对他的深切怀念之情!

当我接到云英电话说她小哥病情加重,处于昏迷时,急忙赶往上海,高速大巴在苏州境内被堵近两小时,下午2时才到达上海,即给阿薇家里打电话询问情况,阿姨说上午情况还好,我想稍歇片刻,吃好饭再到医院去。哪知不到一会王士文同志给我电话说:"忻公走了。"我一下子傻了,真恨自己怎么不一下车就冲向华东医院?见忻老最后一面呢。后悔莫及。他走了,只有参加遗体告别,认真地向他鞠上三躬,说一声:"忻老,对不起。您走好!"

回想起来,我第一次见到忻公是1943年春天,我刚调苏中金库不久。苏中区党委召开会议(俗称南坎会议),由谭震林同志传达党中央重要指示。当时我们驻营靠近会场,散会时从会场走出一位身材高大、长得挺帅的青年男子,很有点海派气质。听说他的名字叫柳明,是交通站站长,是皖南事变中从国民党茂林地带包围圈内苦战五天五夜突围出来的干部,给我留下深刻印象。事后我方知他就是忻元锡同志。

后来,他调任苏中对外贸易局局长兼任华中银行行长,克生同志任副行长,我们一道行军宿营,工作上也有接触。当时,他可说

---

[1] 曾在《老兵话当年》第七辑上刊载,2004年12月。

是苏中财政金融界的名流之一，却没有丝毫大人物的官架子，平时说话风趣幽默，谈天说地，妙语连珠。

抗战胜利后，党中央、毛主席预测国民党蒋介石要发动内战，大肆进攻解放区。华东局挑选政治坚定、业务能力强的干部到敌占区去开辟第二战线。忻公被选中带领几位强有力的贸易、银行干部，有荣廉泉、徐立之、吴铁鹏等同志，他们潜入上海，建立了大华贸易公司。为支援解放战争的战略物资——采购大量军工器材、西药、棉布等运回解放区，并为上海地下党组织提供活动经费。

记得1947年秋天，我在湖南长沙东郊克生家里安置女儿晓文，突然接到忻公从上海给我发来的"见电速返"的电报。这是他在被敌人追捕的紧急情况下发给我的急电。当我赶到上海得知大华公司由于叛徒金柯（原十地委书记）的出卖遭破坏。我想方设法找到挚友许振东夫妇，通过他们找到忻公爱人阿薇同志。在她精心安排下，帮我与吴铁鹏、徐立之同志（现均故）结伴，搭乘运载军用物资的机帆船回到解放区。有一天，忻公看到我时说："你安全回来我就放心了。"就是他们夫妇的关心保护，使我安全回到解放区，回到党的怀抱。

1949年9月，我接到家母病重的危急信（信封左下角被烧掉一小角，说明发信人有火急之事）。我请了假，带着不到一岁尚未断奶的女儿佑文赶往无锡胡埭老家。途经无锡，在人民银行苏南分行见到久别的忻公夫妇，他们工作繁忙，还派人帮我购买船票护送我上船，一再叮嘱路上要注意安全等等。当我办完母亲丧事回泰州经过无锡时，忻公夫妇怕我过度悲伤，又派朱汉卿同志（后来曾担任江苏省旅游局副局长）陪我游览太湖惠山、鼋头渚风景区，并设晚宴款待，我望着一桌子佳肴，想着去世的一生苦难的母亲，再也咽不下去。他们夫妇劝我节哀，真使我感动，并为我买好回泰州的车票，对我无微不至的关怀，使我终生难忘。

全国解放后，他们在上海华东局工作，我们一直在江苏（先苏北后南京)。对他们的情况还是清楚的,直到十年浩劫,他们夫妇俩被莫须有的罪名关进位于上海南郊漕河泾的"少教所"(全称是少年罪犯教养所。那是张春桥一伙夺取上海市党政领导权之后下令解散了"少教所",把这里变成关押、审查上海党政领导干部和文化界知名人士的场所)。家人到处打听他们的下落,一无所获。他们各关一个号子,不准放风,互相看不见(国民党囚犯是可以放风,互相看见的)。这对从抗日战场、国民党白色恐怖中走过来的革命伴侣,受尽折磨,身心遭严重摧残长达五年之久,粉碎"四人帮"才获释。家里几个孩子皆由阿薇同志年迈的老母亲照看着。

1976年11月,我爱人邓克生同志突然逝世,忻公夫妇和宋季文、孙更舵夫妇等都赶来南京参加送别克生的追悼会。会后他们夫妇再次安慰我说,形势会好起来的,鼓励我振作精神,教育好孩子,使人倍感亲切。

后来,我出差到杭州,经过上海,顺便看望忻公夫妇,当时他们住在宛平路一幢小高层楼里。我们都是劫后余生的幸存者,见面格外亲切,互问长短,见他精神饱满,十分高兴。

党的十一届三中全会以后,忻公调任中央财政部副部长。这时,我被调到江苏工艺品进出口公司。1979年初冬,我参加外贸部的计划会议(每年外贸口计划必须在全国计划会议前召开制定),工艺总公司下达的任务指标跟我们上报的数字差距甚远。我是第一次参加这种会议,心中无数。随我与会的几位同志亦无良策,因为,几只拳头产品如抽纱、珍珠、陶瓷等均调拨上海口岸出口,批准江苏自营出口的比重很小。经过反复讨价还价,还是定不下来。这样一来,我只得请示省局领导。可是当年的通讯联系十分困难,部里长途线路不多,只好跑到电讯局去,等候许久,排队的人不少,还是没有办法与省局领导通话。我脑子一闪忽然想到老首长忻公,想到他的家里(当时住在三里河南沙沟国务院宿舍)可能有程控电话线路。

忻公夫妇见到我非常热情地招呼说:"有什么事要我帮忙的?"我说想与省局领导打个长途,请示明年的计划指标怎么定的问题。他马上拿起话筒叫我直拨,使我非常感动。

1999年,忻公被确诊为癌症后多次住进医院,我每次去看望时,他总要问长问短,最关注的是江苏经济发展、老财经干部的健康状况,以及我的孩子们的工作、生活情况。2001年初冬,我到华东医院去看他,他很高兴,我告诉他我在南通、启东、海门等地老解放区游览观光时的所见所闻。南通经济开发区迅猛发展,特别是启东,过去是个小县城,现已建市,市区高楼林立,市场繁荣,道路宽敞,交通四通八达,有双层公交车通往各闹市区,人们出行方便;过去,黄海、长江交汇处偏僻的小渔村——园陀角,已建成旅游度假村,这里是江苏观赏日出的最佳位置,新世纪第一个元旦,在这里观赏日出的人数达六万人之多。渔民从事多种经营,居住、生活条件大大改善,不少人家住上小洋楼,家有摩托轻骑,劳力少的人家,粮食亦不成问题,就是没零花钱。他听着连连点头说:"好呀,农民有奔头了……"我怕累着他告辞的时候,他一定要送我到电梯门口。

2002年4月,我和麦洁红同志到他家里去看望他,先陪他打了几副牌。见他思维敏捷,记忆力好,数十年前的事情清清楚楚,还将他和孙更舵夫妇故地重游寻访当年华中银行如皋、扬州、泰州驻地拍摄的照片,选出五张赠送给我留作纪念,并一一向我介绍当年克生同志办公的地方。这天天气好,风和日丽,他提议大家下楼到院子里透透新鲜空气。我们看他气喘,上下楼吃力,劝他不要下去。他却坚持要到花园里去,和我们一道照相留影,然后上楼吃饭,有说有笑,胃口也不错。饭后我们分手告别,互道珍重。万万没想到,这竟成了我们半个多世纪之交的永诀。

2004年3月初稿、11月定稿

天国帮我解乡愁[1]

今天我要讲的"天国",是林天国同志。

1940年10月下旬,快满17岁的我和20多个青年一起离开孤岛上海,奔赴苏中抗日根据地参加新四军,在十六铺码头上船前我把写好的家信丢入邮筒,好让家人知道我的去向。到根据地后,进入盐城抗大五分校学习,就和家里失去了联系。

1941年1月,国民党反动派发动震惊中外的皖南事变,撤消了新四军的番号,断绝了新四军的军饷。为了坚持抗日斗争,中共中央针锋相对,由中央军委于1月20日发布命令重建新四军军部,并命令军部成立财政经济部,任命朱毅、李人俊同志为正副部长,组建江淮银行,发行抗币,以粉碎敌人的阴谋,保卫根据地军民的生命财产。因此,迅速从抗大五分校抽调一批同学加强财经战线,我是其中之一,去江淮银行任出纳。这时林天国同志也调到了新四军财政经济部,在江淮印钞厂任材料科长。

1941年夏天,日寇对苏北解放区进行了疯狂的大扫荡,形势十分严峻。离家时间一长,难免思乡,大我们十来岁的林天国就和我们聊天,聊他的乡愁。他说他的家乡在福建省永春县达埔镇洪步村,自小父母双亡,由兄长抚养。因家境贫困,1925年刚满14岁即随一亲戚乘船去马来西亚。船一起航他就两眼泪汪汪,不知何时回家

---

[1] 曾在2017年2月6日《扬子晚报》上登载。

乡。一上岸，就有人在他的背上打上了烙印，屈辱之感油然而生。他先后在橡胶园、码头、矿山、工厂做苦工，工作条件极为恶劣，工资微薄，受尽剥削和压迫。有压迫就有反抗。林天国积极投入了工人运动，并于1938年经马来西亚共产党员张志芳介绍加入了马来西亚共产党。由于他在工人运动中不畏艰险，顽强勇敢，被殖民当局视为眼中钉，将他逮捕入狱，受尽折磨。工人们闻此消息，义愤填膺，纷纷组织示威抗议，英国殖民当局迫于情势，秘密判其驱逐出境，终生不得回马来西亚，并用囚车将他递解出境，然后经香港，于1940年7月5日转至上海。到达上海后，林天国同志千方百计地通过各种关系终于找到了上海地下党，经上海地下党介绍至江抗司令部，再转至苏北黄桥江南指挥部，并介绍去抗大学习，结业后分配在江苏省东台县税务局大中集分局任分局主任、局长等职。林天国说他虽回到了祖国，找到了组织，但也有十五六年没有回故乡了，他说等把日本鬼子赶走了，我们就都可以回家乡了。

办银行印钞票谈何容易，机器设备纸张油墨等物资均需去日本人占领的上海采购，这一艰巨任务理所当然地落在了印钞厂材料科科长林天国的肩上。一开始还有海防团团长吴福海与他同行。吴福海是1925年入党的老党员，在苏联劳动大学学习过，当过商务印书馆的排字工人。1927年上海工人第三次武装起义时曾担任工人纠察队的中队长，对上海的三教九流青红帮非常熟悉，在印刷界有不少朋友。可很快，林天国就独当一面了，为了便于掩护，他将苏北生猪贩运上海，得款后在上海采购印钞材料，运至苏北港口，再转入根据地。至1945年春，由于形势发展的需要，天国同志除担负印钞厂原材料的供应外，还要为华中造纸厂、化工厂提供一部分机器和原材料的供应。为此，天国来到上海，通过各种关系向爱国厂商进行抗日爱国教育，宣传共产党的主张，因此，深得他们的支持和帮助。通过他们采购得大批违禁的印钞机器、印钞纸张、油墨等物资，还为我们招募到印刷工人去根据地工作。至 1946 年下半年，根据上级指示，还采购了棉布、染料、西药、洋元、钢管、角铁等大批军用物资运去根据地。林天国每次去上海之前都会告诉我们这些从上海来的小姑娘，我们就写好家信托他带到上海去寄。他从上海采购回来，都会带些糖果和上海的小零食来给我们解解乡愁，我们都非常感激他。

林天国同志的妻子宋金凤也是上海人，是印钞厂的工人。1946 年大军北撤山东，印钞厂奉命转移，宋金凤临产在即，为保证母婴安全，组织上决定宋金凤回上海娘家生产。当时陆路交通已被敌人严密封锁，只剩海上通道，就安排她搭乘装运土特产及生猪的船只从海上交通线回上海。岂料遇到大风浪，船行至吴淞口附近时，因过度颠簸，船上又没有医生，产妇窒息而亡，胎儿亦闷死腹中。林天国得知噩耗，痛不欲生。新政权建立后，林天国同志到铁道部工厂总局任材料处处长，1963 年在北京病故。但他在解放区为我们转寄家书，聊慰乡愁的亲切举动却让我们终身难忘。

献身国事 遗爱人间[1]

——怀念季方与钱讷仁

看到大女儿晓文,我就会想起早已作古的钱讷仁。是她把我的第一个孩子晓文接生到这个世界上来的。那是1946年春,钱讷仁迈着一双解放脚,专程从淮阴赶到高邮来给我做产前检查。查了后,她说胎儿头朝下已经入盆了。随即问我:马上要生了,你都准备好了吗?看我一脸茫然,知道我什么也没准备。她赶紧上街买了布和棉花,还有草纸。连夜给即将出生的婴儿做了棉的和单的各两身小衣裤,还有小包被。刚做好,晓文就出生了。她安全地接生好婴儿才回淮阴,还没满月,她又来看望,见我们母女平安,非常高兴。

认识季方钱讷仁两口子是在苏中根据地,当时季方任新四军苏中第四军分区司令员,苏中行政公署主任。那时他共产党员的身份是不公开的,从不参加党的组织活动,每月他的党费都是秘密交由我收转的,中央相关的重要电报译文也是经我手送给他看的。他随和得很,没一点架子。不像是行伍的,倒像是个文人,所以我和他挺谈得来。逐渐知道他1890年生于江苏海门三阳镇的一个农民家庭,早年投身辛亥革命,后又参加讨袁护国运动。1924年应邓演达之邀去广州,任黄埔军校特别官佐,是黄埔军校创办人之一。1926年参加北伐战争,任北伐军政治部组织科长等。"四一二"事变后,

---

[1] 本文以多次散忆的短文、片段,汇拢修改而成。

季方协同邓演达创建农工民主党；邓演达被害后，季方又参加了"福建事变"，任高级参谋；抗战爆发，他又来到抗日根据地。我笑称他是北伐战争、抗日战争、解放战争三朝元老。

他的夫人钱讷仁，1901年农历十一月初九诞生于江苏省海门县三阳镇，和季方是同乡。她早年不满包办婚姻，力图求学自立。在兄嫂的支持下，勤工俭学，就读于上海同德医学院妇孺产科系。1928年毕业后，在沪、浙、苏行医，与季方经十年恋爱，终于放弃独身主义初衷，结为伉俪。"讷仁"是季方为她题的"号"，取意"仁而不言"，参加革命后即以"讷仁"为名。1938年，季方以钱讷仁在上海静安寺愚园路开设的妇儿产科诊所作掩护，做情报和对国民党杂牌部队的工作。黄桥决战后，季方以国民政府军事委员会战地党政委员会指导员的名义，在南通、如皋、海门、启东地区召集国民党党政军联席会议，1940年10月成立了实际由共产党领导的苏四区抗日游击指挥部。那时钱讷仁以服务于社会谋求自立，还不懂马克思主义，也不知道共产党，只因伉俪情深，怀抱坚定的人道主义，和强烈的民族意识与正义感，应季方的召唤，带着才两岁多的女儿季明到如东掘港苏四区游击指挥部，投入抗战，救死扶伤，任军医处主任。小明明属虎，见人喜欢张口，像要咬人似的，所以我们直到现在都叫她"小老虎"。

1940年12月底，顽军徐承德乘新四军三旅西调海安军部，仅留有常备旅守掘港之际，袭击、围攻掘港指挥部。当时明明正患肺炎，钱讷仁和负责指挥部财务工作的哥哥钱聿修将钱藏在孩子的褓裸中，躲在老百姓家中。敌人搜查时多次揭开被子，钱讷仁都沉着地说小孩得了伤寒，敌兵看到果然病重就没敢动她，经费因而得以保全。

1942年1月，钱讷仁加入了中国共产党。因为"火线抢救伤员勇敢，热心为老乡治病，群众关系非常好，工作极端认真负责且能劳动"，本应半年的候补期减短，提前 3 个月转正。钱讷仁是专业的产科大夫，战争年代，新四军的许多婴儿还有周边老百姓的孩子，都是钱讷仁接生的，太多太多了！现在张逸诚、沙希平、吴瀚的孩子，还有黄希珍的双胞胎，都年逾古稀，他们建了个"钱讷仁的孩子"微信群，感恩接他们来到这个世界的钱妈妈。

　　文革之后我到北京多一些，有一天抽空去看望季老钱老夫妇。钱讷仁高兴地抱着我说，可惜，季方刚外出了。她又问起晓文，还没忘记接她出生的事。最近，晓文与那些新四军的孩子在微信群中时常怀念他们的钱妈妈，晓文一念给我听，我也会怀念起季方老和钱老。小老虎也常从北京打电话过来，每次都会勾起我的回忆。

　　战争中女同志易患妇女病，都害怕结婚生孩子，钱讷仁感同身受，她就写文章、开讲座、办班，普及妇幼卫生保健及节育常识。她教孕妇危急时如何自救。鬼子"扫荡"时，钟明（后来曾是上海市委书记）的夫人王本英同志就是躲在磨房中自己接生的。钱讷仁对干部、战士、老百姓一视同仁，救治了许多难产妇与重症患儿，使他们转危为安。战争使钱讷仁成为全科医生。根据地科班出身的医生奇缺，夏季患疟疾的很多，不到夏天就开始流行。钱讷仁经常忙得夜以继日。有时门诊量高达 200 人次。在军部发现天花时，钱讷仁率队跑到各单位种牛痘，汗流浃背，一天完成 200 多人的接种。

　　钱讷仁裹过小脚，虽是一双解放脚，但变形很厉害，大姆趾粗壮，其余的脚趾都被压在脚掌下，小腿也因为裹脚的原因发育不良，像木棒似的，小腿肚子没有肌肉。无论多忙多累，凡有急症，无论白天夜里，钱讷仁随叫随到，迈动那双"解放脚"小脚南征北战抢救伤员。钱讷仁积劳成疾，屡犯美尼尔氏症。1947 年 10 月，钱讷仁调华东解放军官教导总团，任卫生处医务主任。她自觉执行党的政策，对俘虏一视同仁，精心救治护理，使他们深受感动，加快了立场的转变。1948 年华东军区授予钱讷仁"南丁格尔"称号。

陈同生和张逸城的孩子鲁鲁，1948年出生在山东鲁县，她常来看我，每次都会谈到钱妈妈。她一出生妈妈就缺奶，又多病，经常因低钙抽搐，整晚都不睡觉，非常难带。小老虎看她老哭，就给她喂糖水，用药棉搓成条，冲点糖水蘸着喂她，老哭就老喂，喂得有时抱起来糖水都从嘴里冒出来了！但小老虎自己是一点也舍不得吃的。为了筹办新政协，钱讷仁要随季方去北京。鲁鲁刚一岁，张逸城怕多病的鲁鲁无法活下来，便让钱讷仁带她进了北京。刚到北京他们住在北京饭店，钱讷仁怕鲁鲁晚上哭影响别人睡觉，就整夜地拍她——手一停她就会大声哭。钱讷仁白天还要工作，那份辛苦、劳累，不比战争年代带明明省心。钱讷仁不但照顾鲁鲁的身体，后来还要督促鲁鲁的学习。惠浴宇曾笑着对季明说："他俩（指鲁鲁的爸爸妈妈）呀，可给你妈妈找了个好事情干！"

全国解放后，钱讷仁多次被评为特等模范、优秀工作者；由于耳疾不能听诊，1955年后转到幼教岗位工作，又被评为优秀教养工作者、全国三八红旗手。1965年1月，组织劝告她离职休养。离职后，她无微不至地照顾好季方的生活，使中年时病弱的季方终得健康高寿。她哺育孙辈，支持儿女工作，关怀帮助身边的每一个工作人员及其亲属。她在街道与群众亲如一家，办红医站为大家看病，关心教育青少年，维护社会治安，培养发展积极分子入党，享有很高的威信，1995年1月去世，终年94岁。

建国初期，季方担任交通部副部长，坚持骑自行车上下班。为此，很多人劝过他，但都被他婉言谢绝。周总理得知后，曾当面劝他："您这么大年纪了，北京的交通这么拥挤，出了事情不好办，还是坐小汽车吧。"他这才听从。

季方刚直不阿，十年浩劫中，为了表示无言的反抗，他把被迫害致死的老战友的照片一张一张地翻出来，挂在屋内，寄托自己的哀思和对林彪、"四人帮"的控诉。家人担心地劝说："这岂不是要引火烧身吗?"季方泰然自若地回答:"大不了就是一死,我这么大年纪了,还怕什么?"

后来,季方担任农工民主党名誉主席、全国政协副主席。他常以"先天下之忧而忧,后天下之乐而乐"告诫子女,虽然身居高位,但严于律己,从不搞特殊。季方对家人的要求,有时竟到了不近人情的地步。1974年,季方的亲家从武汉来北京治病,需要用车,季方对女婿说:"你父母看病是不是坐出租汽车去,车费由我来付。"为这件事,女婿埋怨他太古板。

在相当长的一段时间里,季方的四个子女都在外地工作。1973年,季明回北京探亲,正赶上季方和钱讷仁轮流住院。季明给周总理写信,反映家里的困难和自己留下照顾两位老人的愿望。周总理很快将此信批给了中央统战部,统战部便打电话向季方征求意见。季方当即表示:坚决不同意女儿调回北京。并说,自己有国家照顾,不必再给组织上添麻烦。事后,季方还写信批评女儿有封建思想,不安心边疆工作。就这样,一直到粉碎"四人帮"以后,组织上考虑到季方年事已高,才把这个女儿调回北京。

季方一生追求进步、寻求真理,一身正气、两袖清风的高尚风格,永远铭记在了人们心里。正如一幅悼念季方的挽联所写的那样:

　　明大节于当时献身国事
　　立清风在身后遗爱人间

怀念惠老[1]

惠老是我最崇敬的领导人之一。1940年我刚从上海到解放区，就听到了惠浴宇这个名字，当时黄桥决战的胜利大大鼓舞了新四军的军心和当地的民心，陈毅将军三进泰州城的故事也广为流传，惠浴宇就是陪同陈毅将军三进泰州城的。我在苏中四分区工作时，也时常听到关于惠浴宇的传说，就很想见见这个传奇人物。真正见到他已是1946年。江淮银行撤消，改制成立了华中银行，我们调华中银行二分行进了高邮城。惠老当时是地委书记（这之前是陈光同志），他威信很高，口碑特好，为人随和，没有一点架子，非常幽默风趣。当年的惠老黑黑的，看上去很年轻，很神气。

亲临现场，指挥处理重大事件

相识几十年里，惠老和我一直都在江苏工作，都没有调离外地，虽然近在咫尺，但并不算直属的上下级，他作为一省之长，而我始终在基层。我知道他在那个位置上，心中装着的不仅有大小干部，更有普通老百姓。我印象最深的是1960年冬天的一件突发事件。

那天，我正在南京市委参加市委扩大会议，我所在的化工原料公司突然来电话，紧急通知我，马上回公司！我预感到可能出了什么大问题。我一赶到公司，方知发生结核病院食堂包子中毒的严重

---

[1] 本文曾在《东进》杂志登载，有删减，此次收入个人文集又有修改。

事件。具体情况逐步弄清：在大饥荒市民普遍饥饿的情势下，南京结核病医院考虑改善伙食，为病号及医护员工做一顿包子，就在我公司下属的一家门市购买食用纯碱，保管员陈某某没有亲自发货，而由家属工将碳酸钡（极毒品）误作纯碱（碳酸钠）发货给结核病院采购员，院食堂炊事员就用它来揉面做菜肉包子，供应全院人员。事后统计，病号、医护人员、家属子女中毒人数高达 306 人，其中死亡 6 人（包括该院的党支部书记）。

我赶到时，惠老已经坐镇在医院，和公安局的王局长一起，亲自现场指挥抢救工作，一面和中央卫生部联系，紧急调用急需药品，空运南京；一方面联系全省和全国各大医院的得力医生，组织他们迅速驰援南京。惠老指示很明确，一定要全力以赴进行抢救，力争把死亡人数降到最低。他看到我，目光异常严峻，问："你有什么想法？"我看到中毒人员的家属呼天抢地的悲惨场面，有孩子哭着叫喊："救救我的爸爸妈妈！"面对严酷的事实，我的心揪得紧紧的，深感失职就是犯了罪。我沉痛地对惠老说："还有什么可说呢，我准备坐牢。"一回家，我就把这事跟克生说了，让他有思想准备。我把家务事也安排好了，同时给市委写报告，请求法纪和党纪处分。最后处理的结果是：陈保管员被判 18 年徒刑（因服刑期间表现好，减刑 5 年，1975 年释放）；门市部汪主任被开除党籍，判刑 3 年；我和公司经理老倪都受到党内警告处分。在整改方面，迅速把食用化工商品单开门市，不再混合经销，切断了可能发生事故的源头。

我虽然受到了处分，但仍感到十分内疚。这次事故是我所领导的公司管理混乱所致，自己虽然赴任时间不长，但负有重大责任，不可推卸。在日后的工作中，我一直有赎罪补过的想法，不断告诫自己：一定要吸取教训。后来不管在哪里，我管理人员、处理问题都注意谨慎再谨慎。事故也常讲给走上工作岗位的孩子们听，让他们知道职责关系人命，规章制度马虎不得。

不屈不挠，乐观自信

说起惠老，不能不说他幽默风趣，不仅表现在平时，更表现在身处逆境时。"文革"开始时，我在南京市委"四清"工作团街道分团，负责朝天宫一带的"四清"工作，工作队队部设在止马营派出所。"文革"越来越乱，大街上铺天盖地的大字报，把省市领导都说成是叛徒、特务、走资派，惠老也被说成是叛徒。到底怎么回事，好长时间心里不踏实。

有一次，造反派在朝天宫广场批斗市公安局长雷绍典，我们都在现场，被造反派发现，也给我戴了高帽子。我头大，高帽子太小，戴不住，老往下掉，造反派就说我不老实，用脚踢我，还把我关进公安局旁边的一间又潮又湿的黑屋里，连椅子都没有。我实在支撑不住，就地斜躺。期间遇上公安局受审查的一位处长，我悄悄地问他：怎么这么多领导干部都成了叛徒、特务？他告我说，其实他们都没什么问题，尤其是惠省长，被捕后坐了七年牢，还坐过水牢，表现特别坚强，不屈不挠，你放心！我因受潮，腿脚酸痛难忍，关节炎发作，就向造反派请假上医院，他们没派人跟踪，我乘机溜回家，告诉了克生。打那以后，我俩心中有数了。

一次在南京大学的大操场上公开批斗惠老，我们也被押去旁听。记得当时造反派要惠老交代他的要害问题，惠老用手指着自己的胸部说：我的要害在这里。当场听得亲切，顿时就感到回答得太妙了！我知道惠省长肺部刚动过大手术，那确实是他的要害，但和造反派所要的答案风马牛不相及。

9.13事件后，对干部的监管相对松动了一些，惠老刚解除监管，但搬出了原来的住处，住到了云南路29号一个筒子楼里。我和克生一起去看他。汪海粟同志住在楼梯口，我就先去看了汪海粟和张珍，然后一起去看惠老。惠老还和平时一样谈笑风生，笑着问我们：

"你们怎么这个时候才来看我呀？"我说："你现在下马了，我们就来看你了。等你上马了，门槛高了，我们就不来了。"惠老爽朗地笑起来："我怎么就不能上马呢？上马了你们怎么就不能来了呢？还是要来的嘛！"乐呵呵的话音里，真把往后的大事小事给讲着了，好几年中，我上门去求助的事，还真不少。

他是真正爱护关心干部的

惠老爱护干部、关心干部，我可以从1949年细细地说起。战争胜了，我们进了城，先后到了扬州、南京，就在他领导的范围下工作，我的感受在逐步加深。

1952年的那场"三反""五反"，邓克生被人诬告与刘子久（邓的姐夫）合伙开设地下钱庄，贪污侵吞公家钱财××亿元（旧币）以上。被隔离审查，在查无实据的情况下，仍受到党内警告处分。我也因此受株连，被撤消党内外职务。我们夫妇无处申诉，含冤听命。默默忍受中，有知情者向我们透露：惠老（时任苏北行署主任、党组书记）是不同意苏北区党委的做法的，他认为未经核实，无任何旁证，随意隔离审查干部是不妥的，应该听取本人意见。可是区党委的萧望东书记根本不理，还是派出了以郑平同志（后调成高啸平同志）为首的打虎队，进驻苏北人民银行，大造声势，狠狠"运动"了一场。经历一番大波折，我们有了切身感受，虽然惠老当时左右不了大局，但我知道他的态度后，还是很感动的。

我们无端受冤30年。直到十一届三中全会以后，胡耀邦担任中央组织部长和中央秘书长期间，积极主张平反冤假错案，提出没有时间限制，只要是搞错了的案子，一律平反昭雪。此时克生已去世好几年了，我多次申诉，要求对他的冤案复查平反，却被拖着迟迟得不到解决。我曾两次见到章蕴同志（当时任中纪委副书记），她每次都问我有什么问题需要帮助解决，但我考虑她在中央工作，太忙，对地方工作未必插得上手，也没有向她反映。然而在上海时，我在闲聊中对陈国栋同志说起此事，他对我和克生比较了解，很快就向惠老作了反映。惠老也非常了解当时的情况，知道这完全是一个冤案，马上督促有关部门组织人员复查，很快就查清了事实真相，省委组织部据此正式下文，认真为克生平反昭雪。

难以忘怀的那些日子

从"三反""五反"到文革，克生长期受压抑，遭迫害摧残了身体。1975年底，克生住在省工人医院（省人民医院前身）检查身体，越住体质越衰弱。1976年1月8日敬爱的周总理逝世，我们万分悲痛。目睹全市人民悼念总理的悲壮场面，克生心情更加压抑，饮食减少。主治医生建议他到外地去检查。于是，我们决定赴北京，省革委会开了介绍信。临走前克生去看望惠老，不为求医事，原想代为老战友们间传话问候。惠老对克生向来关心，凭着进京看病的经验，说：我给你写个信，必要时派用场，你们可以去找找这位大夫，他是北京肿瘤医院的院长吴恒兴，我的病就是他给我治好的。还可以找我弟弟周惠，他也认识吴院长。惠老想到的细节，都一一叮咛了。

开春以后，我们上北京，听取了住北京女儿女婿的意见，可双管齐下，既省里介绍信不误门诊，不妨先去拜访吴院长。结果检查比预想的顺利多了，从医院报告看，除了血脂、转氨酶偏高外，没有器质性的毛病。此时，克生的心情明显好转，他说：真没想到，仅两个星期，我的身体就全部检查结束了。这次检查顺利，主要得益于惠老的帮助，他有进京就诊的经验。

当时的医疗条件下，对心脏病的检查诊断谈不上先进，没有今天这些现代医疗设备，克生致命的病灶并没有抓住。几个月后，打倒"四人帮"，克生他特别高兴，大喜大悲导致心脏病突发，不幸逝世。最为悲痛的时刻，惠老闻讯亲自赶到医院，看望我和孩子们，安慰我们。他见我时，鼓励我振作起来，注意健康，教育好子女。这使我终生难忘。

最使我难以忘怀的，正是克生去世时的那些日子。当时我家里困难一大堆，令人头疼的是，大女儿晓文远在云南的山沟沟里。她文革中分配在云南教书，那大山沟终日难见阳光，是克山病区，连本地山民都不在里面居住，文革中却硬让海军的一个研究所搬迁进去，结果大人孩子都长年患病，晓文不得不把孩子放在我身边，无形中加大了我的负担。惠老知道我孩子多，本来负担就重，身体也不好。那时他还没有恢复职务，只在省公安厅当个落实政策小组的组长，我带晓文去看他，他说：我这个小组长专管落实政策，你们孤儿寡母的，有冤来伸冤，有仇来报仇，有什么困难有什么问题，尽管说！我能帮你们解决的一定帮你们解决，我解决不了的，一定负责向有关部门有关人员反映。可云南属边疆，当时政策只能调进不得调出，要想从云南调大学毕业生回南京，几乎是不可能的。惠老对我想把晓文调回来的请求，深表理解。他说我现在人微言轻，不过，你放心，我来找人想办法。惠老先是自己写信，后又用他文革后落实政策补发的工资，在南京饭店请了两位当时在位的朋友刘飞将军和南京大学校长周琳同志吃饭，然后联名给时任昆明军区司令员王必成同志写信，反映我的困难和要求，请他帮助解决。在惠老和其他几位首长（还包括时任南京市委书记王楚滨、市委组织部副部长兼人事局长方黎等同志）的关心下，晓文终于调回了南京。

克生的丧事结束后，弄得家里所剩无几。对我的情况较为了解的列冰同志十分同情我的处境，如实向惠老反映，惠老即和组织部辛少波部长商量，决定补助我300元，作为在外地几个孩子回来参加父亲丧事的路费，交由组织部办理。我听后，非常感激惠老和组织的关心。哪知此事被压了下来，直到1983年初，组织上通知我移放克生同志的骨灰盒,移放结束后,问我还有何事需要组织上帮助处理,我就问起了惠老批示的补助款,办事人员说:"有啊!钱不是给你孩子领走了吗?"我想:孩子从来不到组织部的,怎么可能呢?我想想不对劲,觉得受到了污辱,说:"你们说话要负责,我的孩子决不会背着邓克生和我干不名誉的事情!我以人格和党性保证!"他们看我动了火气,口气稍有缓和,说:"你回去问问你的孩子,我们也去查一下。"我不再说话。一周后他们打电话给我的所在单位省外贸局机关党委书记张力同志,通知我去拿钱。我将上述经过告诉了张力,表示:要么他们送来,要么就算了,我是不会再进组织部的大门了。张看我气还未消,就说:"我帮你去办。"于是,她派宣传干事刘新华同志去组织部帮我领了钱。凝聚着惠老对我和孩子们的关爱之情的这 300 元,五年之后才送达我的手中。

　　惠老非常重视知识,关心年轻人的成长,关心人才的培养,我有深切的体会。"文革"结束,国家决定恢复高考,刘子久和邓评的孙辈邓元参加了高考,考试成绩优良(具体分数记不清了),却意外落榜,理由是体检中"心脏有问题"。当年我是这孩子的监护人,立即找省招办了解情况,向他们说明这孩子高考前还登上了华山顶峰,明明是个壮小伙子。怎么可能是心脏病患者呢?想讨个公道,他们却不理不睬,不听我诉述。无奈之下,我不得已去找惠老,向他反映。我说:"刘子久同志原是淮北区党委书记(七届中央的候补委员),因涉嫌'61 人叛徒'案被关押,妻子邓评(克生的胞姐,原西安晚报副总编)'文革'中因无中生有的罪名,惨遭毒打致死,西安市委已为其平反昭雪。他们的孙辈高考成绩很好却落了榜,我要求组织调查,公布真相,重新考虑孩子的入学问题。"一口气说了一大通,惠老耐心听完曲曲折折的申诉,要我写个报告,让组织证明盖章送给他。我连夜写了一份详细报告,送请南京市商业局党组盖章后,送呈惠老,他马上批示:"请高招办×主任阅办。"我第二次来到招办，他们一见惠老的亲笔批示，换了一副面孔，很客气地对我说："该考生的第一志愿华东工程学院名额已满，只有南京化工学院还可考虑。"只要孩子有书念，我也不再多计较。邓元在宁读书打下了基础，几年后赴英国留学，获硕士学位，现在加拿大定居。

支持对外开放，协助引进人才

1978年，我随市里组团参观大庆，回宁不久，省里就把我调到外贸局工作。我省轻纺工业和手工工艺品都比较发达，以前出口产品都调拨到上海，由上海口岸出口。1974年，国务院批准江苏开放口岸，但出口量很小。改革开放后，江苏口岸出口量快速增加，急需干部和人才，不少干部从内商调入外贸。1979年8月15日，由我任经理，成立了中国工艺品进出口公司江苏分公司。公司成立之初，仅71人，经营7类小商品，当年出口额是859万元。我们当时号称"三军作战"，干部结构为"娘子军""解放军"加"童子军"。"娘子军"是指省局以惠廉局长为首，有三分之一以上的局、处、公司领导层都是女干部；"解放军"是指转业干部多，各军兵种都有，从总参三部来的懂外语的干部不少；"童子军"是指农村插队返城的知识青年多，既无实际工作经验又缺乏外语基础。总公司问：这样的队伍，你们怎么搞？万事起头难，搭班子时，仅有的数十人都是从轻工公司转过来的，没有几人懂工艺品业务，还急需外语人才。局里向社会公开招聘200人，分配给我们部分人员，还是远不够用，我们自行吸收又涉及户口迁入的问题。

解决户口问题，必须通过公安部门，我一到关键时刻就想到惠老，我向局里反映，惠老分管公安工作，惠廉局长就要我们写报告向惠老求救。在惠老的帮助下，我们从上海调来了姚广树，他是上海工艺进出口分公司抽纱科的副科长，曾在中国驻外大使馆工作，后在上海分公司负责抽纱的出口多年。他熟悉业务，因妻子是江宁的小学教师，爱人和两个孩子很难调进上海，长期夫妻分居，我给惠老写了报告，很快解决了他们一家三口的户口。在这段时间调入的还有：孙小舵夫妇，他们是厦门大学英语专业毕业的，在江西省外贸工作了多年；孙秀萍、严良用夫妇，孙毕业于北京外贸学院，在湖南省外贸公司工作了多年。他们都是一家两口三口，由我们向局里报告，局里再向省里报告，惠省长批示后，省公安厅办理的。户口解决后，又给他们解决住房等问题。就这样，我和副经理孙善之、孙为公带着一干人马日夜奋战，找资金找原材料，抓货源、仓储和运输，很少呆办公室，孙善之同志脱掉了几层皮。公司白手创业，以50万的开办费加银行贷款200万起家，三十年发展，几代人努力，公司资产总额已过60亿，国有净资产近6亿，年进出口总额5亿多美元，年利税超过5000万，成为省外贸口最早上市的公司，叫弘业集团了。回顾创业初的艰难，我尤其感激惠老对我们的支持和帮助。

客商话昔，战俘营里结识首长

外贸场面上，一次意外的花絮也与惠老有关。1978年12月我国确定了对外开放的国策，人心得到了解放，1979年的广州秋季出口商品交易会盛况空前，国外舆论界认为，"中国人终于把大门敞开，并同意接受国际贸易的原则和标准做法"，"我们完全可能已经处在中国贸易的一个崭新时代的门口"。

那次广交会也我去了，开幕式以后举行鸡尾酒会，一位日本商人突然来到我跟前，向我敬酒。他自我介绍说："我是日本株式会社的成员（可惜30多年过去，他的姓名我记不清楚了），是经营文房四宝的。"他告诉我：自己原是日本的渔民，侵华战争开始应征入伍，来到中国战场，在苏北与新四军作战。一次战斗中惨败，官兵伤亡数千人，他被俘了。在战俘营里认识了首长惠浴宇，是他让战俘们懂得日本侵略中国是非正义战争，日本军国主义者是日中两国人民的共同敌人……他接着说："我在战俘营受到了教育，提高了觉悟。不久，我加入了反战同盟组织，被分配到前线向战场的日军士兵喊话，动员他们像我一样放下武器。"1945 年 8 月日本投降，停战，他被遣送回国。后来，"我加入了日共，成了家。妻子在日民航东京至上海的航线上服务；儿子在北大攻读汉语，毕业后要为日中友好作贡献。"他还说："惠浴宇首长没有架子，我还跟他睡在一个被窝里呢。他曾经访问日本，我到机场去迎接的。"

我边听边感到有趣，又不免诧异，对方的身份、社交面貌我一无所知，当时自己头脑里有框框条条，不敢与之随便交谈。酒会一结束，我马上找到交易会总团的保卫处和外贸部工艺品总公司外事处的同志，向他们汇报请示。他们共同的回答是：此人所叙述的情况基本属实。哦，不打不成交，我心中有底了。

后来我见到顾静大姐，谈起此事，她说她见过其人。1980 年春交会前夕，这位日商又来到南京，我在南京饭店设宴接待，他非常高兴，再次谈到他对惠老的崇敬之情。

他没有远去

惠老再次主持省府工作，很忙，同他见面渐疏渐稀。上世纪 80 年代末，陈国栋同志和沈大姐来南京看望惠老，住在丁山宾馆，惠老电话让我也过去，我就去了。谁知这竟是我最后一次见到他了，1989 年惠老不幸去世。

90 年代初我带着孩子专程去为惠老扫了墓。惠老虽然离开我们 20 年了，他那爽朗的笑声还时常回响在我耳边。遇到突发事件，我仿佛又看到惠老严峻的眼神，听到他严肃的提问：你是怎么想的！

不管怎么，会想到惠老没有远去，他活在我们身边，活在我们心中。

【附文】

上北京看病的插曲

　　1976年开春，国内形势尚未稳定，我陪克生怀着忐忑不安的心情，踏上赴京之路。火车进入山东境内就开开停停，停停开开，问列车员何时到达北京，他气呼呼地说："你去问铁道部！"大约走了30个小时才抵达京城。一出车站检票出口处，就看到横幅大标语："中国铁路万里长，欢迎万里当部长！"后来，途经复外大街铁道部门口，也看到这条醒目的大标语，它深深印入我的脑海，至今难忘。

　　当时我们入住靠西单的民族饭店四楼朝南房间，窗外就是东西长安大街。我们先给在北京农机学院任教的女儿女婿打电话，想通过他们了解一下情况，商量去哪家医院。他们说："你们持有省革委会的介绍信，还有惠老给吴院长的信，不妨先找吴院长，把病历带去，看看他的态度，听听他的意见。"

　　我们便按照孩子们的主意办。第二天，先到肿瘤医院找到吴院长，他一见惠老的信，就非常热情地接待我们，还问惠老的身体如何？我们一一告知。他说惠老的病发现得早，治疗早，效果好；又说陈丕显鼻咽肿瘤治疗效果也很好。克生马上问他：阿丕同志现在哪儿？他说：他和谢志成同志都住在中组部万寿路招待所。

　　听完克生的病情自述，吴院长马上安排给克生做是否有肿瘤隐患的检查。要我们第三天去取检查报告。检查结果排除了肿瘤。吴院长说：其他项目建议你们去协和医院找张孝骞主任详细查一下。他还亲自给张主任打电话，问清楚他的门诊时间后说："你们明天就去。"

　　次日，我们到协和医院，正要挂号时听到有人叫喊："你是邓行长吗？"一看，原来是华中银行一分行的缪廉德同志，她时任中国医科大学一个系的党支部书记。分别 20 多年，意外相见，格外高兴。她抢着把克生的病历和吴院长致张主任的信拿过去，直奔候诊室。她还向我们介绍：张主任早年毕业于湖南湘雅医学院，特别注重医术医德，是全国著名的学者教授内科学家……不到半个小时，很快就轮到克生就诊，做了血检、X 光等全面检查。隔些天，缪廉德同志还亲自将检验报告送到我们的住处。这下，克生的心情明显好转，他说：这次检查，想不到的顺利，得益于惠老的帮助呀。

为了检查身体，我们又见到在中南海服务的一位大夫[1]，他说话大胆，涉及的内容我们似熟非熟，因与继续检查无关，也就不便多打扰了。

克生的妹妹艾玲、妹夫刘禄长（时任军委炮兵副司令）建议我们不要急于回宁，趁病休在京看看名胜古迹和老首长、老战友。我们接受了他们夫妇的建议，由他们提供用车，女婿潘江汉陪我们游览了八达岭长城、居庸关、地下宫殿、故宫、天坛、北海九龙壁等古迹，还参观了现代建筑——首都体育馆等等，所到之处，女婿都为我们拍照留影。

这期间，我们还闯进了中组部万寿路招待所，院内是一栋栋小楼，"文革"中监禁着一批受审查的老干部。当时，我们的车是炮司的车，军用牌照，门口岗哨森严，问：你们是哪里的？我说："我们是上海革委会的。"哨卡没检查任何证件，就让汽车往里开了。我们一下车，又不知道阿丕同志住哪栋房子。只见院子里有"四条汉子"的周扬等人在散步，克生认出了几位，又不敢上前打招呼。找到一家敲敲门，问陈丕显同志住哪儿？人指指对面，到对面一问，又说在隔壁。再敲门，开门的是谢志成同志。她见到我们又惊又喜，马

---

[1] 即李志绥医生。见面与交谈情况不便详写，父亲心生疑惑：领袖身边怎么会有这样的人？——儿女补注

上把我领到厕所间。我心想,我不要解手,到这儿来干吗?她拉着我的手,低声跟我说:"会客室可能装了窃听器。"我什么都明白了。我们马上回到会客室,小谢对克生说:他(指阿丕)跟孩子看地铁去了。我们坐下随便聊天,聊家常,等了半个多小时,不见阿丕同志回来,我们便起身告辞,说改日再来。后来形势突变,克生回宁,不幸去世,他就未能再见阿丕同志。

  非常时期进北京,4月天里没有公务,逗留一个月。该去的想去的地方,去了;不让停留却想去看热闹的,看着了……总之,看的听的,花絮繁多。告别北京,告别那岁月,把那么大堆的全想讲出来,可又做不到,也知道讲不好,讲不好……

管文蔚和我们在苏中的日子里[1]

40年代,管文蔚同志任苏中行政公署主任,我们两人曾先后在行署所属的财经处、苏中金库工作,与首长在工作上虽系简单接触,但在敌后游击环境,机关行军宿营经常在一起,耳闻目睹,对管文蔚同志的革命精神和高尚情操,十分敬仰。

管文蔚同志对属下的工作抓得很紧,听汇报也很仔细,教诲更为耐心。我们财经处每季、每半年都要向上报一份财政收支统计表,钱款、粮赋分别排列,分县区、分月份、分税种和各军政开支项目,表格是手工制作,一行行、一格格,得用钢笔、直尺划好填列数字。由于日寇扫荡频繁,机关经常行军移动,报表送迟了,管文蔚同志就会派人来催。有一次,麦洁红和张一鸣(分管粮赋)两同志随朱毅部长、会计科长闵之一道去汇报,管文蔚同志听得很认真,还翻阅了统计表笑笑说:"小鬼,你们辛苦了!"又要求"今后财税统计做大小两张表,大表留作查考存档;从大表拎出几根筋编成小表,给领导看。"明确具体,十分感人。

1943年,反"清乡"、反"扫荡",形势紧张,机关精简,加之麦洁红、张一鸣同志调党校学习,人手很紧,组织上决定由臧文同志接替金库的会计工作。臧文原是出纳再兼会计,思想上有顾虑,闹了情绪。一天,她送日报表给首长们看的时候,管文蔚同志亲切

---

[1] 曾载《管文蔚纪念文集》,署名麦洁红、臧文。

地对她说:"小鬼,她们(指麦洁红、张一鸣)去学习了,你的担子加重了,要细心,可不要把帐搞错了……"臧文听了心里不大高兴,随即回答说:"会计制度规定,会计与出纳是互相监督的,不能由一个人兼搞。"管文蔚同志对她说:"小鬼,你不懂辩证法,这就叫做矛盾的统一。"臧文听了后认识到,战争环境的特殊情况要特殊对待,决心尽力把工作做好。

每到傍晚,我们经常看到管文蔚同志在田头散步,臧文与另一位同志也在田埂上漫步。刚接到家信的臧文很高兴,便将信封随手扔在田头,被管文蔚同志看见了,他把臧文叫到身边,亲切而又严肃地说:"小鬼,你把信封随便乱扔,是很危险的。若是敌人来'清乡'、'扫荡',看到信封,便知道这里住过新四军,老百姓就要遭殃了。"他又说:"要加强群众观念和敌情观念,时刻想到老百姓。"从此以后,每次驻地转移,我们都十分小心地检查碎纸片之类的东西,以防万一落入敌手。

各县区征收的税赋不定期地上缴苏中金库。每次行军休整时,便卸下老百姓家的门板,将钞票翻晒和整理,国民党占领区发行的钞票(我们称它为法币),要分行名(中央、中国、交通、农民)分面额清点、捆扎、打包入库。有时人手不够,管文蔚同志便动员机关干部来帮忙。那时,陈侠峰、杨明达、王国良、朱海峰、童辛、姜习、易培因、陶林、陶涛等同志都曾支持过金库的工作。有一次,正在清点钞票时,朱毅部长刚从行署开会回来对我们说:"把大面额的新票另行捆扎打包,管文蔚同志指示,要经常保留一定数量新票,以备向军部送款。"苏中金库不止一次提付现款,向新四军军部解缴。除钞票外,还有银元、金条。管文蔚同志就是这样,心怀大局,尊重上级,主动解决军部的财政困难。我们身为苏中行署一员,能为前线主力出力,也感到无比的兴奋与荣耀。

1946年夏,国民党发动内战,进攻解放区,自卫战争也由此开始。行署机关的后勤部门从前沿后撤。当时，华中银行用船载了库款、帐册及二十多名职工从如皋驶往大中集，经西团时，因河道浅窄，为减轻船载，行总支书记禹光同志带领朱月成、陆明、祝圣林、沈一奇、麦洁红等十四人下船徒步行进。行至刘庄一带，当地地痞流氓、敌特的残渣余孽持枪横行乡里，我们不明底细，碰上了，便被他们捆绑游乡，煽动群众殴打，并准备挖坑活埋，然后再追船劫款。但串捆时，祝圣林同志巧言是商人骗得逃脱，旋即向就近我军指挥部汇报敌情。管文蔚同志得知后，立即派部队连夜围困刘庄，鸣枪示警，救出我们十三位同志，并责令我台北县长黄亚成同志妥善处理刘庄骚乱。次日，又在大中集慰问我们。

海上遇险记[1]

——怀念徐立之

徐立之同志离开我们快两年了，我和熟悉他的同志见面时，常常会谈起他，大家都十分怀念他。

据我所知，解放战争期间，从 1947 年到 1949 年初上海解放，由徐雪寒（后来曾担任国务院经济研究中心副主任）、陈国栋（后来曾担任中共上海市委第一书记）同志在沪组建的地下企业有十几家（包括两家钱庄），还有忻元锡同志（后来曾担任上海市副市长）创建的"大华贸易公司"，这两条线的贸易金融机构在不到两年的时间内，从敌占区购回军需物资近万吨，为解放战争的胜利，作出了应有的贡献。从解放区运往敌占区销售的物资有棉花、大米、小麦、生猪、猪鬃、花生、食油等。有时还在油篓里存放金砖、金条、金块、银元等贵重物品，换购军需物资，并支援上海地下党及民主党派的活动经费。

为了完成这无比重要但又危险复杂的艰巨任务，江苏暨华东地区派驻上海从事地下支前任务的干部有数十人，徐立之是其中之一。他原是华中银行一分行的干部，当时被选派驻上海"大华贸易公司"，是运输部的职员之一，负责协助运输部主任朱汉卿同志（后来曾担任江苏省旅游局副局长），担负着苏北解放区到上海的海上支前往返

---

[1] 曾在《老兵话当年》第十辑上刊载，2006 年 12 月。

运输任务。

　　当年，我曾随徐立之同志押运的船从上海回解放区，亲眼目睹了徐立之同志在担任上海到解放区的地下支前运输任务时，机警、勇敢地应付敌海关检查，并寻找自己的部队，组织抢运物资的动人事迹，令我终生难忘。

　　记得1947年盛夏，酷暑难当，我在克生同志的老家湖南长沙东郊谷宜塘安置好幼女晓文，接到忻元锡同志"见电速返"的电报，星夜赶回上海，就是搭乘装运军需物资的机帆船（船名已忘）与徐立之、吴铁鹏、汪金根三同志（都是"大华"的成员）结伴返回解放区的。

　　我先从上海由吴铁鹏同志陪护，乘轮船绕道舟山群岛，到定海（或是沈家门，已记忆模糊了）忻元锡同学的家里，我们等候徐立之的到来。而徐立之和汪金根两同志必须随船行动，跟船开往宁波隐蔽物资的地方，将存放在那里的物资装上船。装的有硫磺（几十大桶）、大批印钞纸、印钞机械设备、油墨、医疗器械设备、西药、汽油、几百匹龙头细布（军服料）、染料、电话线等，全是敌人禁运的战略物资。

　　徐、汪两同志押运的机帆船一到，我们立即通知当地海关关检。验货前，先宴请关检人员，菜肴丰富，鱼翅海参，好菜好酒好烟款待。三四个家伙个个都是酒葫芦，特别是那个检查官，特贪杯。见他们吃得有几分醉意的时候，我们把他们拖出来验货，他们进入舱里看看，就上了甲板，发现船的甲板上有几摊零零星星的硫磺粉。当时，我站在一旁，急出一身冷汗。那个检查官手拿一根文明棍，口里叼着一支雪茄烟，问："这是什么东西？"我想要是烟灰掉在甲板上，燃烧起来可不得了，后果不堪设想。立之同志反映快，马上机智地回答说："这是粉刷墙壁的黄粉。"一面搪塞，一面给吴铁鹏使眼色，示意行贿，吴马上给那家伙几根"小黄鱼"（金条）。那家伙见钱眼开，挥挥手，意思叫随行检查的人员撤离，他手下的人员一撤，他也大摇大摆地上岸走了。他们一走，我们立即起锚扬帆，驶向大海。

天有不测风云，我们的船一出海，就遇到了强台风，几个大浪一颠簸，人就晕头转向，大家呕吐不止，躺在舱里动弹不得，连一滴水也不能进口。

对于晕船，我们早有思想准备，上船前有经验的同志教我们多种防备措施，如装上一桶新鲜西红柿，上船前要少吃东西，每人带上包生姜片，必要时盖住自己的肚脐眼，或者在感到晕船时嘴里吃点话梅等等，但到这时统统不管用。人一倒下去就再也爬不起来，风浪大，躺在舱里颠簸得胃里的黄水都吐光了。

倒是徐立之，因肩上担子重，又有充分思想准备，虽有晕感，尚能坚持，且通宵不眠。他和吴铁鹏、汪金根一起观察风力变化、海上动静，还要防备敌、海匪劫持。

这里特别要说的是对敌海匪的防备。船在海上活动，随时可能落入敌、海匪之手。若被海匪劫持，物资、船只抢劫一空不说，人还会被抛入大海。上船前我们大家都有充分的思想准备。

在大海里飘了一天一夜，已测不到海的深度，行驶航向也弄不太清楚，只听到"老规"说："再飘下去，就要到香港、台湾去了。"我们都很紧张，船上的西红柿被震得稀烂，不能再食用，只好倒入大海。饮用水也快完了，只能勉强维持食用。这时，风力也小了，徐立之、汪金根与船老大商量：将帆船往回飘。徐立之用望远镜观看，只看到海面上有零星的船只。又继续飘了一天一夜，再用望远镜观察航向，隐隐约约看到前方有哨所，还有星星点点的房子。徐立之和汪金根分析判断可能是连云港，立即关照船老大减速航行，主要是怕驶入连港敌人虎口。

我们这条机帆船在上海出发报关时，开的到岸目的地是青岛（迷惑敌人），真正的目的地则是苏北合德港。

针对上述情况，几名党员（徐立之、吴铁鹏、我）临时商定，等退潮船搁浅时，派人上岸了解情况，寻找自己的部队，徐将身上带的信件（上海地下党写给陈丕显、贺希明等同志的信）统统交给我，徐立之和吴铁鹏带上一名水手游泳上岸，我和汪金根两人留在船上。徐上岸前一再交待叮嘱，教育我们：万一碰上不幸，落入敌、匪之手，一定要坚持共产党人的气节，不出卖组织和同志，不能暴露海上运输线的机密等等。并商定以手电筒为联络信号。

等到晚上七八点钟，天色全黑，只见岸上灯光零乱，人声嘈杂，又不见事前约定好的手电筒信号，我和老汪同志有点着急，商量了一下，把徐立之交给我的信（用极薄的打字纸写的）搓揉成一团，吞下肚子。我们不怕别的，怕就怕万一落入敌手，现在做好了应急准备，也就静观事态的发展，没有什么恐慌了。

涨潮前，徐立之、吴铁鹏和水手三人回到船上，见他们安全返回，我们高兴极了。他们说已经找到后方留守处主任季恺（驻地在射阳湖北边八大家），并说华中工委已接到上海方面的电报，正在寻找我们船只的去向。接上关系后，华中工委和军区已通知海防团立即调派船只，组织精干队伍，星夜抢卸抢运。一夜之间，把上千吨的军需物资全部卸下船舱，足足装了十几条大木船，并连夜转移到安全地带。次晨九点多钟，敌机侦察到这条船，围绕它盘旋了几个圈子，把船炸沉了。除了空船遭受损失外，人员、物资无一损伤。全体船工当夜都撤上了岸，他们休息几天后从陆路返回了上海。

事隔半个多世纪，每当刮台风，乘海轮，我都会想起患难与共的三位已故老战友，特别是徐立之同志和他的爱妻李英同志。"文革"十年浩劫期间，立之同志被诬陷为特务、叛徒，被抄家洗劫一空。他所在地区的造反派来向我调查，说他不识水性，不会游泳，怎么可能从大海里游泳上岸？我向外调人员解释海水浮力大，不识水性的人只要带上救生圈，不会游泳也可以安全畅游。他们就是不相信，还气势汹汹向我吼叫：你要好好考虑后果，我们还会来找你的！我说，你们来不来是你们的事，我只能对历史负责，历史是来不得半点虚假的。你们若不信可以下海去试试嘛……

那天我回到家里，呆呆地望着窗外，想着白天的事，我想我明明说的是事实，为什么别人偏偏不相信？百思不得其解，躺到床上翻来覆去也睡不着，老是想着在海上曾经经历的一件件往事。

造反派向我逼供取证不成，恼羞成怒，对立之同志关押审查。他在"文革"中吃尽苦头，最后被送往煤矿劳改。他的妻子李英同志因所谓出身问题和社会关系（有个亲戚在国民党政府当官），加之立之的"问题"，在"文革"中也被打成特务，关押审查，受尽拳打足踢、低头罚跪等暴力折磨，最后得了帕金森氏综合症，不治而亡。严格说来，她是"文革"的殉难者。我一提起她，立之同志就老泪纵横，泣不成声。

2002年国庆期间，我与麦洁红、徐敏同志结伴，由小儿子乐文驾车前往镇江看望徐立之和蒋诚同志的爱人张志芳，他们在南山宾馆设宴招待我们一行。饭后，我们同游南山公园，边游览边闲聊，合影留念。立之同志精神很好，我们的话题很广，家事、国事、世界事，什么都聊，谈到小平同志倡导以经济建设为中心的建国方略时，他赞不绝口。我们临走的时候，他紧紧握住我的手说："希望你们常来……"

遗憾的是，2005年"五一"劳动节期间，我参观润扬大桥后到镇江看望张志芳同志，立之同志已经离开了人世。在尚友新村他居住的楼前与张志芳同志合影时，我想到人去楼空，见楼不见人，强忍着眼眶里的泪水，最终还是不能自控，热泪夺眶而出。往事历历在目，心情久久难以平静。

怀念李铮同志[1]

我和李铮同志相识在 20 世纪 40 年代日寇占领下的上海。今年 2 月初我和顾斌同志通电话，方知李铮同志于去年 10 月 4 日走了，我竟一无所知。

记得，1940 年初夏，在上海地下党领导下组织的一次知识讲座会场上，我第一次见到李铮，他主持这次活动，主讲人是巴人（王任叔），讲授社会发展史，说人是由猿猴进化演变成现代人的，概括的说就是人是猴子变的。讲得简明通俗易懂，受到欢迎，给我留下深刻印象。

同年秋天，第二次世界大战爆发前夕，德国法西斯猖狂进攻欧洲各国，很快突破法国马奇诺防线，欧洲形势吃紧。孤岛上海的各界爱国青年抗日救亡热情很高，但对形势认识不足，思想较紊乱。于是，我地下党针对这种情况，再次邀请巴人作了一次时政讲座。李铮同志也参加了此次活动，这是第二次见到他。

1940 年秋黄桥战役胜利，全歼韩德勤顽敌，新四军开辟扩大了苏中、苏北抗日民主根据地，需要大批干部。李铮同志和我响应上海地下党及其外围组织的号召，先后奔向苏北抗日根据地，他在苏北新四军三师地区搞财经工作。我先进抗大五分校学习，后被分配到军部财政经济部学会计业务，直到抗战、解放战争胜利，一直从

---

[1] 曾在《老兵话当年》第六辑上刊载，2004 年 7 月。

事银行、金库的会计出纳工作。

全国解放后，李铮同志在苏南无锡商业部门工作。江苏建省后，得知他调到省商业厅、供销社工作。我在省委财贸部搞信访工作，1957年"反右斗争"后，我被调到南京市商业系统搞党务工作。这期间，大家忙于工作，未曾接触。

"文革"中，他提供我为他的历史证明人之一。"文革"后期，省供销社造反派来向我调查了解他的历史，我说对他知之不多，仅将上述40年代在上海认识、活动的全过程说了一遍。来人打断我的话，说"人是猴子变的"这是马克思主义的观点，要我马上写下来。我说这很简单，没啥意思。他们说，不，很重要。我就老老实实地写给他们。

不料，第二天或是第三天，又有人来调查他的历史问题，我说不是已经写过了吗！来人态度凶狠，对我说，你要老实把李铮与巴人的关系写出来。我顶了一句，说：他与巴人是什么关系，我不清楚，我只知道当年我们都是听巴人知识讲座的爱国青年，他比我大，干什么我也不知道，写什么？我们单位造反派搭腔说：你知道什么写什么，他们马上软下来对我说，你知道啥就写啥吧。我就把前两天写过的内容重新写了一份。

离休后，他搬到湖北路居住，当时，我住高云岭村，靠得很近，我们都是新四军研究会成员，编在一个小组，接触渐多。

2002年国庆前，我去看望李铮同志夫妇。他见我突然上门，很高兴，我们都是劫后余生者，每次见面格外亲切，先各自介绍了自己的家庭子女情况，他告诉我他与老伴叶思同志是患难夫妻，叶双目近似失明，听力极差，日常生活全靠他照顾，节假日子女回来帮个忙。

使他老俩口最伤心的是，晚年丧子，大儿子从农村回城不久发现患了癌症医治无效死亡。他还告诉我"文革"中下放到宝应县黄塍公社光辉大队当农民，党的十一届三中全会后被调往连云港工作一段时间，后来进一步落实党的干部政策，才调回省里到银行工作的。

他谈得最多最关注的问题是党和国家的命运和前途，特别是党风不正，影响社风、民风。他说不少高官被查处，有的携巨款潜逃，这些腐败分子已经蜕化变质，背叛了信仰，背叛了对人民的承诺，背叛了千百万先烈、先辈的遗志等等。并说问题的根子在于体制。

我们畅谈了两三个小时，一起叙旧，谈到20世纪40年代在上海的那段历史，他突然问我：你怎么会参加巴人主讲的社会发展史活动？我告诉他，家里很穷没钱念书，初小没有毕业，我十五岁那年进上海信谊药厂制药部当工人，参加了地下党领导的外围组织——业余读书会，才有机会听到巴人的讲座。

我问他有关巴人的情况，他说，巴人是王任叔的笔名，是老共产党员，著名作家，外交家（20世纪50年代曾任我国驻印尼大使）。还说1957年他发表了"人性论"的文章，遭批判，1959年在毛主席发动的"反右倾斗争"中，再次掀起批判他的高潮，1960年第一个系统地批判巴人的"人性论"的是姚文元。巴人因"宣传资产阶级人性论"的罪名被定为"反党分子"，除了被撤销一切职务外，还被剥夺文学创作权利。"文革"中巴人的问题不断升温升级，被说成是"大叛徒"，被遣送回乡劳动改造，得了精神分裂症，终于在1972年悲惨地死于故里……他停顿一会，又说在那个以言以文定罪的年代，谁也未能幸免。我们都是幸存者，要珍惜改革开放以来的大好形势，安度晚年。他是含泪和我说这番话的。谁会想到，这竟成为我们唯一的也是最后的一次交谈。

我将永远怀念这位坚定的共产主义战士，真诚、朴实的长者！

难忘的大清早辞别

今年12月20日，是老书记陈光离开我们30周年的日子，一回想起这位省委分管干部的老书记，我心里就充满了怀念与敬意。

1978年初春的一天清晨，天刚蒙蒙亮，就有人敲我们家门，谁啊？这么早就来敲门？自从我爱人邓克生文革中被打倒、家被赶出机关大院宿舍后，就搬到了城南普通居民区的一个简易平房里。不要说小车开不进来，就是步行也要七拐八弯穿过小巷子才能找到，很少有干部能找到我们家。我那时在人民商场（今中央商场）工作，上门的多是商场职工为了落实政策来向我诉苦诉冤的，但也不会这么一大早。我开门一看，竟是老书记陈光拄着拐杖（他文革中被打伤了腿）站在门口。惊讶之余，忙问："陈光同志，一大早来，出了什么事？"陈光安详的对我说："老臧，我马上要离开南京，调北京工作了。一早来，是来向你告辞的。"他接着说："老邓在文革中吃了大苦，现在粉碎四人帮了，他却走早了。家庭担子全压在你身上了，你们家孩子多，要保重好身体、带好孩子。"短短一席话，说得我心里十分感动。其实，那时不仅克生去世快两年，而且我也不是省管干部，陈光还能关怀到家。

陈光作为省里分管干部的常务书记，素以关心、爱护干部闻名。还是在1959年，省委决定组建江苏哲学社会科学研究所（省社科院前身），陈光找到克生说明省委意见后，对克生说："你由宣传部副部长、党校副校长，去当所长，'官'变小了，任务却加重了。今后，省委还要靠你们多做参谋、多拿意见啊。我不久就会出题目找你研究的。"果不其然，研究所成立不久，陈光就找克生研究起了发展经济的事。

当时正是大跃进后的经济大困难时期，江苏也面临缺粮缺物的大饥荒。两人由此经历了一段特殊的患难与共，一组建起社科所经济所，克生就积极为省里的经济出谋划策。他1959年到南通金沙镇调研了集市贸易后，就积极向省委省政府建议开放、发展自由市场，搞活商品流通。后来他又到常熟农村调研后提出尽快实行包产到户。而陈光1959年也一度分管农业和主持全省工作，也想尽快带领江苏走出困境。两人想到了一起。他组织省委干部到金坛县农村蹲点调研，还专门带了克生一起下去，由克生起草了有关包产到户的报告。省委很快出台了农村工作20条政策措施，落实包产到户和自留地。这是他们在一起的一段"同甘苦"。

这又为他们后来的"共患难"埋下了"祸根"。陈光是从江西瑞金贫苦农村出来革命的老红军，参加过五次反围剿和两万五千里长征，没有任何历史问题。文革中被打倒批判，搞"三自一包"就成了他走资本主义道路的主要罪行罪状。多次被揪斗批判时，克生也被陪斗。克生回到家向我讲起挨批现场，总要说，陈光身体差，今天吃大苦了。1974年，克生从"五七干校"回来，算是"半解放"。不久，陈光也不再被"专政"，但原来的家已被造反派强占，搬到了离我们家不远的一处旧房子里，阴暗潮湿，后来临时住在五台山的一个简朴旅馆里。我和克生都去看了他，两人劫后余生，有许多话想说，但由于"四人帮"还未打倒，什么话也不好说，只能互相问候身体。

陈光去世后，他爱人陶云霞和我成了邻居，我常去看望云霞。我俩都是无锡人，聊起天来自然话多。我总是向云霞说陈老关心干部、爱护干部，临上北京前看望我，还知道我孩子多。云霞回应我说，"我们家也是孩子多，老陈能体谅我们当母亲的艰难。文革中说他修正主义、特殊化，查来查去没有多吃多占公家 1 分钱。他承认自己特殊化也就是身体不好，多拿多吃了些药。虽然是省级干部，但就这么些工资，家里当然还是很艰苦的。"一回想起陈光同志，我就为那个年代干部的气正风清叫好。

生死离别的三奇[1]

——项南与他的父亲

项南，曾担任福建省委书记，与先后担任广东省委书记的习仲勋、任仲夷，都为改革开放做出过巨大贡献，被人们誉为"改革八贤"。

而我和项南的爱人汪志馨，是 1940 年 10 月下旬同一天同一条船，由上海地下党安排到苏北根据地的。我们先进入抗大五分校学习，后来我分到新四军财经部从事银行财经工作，汪志馨则留校，后分到盐阜地区从事根据地与新四军的文宣工作。与项南进入根据地的路径大致相似，我爱人邓克生和他姐姐邓评，由桂林转往苏北，都是按李克农指示，转道香港、上海，进入新四军苏北根据地的。克生留在苏中区党委，任阿丕同志（陈丕显）的秘书，后从事银行财经，工作中与我结识；邓评则分往盐阜，与汪志馨在一起办报搞宣传。项南由曾山接待也安排到盐阜工作，在工作中与汪相识并结婚。建国后，项南汪志馨夫妇到了北京，我与克生留在南京。每次去北京，我都要去看望他们。常听项南、志馨回忆往事，特别是项南与父亲项与年生死离别的传奇。

项南说他自小就在心底留有一奇：怎么长年见不到父亲？特别是被父亲带到上海后没几年，父亲怎么又奇怪地不辞而别、失去踪

---

[1] 曾登载于 2017 年 2 月 27 日的《扬子晚报》，略有删节。

影？项南1918年出生于闽西连城，从小就难见父面。虽终年看不到爸爸，但还是听大人说他下南洋了，多少还有些音讯。后来才知道父亲项与年是1925年入党的闽西最早的党员之一，在广州被周恩来派到印尼从事华侨工作。12岁时，项南与母亲一起，被中共地下党特科交通员带到大上海，与父亲团聚。虽说回到父亲身边，却仍难见父亲身影。到沪不久，又被父亲送到离家挺远的南京尧化门小学（是一所按陶行知教育理念创办的新型学校），独自寄读念书，更难见父面。小学毕业回沪不久，父亲又神秘消失了，奇怪的是，父亲这次出走不仅未打招呼，而且一走就是20多年再无音信。父亲突然消失，母亲与幼妹还被抓进了监牢。项南碰巧不在家躲过此劫，16岁起他就独自谋生并参加了革命。记忆中的父亲，除了一再离家杳无音讯，就是行踪神秘、难见一面。仅有的见面印象也是陌生、威严，时而西装革履，时而长袍马褂，来往家里的人也是神出鬼没般的。

记不清自然说不明父亲的真实身份与职业，这就给项南日后的政审造成了麻烦。华中根据地按中央部署整风审干时，项南被查问父亲身份时竟说不清。对组织忠诚，项南只能如实而又含糊地说父亲可能是商人、无联系、生死不明。口才出众却又解释不清更引众人怀疑。幸亏当时华中局、新四军的整风是在黄克诚、曾山、章蕴等人主持下，没有搞成延安的"抢救运动"，项南得以过关。同样邓克生也因家境富裕、其父是长沙纸商，也遭追查，也同样由于曾山、章蕴的实事求是、排除了乱怀疑，得以工作，我和克生才得以成家。我是14岁离开父亲到上海，由裴翠娟介绍进信谊制药厂当童工的，干着最苦最累的活，孤独又无助。所以我当年就对战乱年代项南经历的父亲不在身边、说不清父亲真相这一奇异现象，内心既理解又深有同感。

更具传奇色彩的是"托项南找项南"，他们的父子亲缘，因曾希圣而得以相认。项南、志馨对我说：一解放，项南当了安徽省（当时是皖北省）团委书记，顶头上司省委书记是曾希圣。曾希圣早年和项与年是特科的战友，解放了，受远在东北并改名梁明德的项与年之托，帮他寻找失散多年的儿子。曾希圣把此事交待给了青年团的项南。项南问曾希圣，欲找之人的细节时，曾希圣就说战友老梁是福建人、在上海工作过，因秘密工作突然离沪而与儿子失散。项南说自己也是福建人，从小也在上海住过，还记得住在法租界的维尔蒙路德润里24号。曾希圣惊讶了，这不正是当年他和项与年在特科共事时的秘密联络点吗！遂问项南记不记得到过他家的大胡子叔叔？项南说记得，还记得胡子叔叔带他到大世界照过哈哈镜。曾希圣说你仔细看看我是谁？项南仔细一看：眼前的省委书记竟是当年的胡子叔叔！从曾希圣口中，项南才知父亲的真实身份与革命经历。当年父亲不辞而别，是被秘密派往江西国民党保安司令莫雄身边任情报参谋（蒋介石剿灭中央苏区的"铁桶计划"就是由项与年从莫雄处获取，打掉门牙化装成乞丐进入苏区，送交周恩来、李克农的，这是中央红军决定战略转移进行长征的情报来源）。长征到陕北后，项与年继续从事情报和西北方面的统战工作，后进入东北。而项南也由原名项德崇改为项南。父与子，改名又换姓，一散20多年，自然无法相认，若非二人恰巧与曾希圣先后共事，能否团聚，何时团聚恐怕还真难说。

　　第三奇是在父亲追悼会上被人奇异发问。项与年在上海特科的工作经历，使他得知江青在沪的底细。在陕北，项与年又和习仲勋一起共事过，习分别担任关中分区党委书记、绥德地委书记时，项与年则分别担任分区、地委的常委、统战部长。文革前，习仲勋成了反党黑帮。这些经历也使项与年在文革中惨遭迫害，被遣送回闽西老家，年迈病重。项南想接父亲到北京治病，被"四人帮"把持的组织部拒绝。直到胡耀邦任中组部长闻知后，才批准项南接父回京，但为时已晚。在项南卧室里，我看见挂着项与年 24 吋的大照片，它寄托着项南对他父亲深深的怀念。后来，闽西老区为这位老革命立了纪念墓碑，习仲勋特地写了铭文，称项与年一家为革命"满门忠烈"。1978 年 11 月 7 日，辽宁省委为项与年举行了隆重的平反追悼大会。省委书记任仲夷、中央调查部长罗青长等领导在悼念人群中看到项南夫妇时颇感诧异，任仲夷问"你们怎么来了？你们怎么认识梁老的？"项南回答："我是他的亲儿子啊！"任仲夷顿时惊讶、感叹不已。项南从不因自己家庭的革命传奇而声张。

项南与他父亲在革命生涯中充满传奇，和父亲生离死别的故事仅是其一斑。项南敢于改革创新，与他在传奇经历中所形成的胆识见识，不无关系。

永远怀念引路人[1]

——蒋瑛烈士

蒋瑛烈士，原名蒋莉芬。1924年出生于上海市。1941年8月日寇大扫荡，在盐城伍佑地区为掩护群众撤离时，遭敌追击，不幸中弹英勇牺牲，年仅17岁。

1939年，我刚满15周岁，由同学裴翠娟介绍进入上海信谊制药厂分厂割瓶洗瓶车间当工人，干的是最脏最累的活。记得那是个严寒的冰冻雪天，因经常泡在冰水里洗涤各种规格的瓶子，两只手肿似馒头，割瓶一不小心，玻璃将手指划破，鲜血直流。这时制药车间的一位女工向我走来，关切地对我说："你以后搞小瓶（指1或2CC容量的）要特别小心，别划破手指，当心破伤风。"她，就是后来引导我走上革命道路的蒋瑛同志。

从那以后，我们常在一起，她从各个方面关心我，帮助启发我。有一次，我着了凉身体不舒服，发烧、痛经，偷偷地躲到女厕所休息几分钟，不料被"拿摩温"看见了，责骂我贪懒不干活，我感到实在委曲，气得一句话也说不出来。正巧，蒋瑛上厕所，她气愤极了，理直气壮地斥责"拿摩温"蛮不讲理，不顾工人死活，为我出了一口气。

日寇占领下的上海是个"孤岛"，到处笼罩着悲观气氛，"亡国

---

[1] 曾在《老兵话当年》第九辑上刊载，2005年12月。

论"颇有市场。蒋介石暗中勾结日本帝国主义，反动势力十分嚣张。那时候，我的思想很幼稚，也很彷徨。针对这种情况，我党在敌占区人民群众和青年中开展了各种形式的活动。不久，蒋瑛介绍我参加了上海地下党领导下的外围组织——业余读书会。"读书会"成员有工人、店员、学生等，这是个抗日救亡团体，也是一个传播马克思主义的团体。她虽是这个组织的普通成员，但也是各项活动的积极参加者。读书会每周活动一两次，为避开日寇视线，活动地点经常转移，有时在浦东大楼楼上，有时在里弄小学教室里，有时在法国公园（今复兴公园）的大树底下。每次活动都是蒋瑛通知我，活动内容丰富多彩，形式多样。我们学习毛主席"论持久战"的战略思想，讨论国家大事，谈谈自己对抗战、对国家前途命运的看法；有时教学唱抗日救亡歌曲，或是举办知识、时政讲座等等。

记得1940年初夏，在地下党组织的一次知识讲座会上，主讲人是巴人（老共产党员、著名作家、外交家王任叔），讲授社会发展史，说人是由猿猴演变成现代人的，概括地说就是人是猴子变的。讲得通俗易懂。后来，又请巴人作过一次时政讲座，内容是第二次世界大战爆发前夕的欧洲形势，都给我留下深刻印象。有次讨论时，蒋瑛先发言，她说"听了社会发展史的讲座，懂得了人是猴子变的……"，引起一阵笑声。这期间，她还给我看艾思奇同志的《大众哲学》、斯诺的《西行漫记》等著作，并经常问我看了这些书有什么感想，鼓励我要学习书中介绍的几位女兵，要争做反对旧礼教、改造旧中国的新女性。在她的引导和"读书会"的影响下，我受到了革命的启蒙教育，逐渐从旧中国的黑暗中看到光明前程。

约在1940年初秋的一天，蒋瑛和我在蓝心影剧院看完苏联电影《女壮士》出来，我们边走边谈，她进一步向我讲述我党关于抗战的主张，以及八路军、新四军在敌后广泛发动群众，开展抗日游击战争英勇杀敌的事例，动员鼓励我跟她一道到苏北抗日根据地去。

她还说："到敌后去，我想了好久了，上海这个地方没有什么可以留念的，唯一不放心的是年迈的双亲……"我知道，她是家里最小的孩子，父母亲十分疼爱她，她怎能丢下双亲呢？

转眼到了 10 月中旬，一天下午放工前，她约我跟她一道走，说有个约会。这时我们都定下了走的决心，我跟她到了王家沙附近凤阳路一家人家的亭子间，里面已有七八人先我们到达（有读书会成员）。不一会，进来一位约三十岁左右知识分子模样的男子，他向我们交代行动前的各项准备、路上注意事项，他说："到苏北去，行装力求轻便，适合随身携带。……"我们后来方知，他就是地下党员、我们的入伍介绍人方行同志（解放后曾任上海市文化局长）。

到了 10 月下旬，一天傍晚工厂放工后，蒋瑛约我到她家里去，帮她把准备好的日用换洗衣物"偷"出来。晚上，她在晒台上把一个小包丢下来，我在下面接着。又过了两天，她悄悄跟我说放工一道走，一出厂门她把一张船票交给我，要我拿了"偷"出来的衣物按照上船的时间到十六铺码头，各自上船，入舱找铺位。上船前我把写好的家信丢入邮筒，让家人知道我的去向。在船舱里，我看到一二十人中有十来个熟面孔（都是读书会成员），分三、五人一组，互相不打招呼，也不与不相识的人搭讪，其实大家心知肚明，都是一道到根据地去的。她还告诉我，下船有人盘问，就说是在上海永安纱厂做工的，现在工厂停产生活困难，回泰兴××村老家。我说我们不懂地方话怎么办，她说不要紧，不要害怕。我听了心里还是不踏实，疑虑重重。但是到根据地去的决心已定，也有信心能够闯过这一关。

客轮乘风破浪驶达新生港。我们一上岸，就遇到持枪守卫在通道口的日本鬼子和翻译官，他们问我们到哪里去？我回答到泰兴老家去，翻译官同日本兵叽哩咕噜说了几句，就挥手示意放行。我们加快脚步一口气走了几里路，见到派来迎接我们持枪的新四军战士，特别高兴。我们一行十七人（其中有丁峤、汪志馨、陈允豪、俞仪凤、俞仪铨姐妹俩、陶云、陶林姐妹俩、蒋瑛、陆锡琼、王奋、陈坚、吴仁森、严敏、王珏等），就在小镇上吃了碗面条，跟着小战士直奔黄桥镇。

反顽（韩德勤）战役胜利结束不久的黄桥镇，硝烟未散，废墟上弹痕累累，历历在目。起初，新四军指挥部动员我们留在当地做民运工作，我们借口不懂地方话，异口同声要求到抗日军政大学第五分校去接受系统的革命传统教育。僵持了一个星期，指挥部不得不支持我们的意愿。我们兴高采烈地到抗大五分校设在黄桥的招生处办好入校登记手续。招生处主任吴强同志派人护送我们奔向盐城。我们把行装放在独轮推车上，人跟着走，途经海安、东台等地。途中，我出了个小事故，在河边漱口时，把一只小搪瓷杯掉入河中，蒋瑛见我脸色不好，怕我哭鼻子，亲切地安慰我说："到了学校给你买个新的。"

我们于1940年10月底到达盐城抗大五分校，蒋瑛编在女生队一队二排学习，我在一排一班。我们过着团结、紧张、严肃、活泼的军事战斗生活。

1941年阴历正月十五那天，天气晴朗，日寇配合蒋、汪反动派出动飞机轰炸盐城。几颗炸弹落在女生队前面的草坪上，我们队里个别意志薄弱的同学，当天夜里开小差逃跑了。蒋瑛知道后非常气愤，她对我说："革命是要有牺牲的，我们不能动摇开小差，在任何情况下都要坚持到底！"她的话是那么坚定有力，至今还在我耳边回响。随着抗日形势的深入发展，为了躲避日机轰炸，学校把"课堂"搬到野外。蒋瑛和同学们一起背着背包，唱着战歌到田野去上课。在抗大学习的日子里，她仍不时关心我，常以亲切的口吻问我："老师讲的课懂吗？"

1941年1月，国民党反动派发动震惊中外的皖南事变，撤消新四军番号，停发断绝军饷。为了坚持抗日斗争，中共中央针锋相对，由中央军委于 1 月 20 日发布命令重建新四军军部，并命令军部成立财政经济部，任命朱毅、李人俊同志为正副部长，组建江淮银行、发行货币，以粉碎敌人的阴谋，保卫根据地军民的生命财产。因此，迅速从抗大五分校抽调一批同学加强财经战线，我是其中之一。在奔赴新岗位前，我去向蒋瑛辞别，我们谈了一个多小时。她对我说："革命形势发展很快，你提前分配，我毕业以后要争取到前线去搞支前民运工作，到农民群众中去锻炼自己。"没想到，这竟是我们最后一次交谈。

我离休后，每到上海探亲访友，总要到蒋瑛烈士居住过的地方——静安寺去看看，寻访她的亲人。遗憾的是原来的里弄闸库门房子早已拆除，现在高楼林立，始终没有找到其家人的踪影！

怀念麦洁红[1]

2005年3月5日晚,麦洁红同志的小儿子杨蔚光打电话来说:"妈妈走了"。我握话筒的手立刻颤抖起来,大脑陷入一片混乱,我记不起是如何回答他的,也不知是如何放下话筒的。那一夜,我失眠、做恶梦;接连几天,我丢三拉四,不知所措。

记得2004年9月19日,我陪朱竹雯大姐到医院看望洁红,她见到我们十分惊讶,也很高兴。她告诉我们,CT检查结果脑子里长了个瘤子,等待手术。当时,她的神情很安详。我们有意把话题扯开了,说起我们在山东半岛游览观光的见闻,随便聊了个把小时。告别时,她拉着我的手,神情变得十分痛苦,悄悄对我说:"臧文,我恐怕不行了,小高也住院了,情况不好……"(小高是她的小媳妇,患肠癌,正瞒着她)朱大姐听了马上劝慰她,说:"现代医学技术好,不会有问题的,你放心。"鼓励她勇敢地配合医生治疗。这时,我真有酸楚凄凉感。我们走出了病房,两人都悲痛难忍,热泪夺眶而出。

我和洁红是"三同"姐妹,我们同年同月生,她长我半个月,又是抗大五分校的同学,财经战线上的同行,都是在抗日烽火的年代从上海投奔抗日战场的战士。麦洁红原名刘妙洁,1923年农历九月十三出生于广东中山县,从小随父亲移居上海,她父亲是上海永安公司高级职员,家庭生活较富裕,家庭教养严格,受过良好的教

---

[1] 曾载2007年6月5日《东进》通讯。

育。1941年太平洋战争爆发后，她由刘晓同志（时任中共地下党上海市委书记）介绍，与刘的小姨子张璇结伴进入苏北抗日根据地，然后进抗大五分校学习。我们的经历大体相同，她和我感情贴近，有共同语言，经常沟通思想。人们戏称我们是一对无话不说互相信赖的好姐妹。

2002年11月，我随女儿搬至火瓦巷住，成了靠她家仅五分钟路程的紧邻。于是，我们常在一起散步、逛街、购物，总有说不完的话要说。她喜欢带我到附近四周转转，教我熟悉地形，走累了进入附近小饮食店，吃碗馄饨或喝碗上海鸡粥。她会做菜，烹饪手艺不错，我是她家常客，她常留我尝尝她的手艺。

我从调入苏中金库到抗战胜利前后有两三年时间，一直和洁红朝夕相处。回忆起那段战斗生活，不免常常想到洁红的工作精神对我的感染。我们六十多年的相处交往中，给我印象最深的有几件事：

（一）1943年初，我调入苏中金库，当时组织上找我谈话，分配我搞出纳工作。谈话的同志对我说，这个工作很重要，你是共产党员。安排你做这个工作是组织对你的信任。当时我思想上有畏难情绪，认为在四分区金库已搞过一年多出纳，整天跟钞票打交道，一旦少钱怎么办？成天提心吊胆的，苏中金库钞票更多，还有黄金白银之类的贵重物品，责任重大；同时还认为不但工作辛苦，还学不到业务。但想到自己是个党员，不能讨价还价，就勉勉强强服从了分配。可是见到洁红时，忍不住又向她诉说了自己的想法，暴露了上述活思想。她听完以后说："我们都是党员，你不干谁干？工作总是要有人干的嘛。"接着她又说："这项工作的责任大，现在陈克秋同志因工作需要调任二分区金库主任，王真同志常在海船上负责后方金库，只有把你调来啦，这是对你的信任，不要过多考虑个人得失，只要认真负责是可以把工作搞好的。"在洁红的帮助下，我逐步安下心来，小心谨慎地做好本职工作。

1944年初，我和洁红都参加了当年解放区的整风运动，组织上认为她和有"历史问题"的杨忠同志相爱而怀疑她政治上可能也有"问题"，将她和张一鸣（粮秣总帐会计）送往苏中党校学习（实为审查），拟组织火力对其进行"抢救"，所幸中央通知及时，免遭一苦。

1945年抗日战争胜利，洁红调任华中银行一分行会计科长，我在科里搞稽核。

1946年秋，蒋介石撕毁停战协定，内战全面爆发，洁红随杨忠同志调入野战部队。1949年初渡江战役胜利结束，我军先后解放南京、上海，她随三野十兵团南下，参加解放福州、厦门战役，并参加接管国民党金融机构。新中国建立，她转业归队，就任福建省人民银行会计处长。

（二）1995年9月20—23日，华中银行成立50周年纪念会在扬州召开。参加会议的有中行的麦洁红、姚盛祥，人行的黄如之夫妇，和环保局的杨信征，我也应邀出席。会议组织与会同志参观游览扬州名胜古迹及黄桥战役纪念馆，洁红和我都在其中。我们入住泰兴银杏宾馆，同住一个房间，当天夜里闲聊，聊到深夜两点多钟，共同回顾我们亲身经历的数十年坎坷曲折的道路。话题从抗大五分校调入军部财政经济部谈起，有些事的细节我已很模糊记不清，她却记得清清楚楚。

例如，1941年"三八"妇女节那天，我们刚到财经部不久，碰上刘少奇和王前、朱毅和陶涛两对新人结婚的婚礼。当时，我们都是拉拉队的成员，看到两对新人笑容满面步入会场入座，我们这群傻姑娘在指导员吴志坚同志的带领下使劲地鼓掌吼叫，要求少奇同志介绍恋爱史，他说："是我主动向王前同志求婚的……"一片掌声后，接着要求朱毅同志介绍恋爱经过，他说："尊重女性，请陶涛同志先讲。"陶涛同志毕业于上海某个名牌大学，落落大方，思想开朗，她说:"我和朱毅同志虽相识,相处不久,相知不多,但在我们的接触中,我感他是一位素质较好,政治上可信赖的干部。这就是我们相爱的基础……"这时欢声笑语进入高潮,婚礼很快就结束了。这样隆重俭朴的婚礼,给我们留下深刻的印象。

我们聊的第二件事,就是当年新四军财经战线的领军人物朱毅、李人俊、骆耕漠三位部长,他们都是受过高等教育,具有高素质管理水平,重视干部培养的好领导。特别是朱毅早年留学日本,1931年"九一八"事变后,他弃学回国,参加抗日救亡运动;抗战、解放战争期间,他所主持的根据地的财经经济建设和负责军工生产时,为中南战场、淮海战场乃至全国各大战场提供大量优质炮弹,为解放战争的全面胜利作出重大贡献,曾受到朱德、粟裕同志的赞誉等等。

我正昏昏欲睡时,她突然问起我在财经部训练班学习的情况。我说你是受过中等教育的,而我这个初小没念完的脱盲生,对老师讲的会计学借贷原理根本听不懂,做习题只好交白卷。她说后来李人俊副部长亲自主持,由胡雨、闵之等同志重新编写教材,收支原理通俗化讲解,才使受训同学逐步弄清楚。

她又问我结业时在江淮银行营业部举办开业演习,你担任什么角色?我说是叫我搞汇兑,我很紧张,非常害怕,指导员鼓励我,胆要大一些。有没有出洋相,我已记不清。我又说那次演习后,你留在部里,我被分配到掘港支行搞汇兑,因战事频繁没开展一笔业务,不久改行到四分区金库搞出纳。后来一直搞出纳工作至抗战胜利。

第二天在打道回府时,车辆行驶在返宁路上,我们坐在车厢中间两人靠在一起的座位上,继续夜里没有聊完的话题,同志们戏称我们是"连续剧"。

(三)结伴参观游览长城、卢沟桥抗日战争胜利纪念馆。

2000年10月下旬至11月初,应中国银行总行赵征同志邀请,麦洁红、胡史敏、赵倩、彭涵明、缪启芳和我结伴赴京城游览观光，入住中国银行宾馆。

在京期间，我们参观游览卢沟桥抗日战争胜利纪念馆、天坛、长城等名胜。

一天傍晚，出访英国的刘明康行长刚下飞机就直奔我们下榻的宾馆来看望洁红同志。我们本想回避一下，洁红要我们一起参加，并把我们一一向刘介绍，说我们都是当年的"老银行"。我们呆坐一旁，看到这位人们称之为"金融救火员"的刘明康，对麦真挚的问候和敬佩，又看到洁红对刘的谦虚谨慎的态度。

这个场面深深地印在我的脑海里。以后每当央视屏幕出现刘明康的镜头，我便会想到洁红和江苏中行几位领导慧眼对刘的赏识。使我想起洁红曾向我披露：刘这个人高考成绩出众，只因出身旧官僚家庭而未被录取，她还说，对刘的使用是有风险、有分歧的，一方面改革开放，金融对外业务急需干部，另一方面又有人认为刘明康政治条件不合格，不敢大胆使用。她说刘初到中行时放在接待科打杂。我们的思想是在改革开放的大潮中逐步放开的。

第一步先送他出国培训，但学成回国仍不敢大胆使用。洁红说刘明康思维敏捷，学习刻苦，精通外语，符合中央有关选拔干部要求知识型、专业型、年轻型的标准条件。她还说大胆使用干部谈何容易！干部路线左的余毒根深蒂固。

后来中国银行总行卜明行长到江苏来视察工作，要我们向总行推荐输送符合条件的干部，我们经反复研究取得共识，大胆向卜明行长举荐刘明康。我想江苏中行领导层有切肤之感才会有共识。刘调总行不久即调任福建中行行长，后又被选为福建省副省长，卜明同志逝世后，刘调回北京任中国银行行长。2002年刘已调任中国银监会主席，还被选为国际金融协会副主席，这是迄今为止，中国人在该机构中担任的最高职务

（四）洁红走后，我和中国银行的老同志聊天，他们无一不说麦行长不图名利、不计荣辱，只知埋头苦干，她为中国银行江苏分行的创建、发展，倾注了大量心血，是老黄牛式的好领导。她的同事都说她一生廉洁奉公、两袖清风。他们说有不少"文革"后平反复出的干部，办事小心谨慎，以不犯错误为原则。但老麦却不一样，她爱才又善于用人，只要素质好又肯钻研的干部，都大胆使用。上面说的刘明康行长就是一个最有说服力的例子。

但是，她个人的家庭却是不幸的。据熟悉她的同志回忆，20世纪40年代初，她与杨忠同志相识相爱（杨时任新四军一师卫生部保健科科长，后任副部长，负责干部保健，主要是党政军领导干部的医疗保健）。抗日战争胜利他们结了婚，婚后感情很好，从来没有什么磕磕碰碰。

据我所知，洁红之所以爱上杨忠，是认为他出身贫苦，勤奋好学，热爱医疗卫生事业，是个精通医疗管理，讲究医德、医风，医术也好，为人正派的人。能选择这样的同志终身为伴，靠得住。

谁会想到，"三反"运动一来，杨忠因"历史问题"受到审查，被开除军籍，后平反转业。他们要求调回江苏工作。起初江苏不予接收，老司令员管文蔚同志得知后，明确表态：我了解杨忠，他年轻时曾参加过国民党系统的一个组织，但未曾参与任何活动。而且早在皖南新四军军部教导队学习时，就主动交代了，已做过结论，还被吸收入党，并按时转为正式党员，没有任何遗留问题。管老还证明：杨忠在一师卫生部和三野十兵团卫生部工作期间，屡次重大战役的预备会议都是参加了的，从来没有发现泄露军机之事。他的表现是好的。于是，1959年江苏同意调入。他们一家六口到了南京，工作、生活十分愉快。四个孩子勤奋读书，茁壮成长。

哪知好景不长，灾难接踵而来。"文革"一开始，杨忠首当其冲，就被关进了严严实实、密不透风的小屋里。春去冬来，年复一年，批斗折磨。严冬腊月，缺衣少被，杨忠发烧，肺炎转成肺气肿，得不到应有的治疗。这时，这个六口之家，天各一方，关的关，下放的下放，洁红也被迫下放农村劳动，四个孩子到了新疆、内蒙等地。当洁红接到杨忠病危通知时，赶到医院，请求给予适当治疗，甚至要求自费用药，都遭拒绝。医生只是遵循当时流行的"阶级斗争"的原则，对打入另册的患者，敷衍地看一眼就走了，根本不予抢救。这位热爱党和人民，救死扶伤，颇有责任感，一生克尽职守的好医生，竟这样含冤而死。

杨忠逝世后，我陪老伴克生同志前往吊唁，看到这苦难的一家，克生想起1943年夏天，他大病一场，连续几天高烧不退，睡在老百姓家的门板上，呼吸困难，瞳孔已放大，自己也以为没救了，是杨忠把他从死神手中夺了回来。在那战火纷飞的年代，杨忠挽救了多少战友的生命，如今他自己的生命却得不到保障。我和克生站在战友的遗像前，悲愤难忍，泣不成声。

杨忠走了，洁红和子女在悲痛中将遗体火化，骨灰放在她的房间里，伴随她度过了三十一年的日日夜夜。现在洁红走了，他们的子女将父母的骨灰合葬在雨花台功德园。欣慰的是，他们的第三代都受到了高等教育，陆续走上工作岗位，孙子毕业于中国药科大学，继承祖业，现在海南工作。他们的在天之灵，也可以得到一丝安慰！

"最大的快乐"是什么

——怀念陶涛

在我的第一本小书中，我缅怀了新四军财经部的老部长朱毅同志，文中不可避免地会提到他的爱人陶涛。我把文稿寄给陶涛审看时，她不同意写她，我只好把有关她的内容删去，再次寄去，她才满意。2013年陶涛走完了她96岁的人生历程，我也成了九〇后。和老战友们聊天，和他们的后代讲起往事，都难免提到陶涛。季方和钱讷仁的女儿钱季明还把她对陶涛的访谈文章寄了来。我这才又想起，应该写写陶涛。

陶涛是我在新四军财经部的老战友，我们都是1940年从上海到苏北解放区的。虽然她是大学毕业生，我小学还没毕业，但在革命大家庭里，我们亲如姐妹，她长我们几岁，我一直都把她当大姐姐。我们不仅一起行军、工作，还互相剪头发。一次我一剪刀下去，她"哎呀"一声大叫起来，原来是我剪到了她的耳朵，血都滴了下来。文革后我去北京，常住在她的家中，就常会讲起这件趣事。长期相处中，我渐渐知道她1938年考入上海大同大学化学系，读书时就参加了抗日救亡运动，1940年2月入了党，还是地下党支部的宣传委员。她们办学生消费合作社，卖笔记本、蓝墨水、铅笔、橡皮……利用这个场合跟大家接近，做思想工作。那时17岁的钱美端（钱正英）刚入学，也非常热情地跟着她们。陶涛毕业以后钱正英也入了党。

1941年"三八"节,我还参加了她和朱毅同志的婚礼。那天,刘少奇和王前,朱毅和陶涛,两对新人喜结连理。我们一群傻姑娘在吴志坚指导员的带领下,兴奋得大吼大叫,使劲地鼓掌起哄,要新人介绍恋爱经过。少奇同志说:"是我主动向王前同志求婚的……"轮到朱毅了,他说:"尊重女性,请陶涛同志先讲。"陶涛也不推辞,大大方方地说:"我和朱毅同志虽相识相处不久,相知不多,但在我们的接触中,我感到他是一位素质较高,政治上可信赖的干部,这就是我们相爱的基础……"掌声响起,欢声笑语进入高潮。这个简朴的婚礼,使我印象深刻,终身难忘。后来听说先是有位在前线的老红军将领看上了陶涛,托朱毅居中说合,朱毅第一次找陶涛谈,陶涛不表态,朱毅以为她还要考虑考虑;过了几天问她,陶涛说:你怎么只想到别人,不想想你自己呢?朱毅还没领悟,又来问她。陶涛只好大胆表白:我爱的是你。然后才有了那个经典婚礼。

印象深刻的还有一件事,就是陶涛为印钞厂翻制出票版。1941年,新四军为了粉碎敌人的经济封锁,保障军需供给,在盐城设立了军部直属的"财政经济部"。陈毅、刘少奇等人决定筹建银行,发行抗敌货币。当时有同志建议银行取名"淮南银行",也有人说叫"两淮银行",据说刘少奇认为叫"两淮银行"面太窄,也不够气派,新四军还要向东发展,继续挺进,面向大江南北,所以就叫了叫"江淮银行"。1944年之前江淮银行铜做的凹凸版票版,都是从上海偷运过来的——把票版涂上蜡,灰不溜秋的,装船运到根据地。但印多了铜版就磨蚀了,印出钞票花纹就不清晰了。偷运又是很危险的,听说已有一位女同志为此被捕。因此根据地早就决定要自己做印钞票的票版。但天天打游击,转来转去,有时就把机器埋在地底下,等鬼子扫荡完了再弄出来,最后把印钞厂放在湖里面的小岛上,就这样到了1944年。上海地下党动员来了不少人,有20个左右,其中有党员,还有技师。他们来了后雕出了第一块票版,再把它翻成很多很多版就可以印刷了。翻做大版的时候，技师不懂这方面的技术，做不出来。厂长到油坊头向朱毅同志（负责苏中财政，这些厂都归他管）汇报工作，说："现在遇到个难题……"朱毅就对陶涛说："哎，陶涛，你是学化学的嘛，你去！"

陶涛就去了印钞厂，军工部副部长陈旺（解放后曾任造船工业部的副部长）主动来帮她。当时湖里隔开一段距离有两个小岛，一个是军工厂（罗向涛是军工部长），一个就是印钞厂。没有技术资料，陈旺问清了需要哪些书，就去给她找来两本英文化学书。她看完书，找到了问题。但还缺接电的设备，她就用瓷笔筒、酒酿钵，做了八个小电池，排成两排，通了电流以后，做出了八个小铜板。

陶涛迅速掌握了电解铸铜板的关键技术。等发电机来了以后，陈旺用柴油机拉动，帮她开通直流电机。陶涛就蹲在茅草屋里面做试验。用一个大的木头槽子，涂了防腐蚀的沥青，再在里面放硫酸、硫酸铜。阳极是铜元化了以后做的，阴极是票版——先将锡锑合金在坩埚里熔化了，用刻好的票版将它轧成锡锑反票版，再放在这个大槽里面——一个阳极版，一个锡锑合金版，间隔着放，一共十个。陶涛在那里琢磨了七天七夜，等着那个电解铜一点一点"走"过去镀在锡锑合金版上！印钞车间停工，工人们天天趴在茅屋的窗外等着看——镀好后把锑锡合金化了，"剩"下的就正好是铜正票版。大家等着的就是这个东西呀。

一个星期以后终于做成了，那天正好是大年三十晚上，工人们就连夜开工赶印钞票。他们里面有好多都是上海来的进步工人、地下党员，一面印一面唱苏联的革命歌曲，陶涛说："那个情景真是终生难忘！我心里愉快极了！"我们也为她高兴。她家庭出身不好，父亲是个鸦片商人，现在她学的东西用上了，为革命做成事情了，把那个票版翻出来了，一块变成了好多块，印的就是江淮银行的红色钞票！这对她个人来讲，在她的人生里面，在她的精神上，是非常愉快的一次。她常说"一个人最大的快乐就在做成一件事情的时候"。

解放以后我们都全力以赴建设新中国，各忙各的，见的就少了。后来听她说：50年代初要送一批人到苏联学习，当时部里的副部长曾志同志（正部长是刘杰——文化革命前的二机部部长）非常热心地对她说："你应该去学！"陶涛当然很高兴，报考以后接收了，曾志给她写了鉴定，刘部长也签了名。1952年在北京俄专学了一年多的俄文，1954年去了苏联。

当时陶涛想我已经是大学毕业的人了，犯不着再进学校，她要求去工厂实习，学点实际知识。就去了乌克兰和莫斯科的两个染料厂实习了20个月的生产副厂长。不到两年，陶涛回国就到吉林染料厂任副厂长，这是苏联156项援建的重大项目之一。但时间不长——1956年化工部成立，就把陶涛调北京了。陶涛不想走，一心就把厂开起来再走，结果因为工作需要，一个电报就把她调回来了。

不过她一直在干她的老本行化工。从1958年到1975年，她都在负责为国防尖端科技配套的化工新材料的研发和生产管理。其间她曾作为中国政府经济代表团成员，参加中苏经济科技协作项目的谈判。她还去阿尔巴尼亚任中国化工专家组组长，负责援阿项目的谈判和选址工作。1975年石化部成立，陶涛任副部长，1978年恢复化工部，她仍任副部长。

1976年9月，陶涛被接到人民大会堂接受了一项艰巨而特殊的任务——为保存伟人遗体做防腐处理，当时形势极端复杂，困难重重，但陶涛还是和大家通力合作，完成任务。

80年代我们相继退下来，我有时间去看望各地的老战友。每次去北京，我都会住在陶涛家，痛痛快快地聊上几天。现在老人们陆续远行，渐行渐远，我多么怀念他们，尤其是陶涛。

不尽的思念

怀念热心的抗大同学李立英[1]

1940年10月底我由上海地下党介绍，来到盐城抗大五分校学习，分在1排1班。不久，李立英和张菊兰两上海同学也分到了我们班。立英比我大一岁，出身于淞江的一个富裕人家。我们算是同期同队的上海"老乡"。冬天盐城很冷，我们每人只有一条薄被，为了御寒，大家就在下面多垫一些稻草，上面两人合一个被窝盖两条被子，我和李立英铺位紧挨着，就枕并枕脚靠脚，成了一个被窝里的战友。

李立英和张菊兰的文化高，一来就成了班上的"大学生"。我文化低，听课很吃力，老是顾上记笔记就顾不上听课。李立英为人热心，她要我上课集中精力听讲，不要顾笔记。下课后，她为我开特殊的"小灶"，给我作辅导，讲解难点。还把笔记本重新整理好借给我，这大大帮助了我，使我受益终身。七十七年过去了，我至今难以忘怀。

学习分手后，我俩见面少了。李立英抗大毕业后，经陈毅介绍，和我们抗大的教育长贺敏学结了婚。贺敏学是贺子珍唯一的亲哥哥，还是井冈山根据地的创始人之一。立英随贺敏学转战南北，我则分到新四军银行金库做财经工作。记得一次在东台附近见了面，立英热情如故，对我的学习、工作、身体一一关切，还热心地问我个人

---

[1] 曾载2017年8月3日《扬子晚报》。

问题解决没有？有没有对象？还对我说，要是找军队干部的话，就要对军人的粗鲁性格作风有心理准备，军人直爽勇敢、却不细心。这大概也影响了我后来与知书达理的克生结合。

很长时间我们失去了联系，直到退休后，才开始打听彼此的下落。得知她在福建，2000 年初，我由孙女陪同到了福州，通过福建省委找到了她。分别几十年后再见面，我俩都很激动，她一把抱着我，还像在抗大时一样亲如姐妹。我们高兴地彻夜长谈了两夜，话怎么说也说不完。第二年她又坐着轮椅，特地到南京来看望了我和于玲等新四军老战友，心情十分高兴。

立英告诉我，自 1946 年苏北分手后，她与贺敏学随部分新四军进入了东北。东北解放后的一天忽然接到组织上的通知，要她带着女儿小平，与公安部负责人一起去哈尔滨，见从苏联回国的贺子珍。李立英作了细心准备，和贺敏学商量后特地买了一些大姑子喜欢的东西。见到贺子珍后，看她经过治疗和休养，身体、精神状态很好，人看上去也很漂亮风采。姑嫂两人一见如故，李立英竭尽体贴之情，让贺子珍一回国就享受到了多年得不到的亲人的关爱，心情很好。贺子珍后来一直孤独寡居，陪伴她最多的就是立英留在上海的女儿贺小平。立英除忙于自身工作，也多了份特殊任务，就是照料贺子珍。除了隔些时日到上海看望以外，更嘱咐贺小平多尽亲情。立英有时还把贺子珍专门接到福州，陪她散心，让她们兄妹见面、重叙亲情，享受家庭温暖。这些人之常情的事，做起来不能马虎，又不能声张，更要防止传到江青耳中。即使这样，文革中，贺敏学仍未逃脱江青变态的报复。江青竟发话，说贺敏学躺在功劳簿上不干事，坐享其成，长期养尊处优变修了。其实，贺李俩由华东战场转赴东北，又转回上海，1952 年夫妇转业调到大西北搞建筑施工，1958 年贺敏学调任建工部副部长，还未赴京上任又南下福建，长年奔波，辛苦不停。贺敏学转业前已是 27 军副军长，主席称赞他是我军的三个第一：武装暴动第一人，上井冈山第一人，解放战争渡江第一人。他本来定7级已偏低，贺还主动自降一级为8级，从未凭借曾经是"国舅"沾半点光。造反派按江青指示，还是对他无情地关押、批斗。情急之下，李立英迫不得已拿着主席与贺老的一些家信，找到福州军区首长求助，才幸免重难。主席去世，贺李夫妇又被江青阻拦未能向遗体告别，使他们十分伤心气愤。

　　文革中，立英不顾自己受难挨冲击，还在关心帮助其他人，保护其他老干部。当时福建省委书记叶飞被造反派斗，冲得一家四散，孩子无家可归，一度躲到贺家。立英收容了他们，还想方设法与北京联系，反映情况。立英不仅自己打电话，还让在上海的女儿写信给周总理，直到叶飞被接到北京保护起来。后来叶飞怀念贺敏学："上井冈赴疆场初显英雄本色，逢浩劫处逆境更见烈士高风。"

　　1988年贺敏学去世后，立英还作了件热心肠的事，2001年将贺家三兄妹的后代招集在一起，带到井冈山，祭奠先辈亲人，将井冈山三英烈贺氏三兄妹（贺敏学、贺子珍和毛泽覃的妻子刚解放就遇难的贺怡）骨灰安葬故里，成了井冈儿女的佳话。

　　2003年立英去世，一回想起这位热心的抗大老同学，我就充满了怀念、敬仰之心。

怀念百岁彭涵明

惊悉彭涵明逝世，十分悲伤，也为她庆幸，她是我们约定"保九争百"的朋友中，说到做到活了一百岁的人。

彭涵明是我新四军抗大五分校一期女生队的同学。2007年6月12日，我和几位老战友在西康宾馆给彭涵明过米寿，我女儿还去为她定购了蛋糕。我们共到了八个老姐妹，大多是新四军抗大五分校一期女生队的同学。席间大家感慨不已。六十六年前，我们正值豆蔻年华风华正茂，从灾难深重的祖国的四面八方来到抗日前线。进抗大时，年龄最小的只有15岁，最大的彭涵明也才22岁。经过半个多世纪的风霜雨雪，如今都成了耄耋老人，都已安享晚年。只有朱竹雯还在发挥余热，为中国的丝绸事业奔走辛劳。大家在祝福彭涵明时，各自都谈了自己的保健和养生的心得体会，都说她可以保九争百，保证活到90岁，争取跨越百岁大关。她说我们大家一起努力"保九争百"。

我们既是战争的幸存者，也是"文革"的幸存者。彭涵明的丈夫顾前，原南京军区空军参谋长，就是在文革中被江腾蛟诬陷、迫害至死的。在审判林彪集团时，彭涵明出庭作证。她满怀悲愤地控诉了吴法宪伙同江腾蛟、王飞等人，对顾前实行法西斯式审查的罪行，使顾前惨遭迫害致死。彭涵明的血泪控诉，使旁听席上不少人止不住流下眼泪。她还说："顾前1938年参加救亡运动，不管在白区，还是在军队，从来没有脱离组织，也没有被捕过。吴法宪、江腾蛟一伙强加于顾前的种种罪名，都是毫无根据的。"丈夫被关押其间，彭涵明携幼子前往探望，看到曾经高大俊朗的爸爸被折磨得脱了人形，年幼的孩子当场吓出了精神病，至今未愈。这是彭涵明永久的伤痛。

彭涵明作证并控诉了"四人帮"对顾前令人发指的迫害后，不禁嚎淘大哭。整个审判大厅，都回响着撕心裂肺的痛哭声。旁听席上的许多军人，都禁不住擦着自己涌出的眼泪。特别法庭的法官们，都为此流下了悲痛的眼泪。吴法宪听了彭涵明的控诉，供认诬陷、迫害顾前致死，犯了大罪，罪责主要由他负责。他还说："这是反革命分子迫害革命者。"法庭调查至此，审判长伍修权宣布：吴法宪在林彪、叶群指使下，利用"文化大革命"镇压、迫害空军大批干部和群众，经吴法宪直接诬陷、迫害的就有174人，顾前、刘善本被迫害致死。

彭涵明后来出任江苏省科技干部局局长，为落实知识分子政策、充分发挥科技人员的作用，做了很多杰出的工作，中央大报曾以整版篇幅加以报道。她负责主编的《科技队伍建设与发展》一书，阐述了科技队伍与科技进步和社会发展的关系、科技队伍的地位和作用、科技人才及科技队伍的社会环境、技术职务与职称等问题，成为指导科技干部工作的指南。

2011年12月17日上午，在南京中央饭店举行纪念邓克生诞辰百年的追思会，亲朋好友济济一堂，来了60多人。我代表我们全家向到会的新老朋友表示衷心的感谢，然后伍文把制作好的反映父亲一生的幻灯片《立以德为先》播放给大家看。回顾了克生的一生后，大家开始发言。来宾中年龄最大的就是彭涵明，她说她是在座所有人中最先认识克生的，1938年她和顾前在长沙参加抗敌救亡工作，就认识邓克生了。30多年后又在文革中的"五七干校"里相遇。她说邓克生最突出的一点就是只说真话，不说假话，这一点在今天也是很不容易做到的，也是很可贵的。我听了后眼泪忍不住落了下来，孩子们也都落泪了。

离休20多年，年迈未敢忘忧国，我们这群老太太无时无刻不在关心国家的每一个变化、每一步发展，彭涵明尤其如此。在大家腿脚还无大碍时，我们常聚在一起搓搓麻将聊聊天。有一次，我们谈到参加革命的无怨无悔。彭涵明低声说：我有悔啊，年龄越大越是悔。我们都静了下来，只听她说：当年参加革命的前一天，她和父亲通宵未眠，彻夜深谈。父亲劝她先完成学业，再去报国献身；她执意第二天一早就要投身抗日，谁也说服不了谁。天亮了，深明大义的父亲雇了顶轿子，把爱女送下山。哪里知道这一送，竟成了永别！她说，现在想想真后悔：为什么没有抽空回去看看父亲？为什么不能多陪伴父亲两天……

（2019年4月）

石章蕴玉 日月同辉

—— 缅怀章蕴

　　章蕴离开我们十年了，她的音容笑貌仍在我眼前晃动，她的谆谆教诲仍在我耳边回响。章蕴坚贞的革命意志、纯正无瑕的人品永远是我学习的榜样，她的高风亮节值得我们世世代代崇敬景仰。

　　可能是1982年上半年，一天，我女儿上班时看到办公楼传达室的黑板上写着她的名字，说中纪委的章蕴要找。女儿后按她留下的电话号码打过去，才知道是她代表中纪委到上海、福建等地处理经济纠纷案件，到江苏作调研工作，顺便想看看我。晚上女儿陪我到章蕴下榻的宾馆看望她，老人家快80岁了，文革中又受残酷迫害达十年之久，但看上去还是那么精神焕发，思维特别敏捷，我们对劫后重逢都感到由衷地欣慰，聊了很多，聊得很远。

　　1945春，抗战胜利在望，经过半年多进一步的相互了解，克生正式向我求婚，我同意了。在此之前我曾向章蕴大姐了解克生的情况，当时她是苏中区党委组织部的领导，又是克生的长沙老乡，她告诉我克生曾参加过CY，大革命时期加入过国民党，并说那时的国民党是个革命政党，"四一二"蒋介石叛变后，他退出了国民党，这些问题都向党组织交待清楚了，历史上没有任何遗留问题，我就放心了。不久，我们正式给组织部写报告要求结婚，并选定1945年3月18日巴黎公社纪念日为婚期，地点在宝应县境内油坊头驻地。没有任何婚礼仪式，就在老百姓家里，把两个背包合在一起成了家。

我这么信任她，是因为我刚到解放区就听到了许多关于章蕴的故事，对她敬佩不已。她少年时在长沙读书，参加学生爱国运动。1925年在汉口加入中国共产党，参加国共合作，任国民党汉口特别市党部妇女部部长等职，组织发动妇女迎接北伐军进占武汉。1927年任中共汉口硚口特区委组织部部长兼妇女部部长。第一次大革命失败后，先后在武昌、南京等地从事地下工作。1932年章蕴的丈夫李耘生在南京雨花台壮烈牺牲，章蕴抚养子女继续坚持革命斗争。1936年任中共湘潭中心县委书记，领导发展党的组织，开展抗日救国运动。抗日战争爆发后任中共中央东南分局妇女运动委员会书记，参与领导发动广大妇女参加抗日救亡运动。1938年8月初，新四军服务团来了一位女同志，名叫章蕴。当时，服务团的党组织是秘密的，她是女生队的队长，很多人不晓得她是党组织的负责人。她虽不是团长，但团里的很多事情，她都参与领导。她很热情诚恳，平易近人，和蔼可亲，非常关心同志们的思想和生活。特别是她处处以身作则，和女同志睡通铺，和大家一样打绑腿，一起出操跑步，很受同志们的尊敬，大家亲热地称她为"章大姐"。

1940年9月，章蕴调任中共苏南区党委委员，兼妇女部部长。1941年转移至苏中地区，兼任中共泰兴中心县委书记、靖泰征粮总指挥。同年11月任中共苏中区第二地委书记。我就是在这段时间和章蕴认识并熟悉起来的。1944年12月底她调任苏中区党委组织部部长兼妇女部部长等职，参与创建苏南抗日民主根据地的斗争，坚持苏中敌后抗日游击战争。文革中章蕴受到康生的诬陷和迫害，1975年党中央为她平反，被选为第三至五届全国政协常务委员。中共第十一届三中全会上被选为中共中央纪律检查委员会副书记，十二大上被选为中央顾问委员会委员。

章蕴一生为革命鞠躬尽瘁死而后已，这力量不仅源于她崇高的党性，也源于她独有的"双担"精神。1982年6月，李耘生烈士殉难 50 周年，章蕴特地带着子女从北京来到南京雨花台，沉痛悼念为革命献出生命已 50 载的亲人。祭奠归来，她心潮澎湃，久久难平，连夜以"告英灵"为题，填《如梦令》四阕。其中第一阕："回首雨花台畔，别语匆匆遗愿。五十易春秋，日日在肩'双担'。双担，双担，未敢白头言倦。""双担"一语是李耘生同志的临终遗言，早年章蕴同志在寻找党组织时，一天在街上偶然遇到南京的老房东叶菊清，从她那里得知她和丈夫也因"通共"被判刑关押。耘生烈士临刑前写了个纸条设法传给她，请她转交章蕴。她怕惹来麻烦，销毁了字条，却牢牢记住了上面的话："过去一百斤担子两人分担，以后只好由你一人来挑了。"从此，章蕴一天也没有忘记自己肩上的重任，一个人总是不知疲倦地干着两个人甚至更多人的工作，同时还得革命工作和抚育儿女两副重担一肩挑，直到生命的最后阶段。

1948 年 8 月 1 日，在当时的党中央所在地河北省平山县西柏坡全国土改工作会议上，章蕴介绍了华中土改的情况，她从华中土改的历史背景，自己对土改工作的几点体会，谈及华中土改的深度广度土改后各方面的变化以及出现过的毛病，并以自己的亲身实践来说明土改的过程方法和组织路线。她亲自在淮安县石塘区赵徐乡领导了土改工作，带着背包住在农民家里，和农民一起搞反奸清算斗地主分田地等活动。土改工作的全过程、各阶层群众的思想情况、运动中遇到的阻力和问题，她都有切身的体会和了解。她没有大厚本的材料，能娓娓道来，生动有感染力，群众语言十分丰富，掷地有声。

1948 年秋，章蕴在土改工作会议之后就被留下来"写自传"，她襟怀坦白问心无愧地接受党的审查，平静而坦然，该学习就学习，该工作就工作，没有丝毫的委屈情绪，她在平山县受审查结束，是少奇同志亲自找她谈话，告诉她：已对她的历史作出公正的结论：无问题，无保留。章蕴回到山东根据地，担任三野妇女干部大学校长。

当时淮海战役已取得决定性胜利,第三野战军积极准备渡江作战。三野领导为了保证部队轻装上阵顺利前进,决定将大批不能随部队快速行动的妇女干部和老弱病残,还有娃娃集中起来,成立妇女干部大学,调章蕴去当校长。

胜利在望,谁不想马上跨过长江,摧毁蒋家王朝?叫谁留下谁都想不通,思想问题和实际问题都很多,工作不好做。章蕴二话不说,挑起了这副重担。她亲自给大家做政治报告,讲目前形势和任务,稳定了学员们的情绪。更重要的是稳定了前方将士的军心,确保了渡江战役的胜利。在妇女干部大学,她主持制订教学计划,还亲自上课,讲授马列主义基本知识和有关方针政策,为全面接管大城市作好思想准备和组织准备。学校开学不久,驻地曲阜发生了一场瘟疫,周围群众不少受到传染,有的甚至死亡。章蕴领导大家防疫治病,全校老少安然无恙,前方后方上上下下十分满意。

学校开办 11 个月,不但给部队作战很大支持,还为新中国大规模的经济建设培训了一支得力的干部力量。妇女干部大学浩浩荡荡上万人,属于"军"一级建制,章蕴也就成了人人皆知的"女军长"。凡是从这个学校出来的女同志,提起章蕴无不感激万分,都表示要像她那样无论何时何地都要服从组织的安排,做好自己的工作;无论做什么工作,都要像她那样出色地干好。

新中国成立以后章蕴任上海市妇联主任,听上海的同志谈到她时说:刚解放时,国民党留下了一副烂摊子,经济崩溃,物价上涨,工人生活非常困难,沪西区女工多,工人家属更加困难,许多人靠一点点可怜的救济金过活。章蕴组织妇联同志经过调查如实反映了当时职工的困难情况,重点提出一面抓生产自救,一面逐步恢复生产的建议,摸索出一套城市妇女工作的新路子。这一经验很快得到全国妇联领导的重视,并在全国妇联一届三次执委扩大会上予以肯定,并加以推广。

女工工作刚摸出一点经验，市委就提出妇联和工会的分工，决定由工会抓厂内女工，要求妇联同志们做分散的职工家属工作，有的同志觉得那样做太婆婆妈妈了，许多人思想不通，总觉得工人阶级是领导阶级，做女工工作贡献大，也"过瘾"，章蕴就苦口婆心地做同志们的工作，她说上海是一个整体，不论是进工厂，还是到街道里弄，都是党的事业，我们不要和别人顶牛，要拾遗补缺，克服困难，完成市委交给的任务。同志们很快想通了，工作也就顺了。

还有一件事情同志们也很敬佩：1952年秋，王云将调往山东工作，临行前章蕴把王云叫到跟前，语重心长推心置腹地告诫她：你一定要克服一个缺点，山东的情况不一样，环境和这里不同，你到了那里先不要冒尖，要埋头苦干，少讲多干，先到各县去调查，到最艰苦的地方去。王云同志听章蕴的话，一到山东就去了最艰苦的鲁中南，直接接触群众，沉到了最底层，很少出头露面，工作也比较顺利。后来王云当选为山东省妇联主任，章蕴在华东妇联，给了王云许多的支持和帮助，让王云终生难忘。事隔多年王云才知道，原来当时是康生在山东当权，"三反""五反"中黄海明的爱人郭子华同志被抓。章蕴考虑到黄海明的处境，怕她也遭康生迫害，冒着风险，把海明调出山东，到华东妇联担任副主席。党内斗争复杂，她又是党性高于一切的同志，当时不好对王云明言，又怕王云缺乏党内斗争的经验，遇事不知深浅，脾气又过于耿直，才在临分别时那样谆谆告诫。现在想来，章蕴是多么了不起，既要妥善处理党内矛盾，又要保护好自己的同志，真是太难为她了。章蕴的教诲使王云终生受益。章蕴在这件事上表现出的崇高党性和高尚人格，是大家永远也忘不了的。

(2006年10月12日稿)

从蚕姑娘到蚕奶奶

——怀念"春蚕到死丝方尽"的朱竹雯

2005年我在香港拜会查济明先生时,听这位知名的实业家说:朱竹雯呀,对中国和世界的桑蚕事业是有巨大贡献的,可惜你们江苏没有好好写一写。不单他有这番评价,南京的好几个老年朋友也说:应该把朱竹雯好好写一写。人查先生号称世界纺织大王,行家行话,赞誉一点不过分;她朱竹雯,就是一本书,一本不小的书,需要大书大写。我呢,等待了这些年,仍没见朱竹雯的传记,也没听说谁在准备采写,更不知道自己肚里的小故事还能放到哪一天,会提供给谁……无奈之下,先点点滴滴记下几段,同时也借助她生平简介材料,抄上几句,为将来的大手笔预留下一点素材。

出生入死为革命

我和朱竹雯是几十年的老战友,对她太了解了。1940年我刚到解放区,就听说苏中根据地有三位女杰:吴瀚、钟英和张云(后改名朱竹雯),她们就是我们这些小女兵心中的楷模。1943年我调到苏中金库任出纳,得知张云也在这里工作,我真是喜出望外,可以天天向这位老大姐学习了。朝夕相处下来,我才知道其实她只比我大一岁,是丹阳人。小学毕业后,母亲送她去吕凤子先生办的正则女子学校,她好动、喜欢蚕宝宝、更爱大自然,就选择了蚕桑,她说她要一生与蓝天、白云、绿桑相伴随。然而,鬼子打了进来,她别无选择，投笔从戎。1938年5月，15岁的张云参加了江南抗日游击队，后编入新四军。参军后她对蚕桑还不能忘怀，东进到苏中，进驻在吴桥时，她发现当地有养蚕的传统，但缺乏先进的技术，于是主动出面，做技术指导，帮助村民养蚕，发展根据地的蚕桑事业。

后来张云调到苏中金库，成为一名财务人员，我就是那个时候认识张云的。我们那时都是十七八岁的女孩子，小小年纪就用自己的肩膀充当根据地和部队的保险柜。几乎每人身上都背着一个二十多斤重的钱袋子，把钞票、金条、金砖包好，用麻绳捆结实，就背在背上。金条、金砖那个重啊，勒得肩膀生疼，疼狠了，也不能放下。用那时候的话说，是战士，就是人在枪在；财务人员，就是人在钱在。晚上宿营，用钞票、金条、金砖做墩，架上老百姓家借来的门板，人就睡在上面，与钱共眠。在兴化水网区时，那边桥多，河又宽，独木桥，桥很窄，走一步就晃几晃，每天行军，姑娘们头都大了。特别是下雨天，路滑桥更滑，我们就用草绳把鞋子捆好，就顺着路的高啊低啊的，一步一步挪过去，时刻是心惊肉跳呀。刚从新区来的新同志，真恨不得两只手都放下来爬。但没有人叫苦，我们都知道这是打日本鬼子的钱，一分都不能丢。

在苏中，伪军从1941年初的三千人，剧增到年底的三万三千人，而日军据点也从12处增加到了54处。随军的财务人员经常和敌人遭遇。每当遇到敌人扫荡，财务人员跟随部队撤退，时常有人付出生命的代价。我亲眼看见很多同事的牺牲。那时每半年召开一次的财经会议，就犹如一场盛会，因为每个人都不知道下次是否还能重逢。

革命需要就是自己的岗位，此后张云先后还干过多项其他工作，无数次与死神擦肩而过。印象最深的是1946年夏，七战七捷第三战期间，她身怀六甲，正在待产，遭遇叛乱，她和母亲、三个孩子都被劫持，她已做好牺牲的准备，是粟裕将军亲自下令派部队将她们救了出来。

蚕姑娘开创蚕桑新天地

终于胜利了，进城了，那年她才 27 岁。进城的头一天，夫妻俩通宵未眠，除了胜利的喜悦，更多的是对未来的展望。张云没有像当时大多数人那样去做官当领导，身为无锡党政军首任一把手的夫人，不说夫贵妻荣，就凭她三八式的老资格，那也是天经地义理所当然。丈夫管文蔚说：你不是学蚕桑的吗？就去干你的专业吧！她二话不说，就去做了蚕花姑娘。把五个孩子统统送进寄宿学校和全托幼儿园，自己改名换姓，从张云变成了朱竹雯，打起背包，到了前不着村后不着店、和无锡城还隔着一道山的蚕桑试验场。她打地铺，或和实习生睡在一起，或与技术员住在一个房间，一边学习一边工作，不懂就问，很快就成了行家里手，当之无愧地担任了无锡蚕桑试验场场长。在蚕桑丝绸岗位上，她这一干就是 50 多年，长年孜孜以求，业绩丰硕。好在孩子个个争气，不用她太多操心。从蚕姑娘到蚕奶奶，春蚕不死丝不尽。长期在蚕桑生产、科技和领导岗位上工作，她成为一位富有管理领导经验和较高科技水平的蚕桑工作者。

1953 年建省后，我们都到了南京，大家都很忙，见面的机会不多，偶尔碰上，朱竹雯总是口不离蚕桑。她告诉我，他们如何针对江苏缺少培苗技术，需购苗栽桑且生产成本高，影响蚕桑发展等实际问题，就组织场圃育苗试点，通过"请进来、走出去"，创造了多种先进的桑树育苗技术，使桑苗繁育技术迅速普及，江苏蚕桑生产多年保持了全国第一的规模，不仅满足了本省蚕桑发展的需要，还成为全国的桑苗供应基地，称为江苏蚕桑发展史上的一次飞跃。在桑树栽培方面，她改革了蚕农传统的三年培桑收益的生产方式，形成了富有江苏特色的"桑园密植速成技术",并广泛推广应用,实现了当年栽桑、当年收益,为江苏蚕桑的快速发展解决了技术瓶颈的制约。同时,为改变江苏蚕丝业偏于江南太湖一隅的旧貌,加快苏北地区脱贫致富的步伐,保持江苏蚕桑生产的持续发展,在朱竹雯领导下,五六十年代就致力于苏北蚕区的发展,制定规划、试点示范,经过多年的努力,结出了丰硕的成果。现在,蚕桑在苏北平原取得了大发展,南通、盐城已成为全国著名的蚕桑生产基地,苏北蚕区的蚕茧生产总量已占到全省的90%,也使得江苏多年保持了蚕桑生产全国第一的规模。朱竹雯十分重视蚕桑科技队伍的建设,十分关心科技人员的成长,帮助解决生活上、工作中的问题、发挥他们的作用,做科技干部的贴心人。

60年代时,又有很久不见朱竹雯,听说她受国家农业部派遣去了阿富汗,担任援助蚕种场建设项目工艺专家组长。后来听她说,阿富汗是穆斯林国家,女人是不能抛头露面的,一开始她还不是很受欢迎。朱竹雯身体力行,传授我国历史悠久的桑蚕技术,培育优良蚕种。兴建蚕种场时,基建总负责人因事回国了,她又义不容辞地担当起这份她完全外行的重任。她虚心向工程技术人员学习,甚至做起钢筋工,攀上脚手架绑钢筋。在那个不知劳动保护为何物的国家,她亲手为工人缝制劳保手套,把劳动保护的概念第一次引进到那里,得到当地工人农民和该国政府的高度评价。阿富汗农业部的一位司长说,中国人民是勤劳、聪明、勇敢的,从朱竹雯女士身上,也看得出,她一个妇女的工作,抵上我们这儿三个男人。

蚕奶奶蚕桑战线立新功

"文革"结束后,朱竹雯走上领导岗位,任江苏省农林厅副厅长。一次我和她一起去看望赵倩同志,赵倩拿出枇杷、杨梅等招待我们,朱竹雯一看就准确地说出了各种水果的特征和产地,我一尝,果如她所言，大为吃惊。她却淡然一笑，说我原来也不懂，就从头学，扎到地头林间，直到把每一个产品摸熟搞通，不然，怎么有发言权？不过朱竹雯最钟情的还是蚕桑丝绸，60多年里，身为副省长的夫人，她没有一天养尊处优，60多个寒暑她长年深入蚕桑生产、科研第一线，每年有六至八个月奔走在桑田蚕房。花甲之年，朱竹雯依然春蚕吐丝不尽。

退休后我们大多数人都闲了下来，唯独朱竹雯还在天南海北地奔忙，不太能见到她的身影。1983年朱竹雯参加国家黄淮海中低产地区综合治理项目的黄淮海平原发展蚕桑子课题，任课题组长，并获得国家科技推广一等奖；1989年主持国家星火计划"优质桑蚕茧丝绸综合开发和应用项目"，获得国家星火科技进步一等奖。在我国市场经济蓬勃发展的新世纪，她不顾八十多岁高龄，仍在为蚕桑业可持续发展献计献策。2002年以来，她承担了"优质雄蚕丝的开发"项目技术顾问，不辞辛苦地奔波于种场、丝厂、田间、农户，足迹远达新疆、青海、广西。为研制高品位织物，创新品牌，增加农民收入，继续默默地无私奉献。

宿迁市宿豫区是我省"十一五"期间蚕桑重点发展地区之一，为了加强对该地区蚕桑发展的技术服务与指导，朱竹雯以省老科协蚕丝分会理事长身份，率领五位老专家在宿迁市两名老专家的陪同下，连日在宿豫区调研。他们走访了国家级龙头企业——江苏玖久丝绸股份有限公司和宿迁蚕种场、津源缫丝厂，考察了蚕桑产业重点发展的丁嘴镇六里井村二组、登山村史庄组农户、继先村300亩连片基地老桑园，实地掌握情况，并召开了由区、镇、村分管蚕桑产业的领导干部、技术员、蚕农代表的座谈会，听取了各方面情况和意见，最后整理成专题调研报告，供当地有关方面决策参考。

荧光判性（雄蚕丝）新蚕品种由苏豪蚕业科技公司与苏州大学蚕桑研究所合作开发育成，在苏州浒关蚕种场试繁蚕种成功。2002

年开始在农村试养成功,并经海安县仁桥缫丝厂反复缫丝试验成功。试养期间,又与无锡织绸厂、针织厂,苏州顺华织造厂,南京云锦研究所等单位合作,开发雄蚕丝高附加值新产品。由于雄蚕丝丝质好、光泽好、手感柔软、织品美、产品新,在2005年、2006年中国丝绸协会举办的博览会上,"苏豪牌"雄蚕丝素库缎、雄蚕丝云锦领带分别荣获"金奖"和"创新金奖"。为使秋季饲养获得成功,苏豪蚕业科技公司与省老科协蚕丝分会研究,派朱竹雯会长和其他四位老专家,到试养地区和有关单位进行考察,共跑了两个蚕种场、四个养蚕点和一个缫丝厂。经过考察,老专家对蚕种繁育基地、试养户、缫丝等分别提出了意见和要求,特别强调不能掺杂、混合,确保蚕茧的纯度和质量。苏豪公司非常感激朱竹雯等老专家不辞辛苦、认真负责的精神,表示要按照老专家建议严格把关,确保质量。

为了周总理的嘱托

2008年"五一"前后,我们都参加了北京新四军研究会赴茅山访问团,沿着当年新四军东进的足迹,在江南走了几天,得以和朱竹雯朝夕相处。她已虚87的高龄,但身体硬朗、精力充沛,不减当年,令大家十分钦佩。4月29日下午大队人马去南山竹海,我们年事已高就没去,中午睡得特别香。

午睡后,朱竹雯一直在沉思,我也不敢打扰她。过了好一会儿,她忽然问我:你知道我一直在想什么吗?我胡乱猜了几样,她都摇头。最后她说:世界粮荒,你知道吗?

她告我说,从电视和报纸上看到:最近泰国、越南、印度等大米出口国都大幅削减大米出口量,令全球大米供给减少了1/3,大米价格涨幅超过了30%,国际米价涨幅创20年来的最高点。全球粮食供应是否将出现紧缺危机,成为国际市场关注的焦点;米价上涨可能会引起一些将大米当作主食的新兴国家出现抢购、甚至骚乱;同时,米价上涨还可能造成新兴国家通货膨胀的进一步上扬。非洲饥饿引发暴动，埃及抢面包闹出人命，秘鲁改吃"土豆面包"，美国超市首次限售大米，英国亚裔店铺限售大米，法国长棍面包店停产……

朱竹雯对我说：一听到世界粮荒，我就想起周总理的嘱托。当年我到阿富汗援建蚕种场，任专家组组长，临出国前，周恩来总理交给我一个任务，就是搞清楚阿富汗如何用桑葚解决粮荒的。

总理说他访问阿富汗，和查希尔国王谈到粮食问题时，总理很好奇阿富汗是位于亚洲中西部的内陆国家，境内多山，高原和山地占全国面积的4/5，只有北部和西南部为平原，西南部还有沙漠，平均海拔1000米，大陆性的气候使全国干燥少雨，并不适合农作物生长，而1600万人口是如何解决粮食问题的呢？

查希尔国王告诉周总理：我们自己生产的粮食可以吃八个月，每年还进口一个月的粮食，还有三个月就是春荒季节，正好桑葚成熟，吃桑葚就能解决。查希尔国王还给总理讲了个故事，说阿富汗独立战争决胜期间，英军五六万人把阿富汗军队包围在一座山上，山上没有人家，围困一个多星期了，也不见山上有炊烟，英军以为被困的军队肯定都饿死了，就冲了上去。谁知阿富汗军队士气高涨，如下山的猛虎，全歼了英军。原来这山上有大片桑园，正逢桑葚成熟，有如仙果，战士们饿了、渴了就采桑葚吃，桑葚不仅垫饥、解渴，还滋养人。查希尔国王从此下令，什么树都可以砍，惟独桑树砍不得，不仅不能砍，还要给它封王。这给周总理留下了很深的印象。

总理对朱竹雯说：你去建蚕种场，顺便了解清楚桑葚为什么可以解决三个月的粮食？我们有8亿人口，如果能解决一个月的粮食，也是解决了大问题啊！你要走到哪了解到哪，一定要把这个问题搞清楚，了解桑葚为什么可以代替粮食。

朱竹雯在阿富汗，不仅出色地完成了援建任务，她还不忘总理的嘱托，走到哪就注意到哪，留心到哪。她发现在他们驻地附近30

公里长的一条公路，两边都种满了桑树，一到春季就结满了桑果。当地老百姓把树下的杂草清除干净，桑葚成熟后落到地上，风一吹，气候又干燥，三天就成了干果，老百姓就把它们扫起来入屯。朱竹雯又去老百姓家考察，看到他们家家都有一个个的屯子，就像中国老百姓家的粮屯，屯满了风干了的桑葚，抓一把吃吃，甘甜如饴。老百姓说吃干桑果连火都不用生，就点凉水就是一顿饭了，如果加上点核桃，就更美不可言了。朱竹雯当时就把这些资料都汇报回国了，但很快就爆发了"文革"，汇报的材料全都石沉大海，没有回音。

朱竹雯说，我们已经自己培养出多个桑葚优良品种，也攻克了深加工和干燥的技术难关。她说桑葚含有18种氨基酸、12种维生素，富含胡萝卜素、葡萄糖、果糖、苹果酸、叶酸、钙和铁，营养高于苹果和葡萄，可以做水果、干果，还能做饮料。远在两千年前，桑葚就是黄帝的御用补品。李时珍在《本草纲目》中记载：桑葚"单食，止消渴，利五脏关节，通气血。久服不饥，安魂镇神，令人聪明，变白不老，黑发乌须"，有"中华果王""民间圣果"的美称。

牵挂着桑树浑身是宝

2007年我们一起去北京，参加粟裕诞辰100周年纪念活动，到了北京。在紧张的活动之余，朱竹雯还忙里抽闲，和当地有关人员联系，关心询问京郊桑蚕业的发展。听说大兴县有个御桑园，兴致大发，就让她孙女陪着一起去实地考察。看到了那棵"桑树王"，听到了关于它的传说，回来她就给我们讲了封桑树为王的故事。说不仅外国有，中国早在两千年前就有了。

朱竹雯说：西汉末年，王莽篡位，刘秀在南阳起兵讨伐，立志恢复汉室。他在幽州大败，只身逃出，身负重伤，逃进一片树林，藏在一座废砖窑里晕了过去，七天后醒来，又饥又饿，靠一棵大桑树的果实支撑了30多天。养好了伤，恢复了健康。刘秀立誓："一旦恢复汉室，孤定封此树为王。"十年之后，刘秀推翻了王莽，做了皇帝。一日他梦见一老者来讨封，刘秀醒来之后猛然想起当年之事，便命太监带了圣旨去封这棵桑树。谁知那太监迷恋山中美景耽误了行程，暮色之中，他按刘秀向他描述的那棵树的形状，找到三棵树。此时桑树果实已经采摘完了，只有椿树的果实挂满枝头，那太监就对着椿树读起圣旨。封王的椿树兴高采烈，真正救驾的桑树却气破了肚肠，旁边的青杨幸灾乐祸。这就是传说中的桑树救驾，椿树封王，桑树气破肚肠，笑坏了傻青杨。两千多年过去，椿树青杨早已不复存在，只有古桑依旧郁郁葱葱，它占地达半亩，树前有石刻"桑树王"。

朱竹雯很高兴地告诉我，桑树浑身都是宝。吴江有几十亩桑园，一亩就结桑果一千多到两千斤，每斤可卖 10 到 20 元。除此之外，每年桑叶还能养两批蚕，三批鸡，鸡可以在桑园里吃虫，鸡粪还能肥桑树。一亩地收入不止万元啊。她说他们现在培养出的新品种，品质好，适应性强，是解决粮荒的好东西。她希望这一调研成果能得到有关部门的重视，更希望这些研究成果能尽快地为中国和国际社会服务。为此，朱竹雯踏遍万水千山，从广西到青海都留下了足迹。2010 年 4 月青海玉树地震，她告诉我也曾去过那里，推广过蚕桑，效果很好，不知一场大地震对那些桑园有无影响，她很牵挂。

当之无愧，一生无憾

从刚建国就投身蚕桑事业，到 1953 年任江苏省农林厅蚕桑管理局副局长、局长，1979 年又任江苏省农林厅副厅长、江苏省丝绸总公司顾问，高级农艺师，直至 1994 年离休；她曾担任四、五届中国蚕桑学会理事长、名誉理事长，江苏省蚕桑学会二、三、四、五届理事长、名誉理事长，江苏省二、三、四届政协委员，一路过来，朱竹雯的一生，与蚕桑结下了不解之缘——从蚕姑娘到蚕奶奶，真可谓春蚕到死丝方尽。

2007年2月10日，为祝贺朱竹雯荣获蚕桑丝绸界的"终生成就奖"，我把她的几个老朋友、小朋友都找了来，大家欢聚一堂，一起举杯为朱竹雯祝酒，衷心为她感到高兴，也衷心祝她健康长寿。在中国，获此殊荣的只有两人，另一个就是费孝通的姐姐、蚕桑丝绸专家费达生。这份荣誉对朱竹雯来说肯定是当之无愧的。她和费达生一样为中国的蚕桑丝绸奉献了一生，做出了杰出的贡献。所不同的仅是：终年103岁的费达生终生未离开过蚕桑丝绸，而朱竹雯为了打日本、迎解放，当过11年的战士。

2012年10月，朱竹雯离开了我们。我托孩子们去吊唁，送上了两幅挽联：

　　三万里齐颂蚕奶奶　世间留大爱
　　七十载轻唤云姐姐　心底共青春

另一幅是：

　　勇赴民族危亡　军中默默丹阳女杰
　　义为天下温暖　丝界赫赫跨国专家

还加了横批：一生无憾。

我永远怀念她——云姐姐——朱竹雯！

（2019年6月最后一次修改）

守望明天

——怀念王真

2005年11月，王真辞别了人世。她，是我的好战友。

2004年冬天，为了做一个纪念抗日战争胜利60周年的片子，央视的一个摄制组来到南京，希望寻找到那场战争的一些亲历者。他们得知这里有一位老人，当年是新四军的女战士，为了看守新四军的金库，她曾经一个人在渔船上生活了四年。四处打听后，终于在南京平安里17号找到了这位老人。她就是王真，那年已经89岁了。

王真本不愿意提起任何关于战争的话题。还是我和朱竹雯说服又说服，她才在我们的陪同下，一起接受了采访。这是王真一生中唯一的一次采访。王真家太小了，采访就近换到朱竹雯家。片子于2005年8月23日在中央电视台播出，片名为《守望明天》，片子播出时王真已经重病住院了，时常陷入昏迷。可是片子播出当天，她却自始至终都非常清醒。而她的儿子竟然是在看完了片子后，才完全知道母亲曾经有过这么一大段艰苦的经历。她工作多年的单位也是在片子播出后，才知道自己的单位里还有这么一位抗日英雄。才了解到王真的这段鲜为人知的感人经历。

1938年春天，王真的家乡扬州沦陷了，在扬州城里，进啊出啊，都要给日本鬼子下跪，学也不得上了，工作也根本找不到，就想出来找出路。王真背着家人，一个人悄悄地参加了革命，1938年底她加入了新四军。从新兵到老兵，她在苏中金库负责极其重要的财经工作。我是在那里认识她的。

那时候,我们一群女兵的肩膀就是新四军金库的保险柜。当时新四军金库的财务人员大多是女同志,像朱竹雯、王真和我,行军时我们背的不是米袋子,而是金条金砖和钞票。在日本鬼子扫荡最严酷的阶段,我们几乎夜夜行军,天天搬家。连晚上睡觉的时候也不能离开钱袋一步,为了看守好部队的钱财,只能以钱袋为枕头。当时日军对苏中抗日根据地进行频繁扫荡和清乡,部队的财产没有一个固定的存放场所。那个时候,都是叫女同志背钞票,背金子,因为女同志纯洁,比较老实,可靠。当年,我们所在的苏中部队,几乎每个财物人员身上都背着一个二十多斤重的钞票袋子。就这样,部队从未损失过一分钱。

随着苏中抗日根据地的不断壮大,苏中地区的税收也不断增长,钱越来越多,转移越来越不方便了。如何才能寻找到一个固定的场所妥善地存放这些钱财呢?财经部门的同志们费尽了脑筋。我们地处东台海域,新四军在当地有着非常稳固的群众基础,部队最终选择了一艘大渔船,决定把整个苏中的金库都转移到渔船上。这些钱全部是供作战部队用,供根据地机关用的。钱多起来后,部队又要打仗又要保护机关,钱多会分散部队的力量,钱安全转移上船,部队就可以减少保护的力量。如果遇上扫荡的情况,装满了钱财的船就只能飘荡在海上,不能靠岸了。

那么,究竟应该选择谁来看守这满船的财物呢?领导决定从财务人员中挑选一个同志去看守船只。当时部队里的很多年轻女同志都希望自己能被选上。王真老老实实,一贯听话,非常听话,她不提意见,你叫我到哪儿就到哪儿。她成为最终人选,一时很多女孩都非常羡慕她。

王真真上船以后,最受不了的就是晕船——晕得呐,那个船啊,这边摇那边摇,四面地摇起来,人吃不消,就吐,吐得胃里的黄水都吐出来。浪头那么大，昏头转向，躺下就站不起来，那个胃里头，反正想吃也没办法吃，都吐光了，哪还想吃什么东西啊。海水涨潮的时候，水就高了，退潮的时候，水就低了，这条船有时就搁浅在沙滩上。钞票嘛，一包一包的包起来，还有金砖、金条，把它们铺平了，人就睡在上面。

台风季节，台风来的时候，风大浪高，船老大就让船飘，随它飘。所有的钱都放在渔船的底舱里，上面盖着一层木板。船老大就用钉子把板子钉死了，不准你出来，不准你动，想跑也跑不出来。盖了板子的船像个棺材。海浪打到船上，满船都是水，也没有地方靠，也没有地方躲。就这样，王真的战友们仍在源源不断地将钱背到船上。这些钱保证了前方战士在浴血奋战中没有后顾之忧。

大约从1941年到1944年，可能直到胜利的1945年，前前后后达四年，王真常常上去、下来，以船为安身立命之所；鬼子不扫荡了，离敌人远一点，就上岸来，鬼子扫荡了，赶快又下船去。她夜夜与钱共眠。王真在船上看住钞票，船员吃饭她吃饭，船员睡觉她睡觉，下雨把舱门关起来，闷在舱底下。船上的日子，除了吃饭、睡觉，看日出日落，观潮来潮往，就是生活的全部内容。

王真在船上生活了一年后，传来了她结婚的喜讯。就是在海上，她认识了海防团的一个营长，她的年纪大了，那个营长也不小了，两人年纪都到了规定标准，组织上特别批准他们结婚。海防团的团长，政治处主任啊，在海边那个人家，弄了一桌饭，备了一桌酒，这所谓一桌酒席就是来只鸡呀，炒几个鸡蛋，烧碗猪肉烧锅鱼，就完了，就这么多了。那时候没有别的东西，两个背包，他的背包和她的背包，放在一块就合起来了，就成立家庭了。

婚礼后在岸上只待了两天，第三天，王真又回到了船上。而丈夫则随着海防团去前线参加战斗了。结婚以后，王真和丈夫只聚过三次。1945年8月，传来了抗战胜利的消息。抗战胜利了，两人总该团聚了吧，然而她却等来了意想不到的噩耗：就在抗战胜利的前夕，丈夫在攻打兴化的时候牺牲了。这对她简直是晴天霹雳！

王真本来就是内向型性格，从那以后，性格就更内向了。组织上十分担心王真在船上触景生情出意外，安排她下了船。下船时，满船的钱财一分也没少。正是这满船的金砖、金条、钞票，保证了新四军在抗日战争中对日伪作战区域的军费运转，保证了苏中根据地的民主建设，成就了战地银行功勋卓著。

从那以后，王真不愿再和别人提起她在战争年代的经历，她在船上的经历不要说单位里没人知道，就是她的孩子们也所闻甚少，不知详情。知道的人只剩她当年的战友朱竹雯和我，还有她后来的丈夫言村。他虽比王真小好多岁，却深深了解妻子心中的伤痛，一直小心地呵护着她，从不去触动那块伤疤，对他们的三个孩子也守口如瓶。

60多年过去了，我们几个老"女兵"，还是好朋友，还时常相聚。没有料到，戛然而止急急而临，王真大姐终于宁静而安详地走完了她90年的人生之路。但她的形象却总是在我脑中闪现，宛如她生前一样，宁静，安详……

（2007年6月29日稿）

【附文】

守望海上金库[1]

徐慧征　许宛英

欣逢抗战胜利60周年，我们访问了当年金融战线上的王真、

---

[1] 曾刊载《江苏广播电视周讯》第220、221期，及《东进》通讯、《铁军》。

臧文、朱竹雯、陈克秋等几位女战士，她们为护卫银行的生命线——金库，进行了艰苦卓绝的斗争。

据臧文、朱竹雯回忆，皖南事变以后，1941年1月25日新四军军部在盐城重建，党政军一元化领导，开辟苏北抗日根据地。为了保证根据地的统一供给，设立了财政经济部。部长朱毅，早年留学日本明治大学，攻读政治经济学。"九一八"日寇进犯中国，他毅然回国，弃笔从戎，投身到如火如荼的抗日战争中去。陈毅军长赞誉他是新四军的"理财专家"。江苏革命根据地最早的江淮银行，就是在朱毅的筹建下于同年4月1日成立的。他认为理财先要有懂行的人才，一批来自五湖四海的爱国青年，经过严格的培训后走上了金融战线。

搞金融，必先有银行，银行就必定有金库。金库一般又都建在警卫森严、铜墙铁壁的建筑物中。那么，根据地的金库在那里？有人曾问当年担任金库主任的陈克秋。这位现已年逾80的老人回答很幽默："金库就在我身上，在我的心中！"

臧文说，事实确实如此。苏北根据地开辟之初，便受到了敌伪顽的夹击，部队经常转移，开展游击战，在动荡危难之际，谈不上有什么安全固定的金库，我们这些出纳员只能背着钞票随部队行军。当时除根据地发行的江淮币以外，还有国统区的法币、汪伪政府的储备券，币种多、面额杂。先要分类整理，捆扎成一个大约70多公分宽、20公分厚的背包，每个背包重达10几斤，价值至少2万5千元法币。加上米袋、账册，负荷相当沉重，长途行军，越背越重。朱竹雯说，那时偷越敌人封锁线，我们并不怕，有部队保护着呢。可是苏北水网地区，水田多、小桥多，最要命的是穿着草鞋过那一片连着一片泥泞的稻田；走那一座又一座的摇摇晃晃的独木桥。我们总是累得满身大汗，吓得心惊肉跳。白天背着背包走，晚上枕着背包睡，一刻不敢离身。因为身上背的是新四军的"命根"，任何时候都要不畏艰险，避免钱毁人亡。

臧文同志深情地回忆说，有时钞票多就请民工帮着挑，一次行军途中突然遇到敌人袭击，大家一口气跑了七八里路，避开了敌人，部队集合时，急忙数点民工挑的钞票包，一个也不少。多好的老百姓呀！在巨额金钱面前没有一点贪念。为什么？老百姓说，人民政府和我们是一家人！

随着根据地的扩大，税收来源的增加，金库储备的钱越来越多，而且敌人的大扫荡一次接着一次，光靠"身上的金库"不够了，必须建立相对固定较为安全的金库。领导决定建立海防团，把金库设到"海上"去。当时海匪猖獗，劫财杀人，渔民深受其苦。于是通过军事行动和政治工作双管齐下，瓦解、剿灭了海匪，缴获了五艘大木帆船，收编了部分沦为海匪改邪归正的渔民，海防团就此成立。

海防团长吴福海是 1925 年入党的老党员，曾在莫斯科劳动大学学习。他身材高大，穿着从敌人那里缴获的皮鞋，走起路来革噔革噔，嘴里总是含着一支"老刀"牌香烟，同志们戏称他为"老刀"。海防团有 10 艘大木帆船组成，每艘长约 30 米，有五、六个舱位不等，甲板上还可供一个班的士兵操练。船上不单是作金库，遇到紧急情况时，机要部门、印钞机也临时迁上船。海防船主要活动在斗龙港、弶港一带的浅海区，这些地方，敌人的大舰艇无法进入，而小汽艇又打不过我们，是比较安全的。

但是，守卫"海上金库"可不容易呀！开始，这些从上海、广州等大城市来的青年人，有点罗漫蒂克的情调，想象中无边无际的大海，日出、日落，天为帐，船为床，多么富有诗意呀！谁知这些"旱鸭子"一到船上就晕船，呕吐不止，呆不上几天，难以坚持，回岸上去了。船工笑他们说"兔子走了！"臧文和朱竹雯说，王真大姐在海上长达四年之久，才真正是守护海上金库的无名英雄呢！

王真，扬州的一个中学生，1938 年参加革命，如今已是 90 高龄的老人，谈起这些往事，还是那样平静。刚上船时，遇到的第一个困难，也是晕船。大海之上，无风三尺浪，只要有一点儿风，船就不停地颠簸，站不住，吃不下，一吃就吐，连胃里的黄水都吐了出来，全身发软，四肢无力。闯过这一关，以后也就慢慢适应了。不过遇到大风大浪也挺不大住的。一说到海上风暴，臧文插话，描述了她一次亲身经历，强台风来临时，真的惊天动地，只见一团团乌云滚滚而来，刹那间布满天空，接着狂风怒吼，涛声震天，说时迟那时快，一排排灰白色的浪柱，像小山一样扑过来，一忽儿把船托到浪尖上，如登临高山之巅；一忽儿船像沉入海底，仿佛跌入深山狭谷，但见四面水壁千丈，大有将船一口吞没的危险。遇到这种险象，连久经风浪的船老大也吓得面如土色。此时，欲就近靠港避风，又怕误入敌占港，自投罗网。王真说，暴风雨来时，船老大把舱板都钉死，舱里一团漆黑，我什么也看不见，身体随船身左右翻浪，心里只盼着暴风雨快快平息，金库的钱钞不要受到损失。王真在船上坚持多年，多少次风浪安然度过，她的镇静和勇敢，简直难以想象。她说，没有淡水，是第二个困难，船上的淡水要用牛车到一二十里路外拖回来，一条牛一次只能拉三、四桶水，有时找不到淡水，只好在牛汪塘里弄点脏水，用明矾沉淀后饮用。淡水主要保证煮饭，一二十个人共用一盆水沾沾擦擦，就算是洗了脸，十天半月才能刷一次牙，更谈不上洗脚洗澡，只有隔一段时间上岸到老百姓家洗一次澡，夏天大雨，才能痛痛快快淋个"天水浴"。上一次岸也不容易，为了避免暴露目标，船不能停靠在码头旁，最远时要走过一、二十里的滩涂。因为船身高、浅滩低，上下船都要爬几丈高的缆绳，我们女同志也不例外。船上长期吃不到蔬菜，天天萝卜干、腌菜，能吃到一点黄豆就算不错了。比艰苦生活更难熬的是寂寞，一个人整天在六、七平方米的狭窄舱内与钞票、金条为伴。长年累月不能回家与亲人团聚，难得见到一个能够倾心相谈的战友。如此耐得住寂寞，甘于寂寞的青春少女，倘若没有崇高的信念，坚毅的性格，忠于职守的品德，和优异的心理素质，是难以做到的。

我们问王真，是什么力量支撑着你坚守岗位？她只有简单的一句话：党叫干啥就干啥，都是革命工作么！虽然王真没有向组织上提出任何个人要求，但组织上关心这位 28 岁大姑娘的婚事，介绍一位营长与她相识，并打破"二八、五、团"的规定，破例批准他们结婚。婚后第二天，新郎就回归部队，一年后不幸在战争中牺牲，而他们婚后仅见过三次面。

就是这样一批忠诚的金库守护神，在"发展生产、保障供给"，巩固革命根据地，保证抗日战争的胜利上起了不可忽视的作用。今天重新提起她们，是为了让人们不忘历史，不忘这些无名先辈们的高风亮节。

微笑到永远

—— 怀念徐敏

徐敏于 2009 年 11 月 17 日离开了我们，转眼已一年多，她那微笑的面庞时常在我眼前闪现，我总觉得她还没有远去，还在等着和我们再次团聚，一起开心地说往论今。

我和徐敏同年，都是 1923 年出生的，她生于 8 月 1 日，我则生于 11 月，她只比我大三个月，我把她当姐姐，一到关键时刻，首先想到的就是徐敏。

文革中，我老伴被逼得自杀，抢救过来后日子更难熬。我自己也被斗得走投无路，跑上了江边大桥，被冷风一吹，清醒了许多，想到丈夫和孩子，转了一圈又回去接受批斗。上海来的审查宋季文和忻元锡的六人小组，在新街口六华春餐馆楼上，对我轮番轰炸，揪住我 1947 年去湖南安置孩子那一段，怀疑我出卖了大华公司（我军在沪设立的地下贸易机构）。盯着我问：你跟特务机关是什么关系？为什么别人都被捕了，却放过了你，难道他们是吃干饭的？这些专案人员没有任何党史常识，又不愿听人说实话，一定要你按他们的指供诱供胡说，无论我怎么解释，他们就是不听，我只好不开口。

我惹不起总躲得起吧？但那时人人挨整，个个被斗，我又能躲到哪里去呢？这时我想起了老战友徐敏，就买了一张去镇江的火车票，跑到了省军区。那是初冬时节，已经穿棉衣了。找到省军区首长住的那排房子，徐敏的爱人童炎生将军正在和警卫员一起修剪月季花。童副司令看见我很惊讶，问你怎么跑来了？我说：我实在受不了了，跑你们这儿来躲一躲，也好安静下来，好好思考思考。童司令告诉我徐敏上班去了，还没回来。他说：你不要害怕，我这里是保险箱，你就住在这里。说得我心里暖暖的。他还让厨师专门煨了半只蹄髈给我吃，在那个缺衣少食的年代，这也特别叫我难忘。徐敏回来后，我们一起谈论文化大革命，童司令说：哪有这样搞法的？要文斗不要武斗，要讲道理嘛！我问到在镇江的几个战友时，徐敏一脸忧虑地说：不知道他们怎么样了，也不敢和他们联系啊！话出口，带着几分凝重。当时徐敏的妈妈也在，也跟着叹息。

徐敏有个非常好的妈妈，年轻时帮助女儿传递情报，后来又帮助女儿照料一大家人的生活，到 90 多岁才叶落归根，回到老家，过了两年就去世了，享年 96 岁。她一生爱干净，是持家能手，家务处理得有条不紊，任何时候去他们家，里里外外都干干净净。老人家还烧一手好菜，烤鸡、红烧肉都烧得特别好吃，让人百吃不厌。她烧的茄子我再也没有吃到第二次。朋友们都有同感。2009 年 11 月 17 日我与张玉华通电话，告诉她徐敏同志走了，她十分惋惜地说："太可惜了，徐敏是个很能干，很会做人的人。"又说"她的妈妈小脚，做得一手好菜，特别是茄子，烧得最好吃，我最爱吃她烧的红烧肉……"我知道她所说的"会做人"是不含贬义的，就是指她人品好、口碑好，任何时候都是笑眯眯的，和她相处特别轻松快乐。

我是 1943 年在宝应油坊头认识她的，她是常熟人，在苏中行署当会计，我在金库任出纳，有时点钞票忙不过来，张云（解放后改名朱竹雯）就带着笑眯眯的徐敏来帮忙。我感觉她为人坦诚、热情，我们都是南方姑娘，很谈得来。后来麦洁红到党校去了，我和徐敏接触就更多了。我逐步了解到徐敏参加革命很早，曾是地下党的情报员，在沙家浜一带活动，后来转移到上海，又在上海往沙洲县（今张家港市）新四军活动的一个渡口当交通员。不久，组织上发现敌人对这个小个子姑娘很注意，就通知她立即转移，她就到了苏北，先在学习班学习财会业务，然后分配到了主力部队。在那里她认识了童炎生同志，不久就结婚了。鬼子清乡大扫荡，形势紧张起来，主力部队经常转移，徐敏撤出主力部队，来到苏中行署当会计。

过了半年，也可能是七八个月，我听说童炎生同志的胳膊负了重伤，组织上动员她回到童炎生同志身边去，她起先不想去，很犹豫。张云、陈纯都来劝她，财经处的主任秘书杨浩卢的夫人王玲也劝她去。那时我俩很要好，她就来和我商量，我那时还没恋爱结婚，又很崇尚女性的独立自主，就对她说：你去干吗？你又不是医生。竭力拖她后腿。最后那边派人来接她，周琳同志的爱人宗瑛也来劝她，她只好放弃这边的工作，回到老童的身边去了。

我记得当年看到徐敏时，她的脸色常有几分凝重。徐敏和陈纯要好，陈纯那时搞医务工作，陈纯的爱人叫钮伟，钮伟正好是我在上海时的读书会的领导人，我们就常谈到陈纯，提到陈纯又必然会说起钮伟。钮伟曾被怀疑是托派，为了洗清嫌疑，他坚决地要求到主力部队去，1946 年在鲁南战役中英勇牺牲了。陈纯给徐敏看了钮伟写的许多诗，徐敏非常惋惜这么有才华的人，这么年轻就献出了宝贵的生命。

那次我俩一别就是两三年，直到 1949 年进了泰州城，我们才又见面，童炎生担任泰州军分区司令员。过江以后，他们到了镇江，老童任省军区副司令员。我每次路过镇江停留，都要去看望他们。

早些年，一次我从上海返宁，途径镇江，去看望徐敏、徐立之等老友。饭后，徐敏陪我游览焦山、金山等名胜。那时我对镇江非常陌生，对该市的名胜古迹更是一无所知。徐敏笑眯眯地边走边告诉我：镇江是历史名城，中国历史上有一些传奇故事就发生在镇江。例如：梁红玉击鼓退金兵，白娘子水漫金山，三国演义中的刘备招亲、孙权赔了夫人又折兵的甘露寺等等。我听完她的一番介绍，对她说：你可以当导游了。她哈哈大笑。回到徐敏家里，我将这次游览的收获体会告知童司令，他说："有兴趣，下次再来，再仔细看看。"又说："还可以到宜兴、溧阳、句容去，看看那里的洞景、山水。"

童炎生同志是江西吉安人，1930年参加红军，1933年入党，1955年被授予少将军衔，是有名的独臂将军，多次负伤，井冈山时期留下的一颗子弹一直未能取出，后来发炎，导致癌症，1985年去世，享年才74岁，非常可惜。童司令一生戎马，性格刚烈，脾气火暴，但对徐敏却非常温存，从未发过脾气，对徐敏的母亲也非常尊重。省军区搬到南京后，开始徐敏不肯来南京，经儿女们劝说还是搬了过来。先住在丁家桥省军区大院里，后又搬到了虎踞关。在一个城市居住，我们来往就很密切了，常在一起吃吃饭聊聊天。每个月我都要去看她两次，她也和我、陶云霞一起去看望过朱涛和姚家礽。我把大女儿送给我的一张可以折叠的方桌送了给她，这样我们就可以一起打打牌了，她开心得不得了。徐敏还是江苏诗词协会的会员，常写写诗，并把自己的诗词拿出来和我们分享。

一次钱讷仁大姐的大女儿季明来，她在南京的妹妹鲁鲁和我一起去看望徐敏。姐妹俩说妈妈常跟她们提起徐敏和臧文，白天打起背包行军，晚上放开背包，一床铺一床盖，两人合睡一个被筒。钱讷仁大姐夜里出诊回来，冰冷的身子有时就挤进她们的热被窝。钱讷仁大姐是产科大夫，新四军的许多孩子都是她接生的，附近老乡的孩子有些也请她去接生。这些孩子常常是在半夜或凌晨出生，钱讷仁大姐一人忙不过来，就会拉她俩做帮手，半夜三更把她们从热被窝里拖出来，跑上几里甚至几十里路去接生。钱讷仁大姐说徐敏个子小，手小又灵巧，做助手最合适，就总是找她，她也不管白天行军工作有多累、有多苦，总是一叫就爬起来笑眯眯地跟着跑，从来没有一句怨言。听季明和鲁鲁一说，我们仿佛又回到那个激情燃烧的岁月。后来我去北京看望了钱大姐，回来告诉徐敏钱大姐最喜欢她，特别想念她。徐敏很感动，邀我一起去北京看望钱大姐，但终未如愿。

北京虽未去成，但我们一起出去玩了几次。一次去浙江，在杭州，我们玩了宋城，晚上住在吴之岚家，我和徐敏睡一张床。然后到了淳安，游了千岛湖。到了上海后，我给沈一尘大姐打电话，沈大姐说我这里正好有螃蟹，我们一行多人就都跑了过去，边吃边聊，开心得很。沈大姐还和我拉钩，相约香港回归后，一起去香港看看。从上海我们又去了苏北，在张家港到苏北的渡江轮渡上，我给徐敏拍了一张照片，她的神态非常好，我放大到12吋，送给她，她也非常喜欢。到了当年新四军和八路军的会师地白驹，参观了白驹纪念馆，瞻仰了张爱萍将军题词的白驹纪念塔，那里还有管文蔚同志的题词。随后我们又去了东台、盐城和阜宁。在东台的烈士陵园找到了当年台北县委书记徐志仁的墓地。阜宁宾馆免费接待我们住宿，在这里我们看到了邓子恢题词的纪念塔。最后我们沿运河往回走，到了淮安，参观了周恩来纪念馆。在外面玩了半个月，情绪好了，身体也好了，大家都很开心。

还有一次去上海，晚上就住在我外甥女瑞华家，还是我和徐敏睡一张床，杨映秋和缪其芳就睡沙发。回来我们玩了苏州、无锡、宜兴……苏州我们玩了几个园林。无锡我们住在胡敏家，玩了鼋头渚、蠡园、三国城。在宜兴，我儿子给我们安排玩了善卷洞和张公洞，吃饭时，我们联系上了一辆便车，就大胆地搭上回南京了，到中华门时，天都快亮了。徐敏的女儿说：臧阿姨，你们拖她出去玩，我们放心，别人我们可不放心。

我们玩得最开心最有意义的一次是2001年4月15到21日。那次由朱竹雯大姐率领王真、麦洁红、徐敏、陈克秋、缪启芳和我共九人，战地重游寻亲访故。在盐城期间，我们参观了重建的新四军纪念馆。在钱币专家熊涵东（转业军人）的帮助下，我们很快找到了盐城西郊新四军军部财经部驻地小马沟。当地一位老农钱杏生主动和我们打招呼,一交谈方知他就是当年财经部驻房房东的佃户。事隔半个多世纪,这位78岁的老人对财经部部长朱毅和夫人陶涛及秘书李林同志的形象还记得清清楚楚。他还告诉我们,土改时地主家房屋被拆分了,地主钱××全家逃亡台湾,小马沟的那条下河早已填土改成良田了。我们和钱杏生老人在一起留影纪念。

第二天,我们应邀参加江淮银行成立60周年纪念学术研讨会。我和麦洁红、陈克秋、杨映秋等同志都在会上发了言,我的发言着重讲了兼职行长朱毅、李人俊、骆耕漠三人都是高学历、高素质的理财能手。归途中,我们参观了七战七捷纪念碑,沿途还为死难烈士祭扫。在大丰自然保护区,我们观赏了麋鹿、丹顶鹤等珍稀野生动物。

最后一天早餐后,领队的同志把我们带到了黄桥战役纪念馆。这是一幢临街的老式平房,门前挂着"黄桥战役纪念馆"的牌子。一进门就看见大厅正中的陈毅将军和粟裕将军的塑像,我们全体成员立刻肃立在塑像前,深深地鞠了一躬,然后留影纪念。

馆内设有多个专题陈列,分为"序厅""黄桥战役的历史背景""打开华中抗战新局面的黄桥战役""发扬革命传统"四个部分。在"打开华中抗战新局面的黄桥战役"的展厅内,陈列着参加黄桥战役的指挥员的磁像,从各人的生平、从事革命的概况、以及英勇奋战、负伤、牺牲直至逝世都有详细介绍。我们逐个细看,看到了童炎生少将的磁像。徐敏同志久久地站在丈夫的磁像前,默默哀思……这时已近中午,大家在车上静静地等着她,只见她离开纪念馆时还一步一回头……

后来李立英(贺子珍的嫂子)从福州来宁,我和徐敏当晚就去看她,李立英的爱人贺敏学和童炎生是井冈山时期的老战友,私交很深的好朋友。我和李立英当年也是一个锅里吃饭、一个被窝睡觉的老同学老战友,我们在一起聊得很开心。李立英邀请我们去福州,我们答应了,却也未能成行。这就成了我们最后一次相聚。后来李立英因肺部感染抢救无效病逝,徐敏和我闻讯都很悲痛。

徐敏生病住院期间,我的眼疾也在深深地困扰着我,我还是尽量抽空去医院看望她,陪她说说话。杨映秋等同志来,我也陪她们一起去看望徐敏。看着她一如既往的微笑,眼见她的状态每况愈下,我们心如刀绞,却无能为力。徐敏就这样离开了我们,她那永恒的微笑定格在了我的心中。

(2010年11月21日稿)

怀念蔡畅的秘书夏凤珠大姐[1]

第一次见到夏大姐是 1946 年，抗战胜利不久，我们华中银行二分行刚进高邮城时。一个星期六，我们看到一个英姿飒爽的女同志，背着背包兴冲冲地走来，但没过一阵又见她很沮丧地离开了。这引起了我们的好奇，一打听才知道她就是名声响亮的夏凤珠。她 1939 年参加革命，1940 年入党，长期在敌后从事党群工作，担任过区委书记、县农抗会会长、反清乡报导团团长，当时是苏中二分区高邮龙奔区区委书记，被说成是女中豪杰。她的爱人是我们二分区的杜副专员，他们平时分居两地，每到星期六团聚一次。但这次她刚到，就被杜撵了回去，杜很不客气地冲着她说：你来干什么？你快回去。夏大姐没有哭闹，背上背包默默地转身回区里去了。看着她远去的身影，我们都为她打抱不平，觉得杜太无情无义了。

1951 年我到了扬州，在中国人民银行苏北分行会计科工作。那时杜干全和郭建也在扬州，他们已经结婚，并为此受到党内警告处分。苏北第一届妇女代表大会在扬州召开，郭建和杨桂芳都参加了，还都是主席团成员。杨桂芳很气愤地说郭建：她有什么资格参加？知情人就劝杨桂芳：组织上都作了处理了，你就不要再管这事了。当时夏凤珠是蚌埠市妇委书记，华东第一届妇代会在上海召开，会议结束，夏凤珠回安徽，还专程到扬州看望杜和郭建。郭建生了第一

---

[1] 曾于 2012 年 12 月 6 日在中国共产党新闻网《世纪风采》上发布。

个孩子，郭建请夏凤珠吃饭。我爱人邓克生和郭建是湖南老乡，就被请去作陪。回来后我们都被夏凤珠的宽容大度所感动，一般人是很难像她这样处理这种问题的。

夏凤珠先后调任华东妇联生产部副部长及妇干校副校长、全国妇联干部处副处长、研究室研究员、国内联络部副部长及办公厅副主任，曾在蔡畅身边工作，任她的机要秘书。她曾陪同李富春副总理和蔡畅去海南休假，有几张在海南和两位革命老前辈的合影，夏大姐一直珍藏在身边。还有一些她很珍惜的照片，例如1960年在广州从化开中央工作会议，由她拍的周总理、蔡畅、邓颖超等领导同志一起活动的一组照片；李先念主席和林佳楣访问埃及时在金字塔的合影；以及和许多老首长、老战友一起聚会的照片。1990年代初，我搬到高云岭村，和夏大姐成了邻居，常在一起闲聊，看到那些珍贵的合影，才知道她曾在中南海工作过。

夏大姐人品好，人缘好，她离开全国妇联那么多年了，全国妇联的同志还和她保持联系，经常通电话，互相问候。当得知夏大姐病重，她们还致函大姐的儿子，对凤珠同志的评价是："党性强，人格高尚，忠厚诚实，心胸开阔，关心群众，毫不利己，专门利人，艰苦奋斗，埋头苦干，是党的好女儿。"林佳楣同志每次去上海路过南京都要来看望她，还常给她送鲜花，林佳楣的女儿李小林来南京也会来看她。有时她还把她们送的鲜花转送给我，说这么多的花，我留一半，送你一半，大家分享。夏大姐和董边（田家英夫人、全国妇联原副主席）的关系也很好。蔡畅同志诞辰100周年，夏大姐应邀去北京参加纪念活动，回来后她特别告诉我：董边同志多次向中央提出申诉，要求对田家英之死进行调查，弄清事实真相，还田家英一个清白。从北京回来那天，她还看望了田家英的女儿。

夏大姐从董边那里带回来的一个消息，对我帮助特别大。董边邀约原妇联的老同志聚会与她相见相叙时，有位同志说起她在延安时就得了关节炎，一直治不好，后来得到一个偏方：芥末粉用水调和了涂在关节患处，一次就好了。说者无心，听者有意。我在"文革"中被造反派关押，睡在冰凉的水泥地上，也落下关节炎，久治不愈，正为此发愁。一听有如此妙方，就按照她说的方法试试，果然见效。至今，我已89岁，腿脚还灵便。为此我特别感谢夏大姐。

夏大姐为人随和、热情好客，家里来人不断，我也成了她家的常客、食客。藕饼、老菱、芋头等家乡时鲜，她家一做好就打电话来，我就立即赶去尝鲜。有时家里包了水饺，也要我过去分享，我也召之即到。每周她家都是高朋满座，顾斌、顾尔钥、徐敏、张玉华等都是常客，每有朋友到，她就打电话给我，我必定跑过去作陪，大家相处得非常融洽。有时人多了，打牌还得轮流作战，打几副就轮下来休息一下，气氛非常好。

夏大姐不仅对郭建宽容大度，对杜干全前妻的孩子杜成也很好，帮助杜成从外地调回南京，并安排工作。杜的弟弟杜文白和弟媳江季媞和她的关系也一直很好，杜文白的孩子也经常去看望夏大姐，很不容易做到的。她对家里的保姆也是如此。有一次家里的电话费一下多出了数十元，夏大姐让媳妇去电信局一查，是打到六合的长途电话，家里只有保姆是六合人，很可能是她打回家的。夏大姐并没有让保姆支付这笔费用，而是很耐心地告诉她：打到六合的电话是按长途计费的，时间不能太长。保姆一听就明白了，知错即改，再也没有发生过类似的问题。保姆对夏大姐也很好，跟了她十几年，一直为她送终。

我的一个抗大同学庞露是烈属，爱人牺牲得早，她一直没有再婚，独自带大了两个孩子。听说她的住房虽不算小，有三室两厅，但她睡觉的房间离卫生间比较远，夜里起来很不方便，就每天夜里都憋尿，到天亮才上厕所。憋尿是会损伤肾的，我们都为庞露的健康担忧。如果有个像床头柜那样的卫生箱，里面可以放高脚痰盂，夜里起来就方便了。我跑了很多商场和超市，都没有看到。一次，我到夏凤珠大姐家，看到她家正好有一个，就向她说起庞露的事，夏大姐很热心地告诉我："这是自己定做的。我可以再去定做一个。"很快就做好了，她立即让我打电话通知庞露家拿了去。大家知道后都非常高兴，说可解决了个大问题。

有一年，夏大姐买了几盆菊花。她知道我是菊花盛开时出生的，小名阿菊，从小喜爱菊花，就从中挑了一盆白菊花送给我。走过炮兵招待所时，被一个小门卫保安揪住不放，抢下她手中的花，硬说她偷了他们点缀门面的菊花。最后她空手来到我家，满脸通红，气得浑身发抖，我让她先喝水、休息，等她平息下来，说了事情经过。我异常气愤，先把夏大姐送回家，让阿姨给她吃药，照顾她好好休息。然后就去炮兵招待所点名找他们的所长，所里的人说所长去炮校开会了，我留下了地址，告诉他们有急事找他。后来所长带着所里的人来我家，我把事情的经过说了，指出这是损害公民名誉、侵犯公民权利的严重事件。接着我正告他们这样做严重损害军政军民关系，政治影响极坏。炮兵的来人问我该怎么处理这件事？我说：你们应该争取主动，上门赔礼道歉。我不能代替你们，只能做做协调工作。这事可大可小，大可以诉之法律，小可以协商解决。最后取决于你们的诚意。

第二天，炮兵派了三四个人，捧着鲜花和礼物，让我陪着去夏大姐家。夏大姐对他们以礼相待，平和地对他们说一个机构一个部门连几盆花都管不好，还怀疑别人偷窃，有没有内部花卉爱好者带回家欣赏欣赏了？你们的管理制度如何？你们的内政我无权干涉，但值得你们思考。你们从上到下法治观念太差，撇开我本人不谈，这件事性质也是严重的，损害他人名誉，侵犯他人权利，是要负法律责任的，无根无据随随便便怀疑别人偷你们的花，什么性质？你们知道吗？最后，夏大姐说：我从不收礼，也从不送礼，请你们把东西都带回去,希望你们接受教训,提高管理水平,加强法治观念。并做出了送客的姿态。炮兵的同志再次道歉,把东西又都带回去了。

夏大姐没有生育过,妹妹的孩子小建过继给她,她视如己出。小建结婚后生了个男孩叫扬扬,学美术的,在省电视台工作。后来媳妇去世了,顾斌同志又在南通帮助找了一个,儿子接受了,夏大姐也去南通看了,挺合适。结婚后对扬扬也很好,一家四口其乐融融。后来他们搬了新房子,我也搬了家,我们离得远了,走动就少了。

夏大姐过90岁生日时,我们还见了两次。第一次小建打电话通知我,我赶到医院,和他们一起在艳阳天餐馆吃了寿宴,合了影,这时她头脑还非常清楚。第二次是李瑞同志为夏大姐祝90寿庆,邀请了顾斌、吴一里和我参加,李瑞的女儿李芒也在场。那天夏大姐精神特好,胃口亦好,思维清晰,我们都为她高兴。后来再见到她,她就有点模模糊糊了。再后来去医院看她,她就不认识人了,直至最后离开。

战友情深 姐妹谊长

—— 怀念赵倩

2008年4月27日，我随新四军研究会的朋友去新四军在江南战斗过的句容、溧阳、丹阳、扬中等地转了一大圈，5月2日回到南京。一回来就接到赵倩同志去世的消息，十分悲痛和感慨。

赵倩是我抗大五分校的同学，比我大六岁。我们都是从上海来到根据地的，参军之前同是产业工人，她是莎莉文糖果食品厂的，我是上海信谊制药厂的，都是少年时就进厂做工了，所以共同语言不少。交谈中我得知她生长在上海闸北区一个普通市民家庭，"一二八"事变、"八一三"淞沪抗战时，日本鬼子的飞机两次炸毁了她家的房屋，全家逃难到租界。1938年初，赵倩在海宁洋行做工，在工厂地下党的领导下，参加了"工人救亡协会"，多次组织工人罢工，宣传抗日，与资本家作斗争。1940年11月被资本家开除，党组织就介绍她来到了我们抗大五分校。

1941年1月皖南事变爆发，国民党当局取消了新四军的番号，断了新四军的军饷，新四军在盐城重建军部，后又成立财政经济部，统管地方和部队的财经工作，急需干部，我就被提前分配到财政经济部工作。5月，赵倩从抗大毕业，留校任女生队排长、副队长。虽然我们没有机会见面，但彼此还是相互关心的。我知道她的弟弟妹妹都到了解放区。她的大弟赵帛、妹妹赵征都是金融专家，赵帛曾在华中银行工作，对新中国的金融事业很有贡献，还有一个弟弟一直在部队工作。

　　解放后，我们先后来到南京，但大家都很忙，压力也很大，没有联系。转眼就到了 80 年代，我们先后离休，见面畅谈的机会就多了。她家原来住在傅佐路，我去山西路百货大楼逛商场或去军人俱乐部长三角逛书市，累了，就顺路拐到她家歇歇脚，喝喝茶，聊聊天。

　　印象最深的一次是我去赵倩家，刘毓标同志住院了，她刚从医院回来，就对我说起了刘老的一生和为人，一说就是两个多小时，完全忘了自己往来奔波的辛劳，字字句句都表达了对丈夫的信任、挚爱和敬重。刘毓标同志 1927 年 4 月投身革命，在创建和发展赣东北苏区的同时自己也成长起来，从乡苏维埃主席、区委书记、县委书记，到皖浙赣省委组织部长、红军独立团政委。1936 年底转入中国工农红军，在艰苦卓绝的三年游击战争中，刘毓标同志英勇顽强。1937 年 3 月 3 日遭伪壮丁队伏击，身负重伤被俘。在被关押的五个月中，他经受了严刑拷打，在庭审时仍大骂叛徒，被加上脚镣。"七七事变"后，第二次国共合作，刘毓标同志获释出狱，花了一个多月才找到组织，汇报了被俘经过和国共合作的消息，随陈毅同志到了江南。经组织审查和严格考验，由陈毅批准恢复了党籍。这本是早已弄清楚的事，但在"肃反"运动审干时，把刘毓标同志当年负重伤被俘的事又翻出来重新审查，把过去的结论全部推翻，撤消了他的职务，对他残酷斗争，无情打击。赵倩说那时他才 48 岁，正是为党工作的最好年华，却被冷落在军区第三招待所，一等就是五年。他心中的痛苦，只有我才能理解，我们一起申诉，要求尽快查清问题，做出明确结论，让他早日重返工作岗位。但相关部门和人员在问题没有查清的情况下，就"草率"将他定为"悬案"，工资级别从七级降到九级，1961 年 5 月他就被迫转业到江苏省民政厅任副厅长。离开部队时，许世友司令请他在华东饭店吃饭，回家后，他倒在床上，独自流泪，自言自语："活着真难受，死了又对不起赵倩和孩子，会害他们一辈子！"赵倩听了也痛苦万分。

忍辱含冤在民政部门工作了六年，毓标同志竭尽全力拼命工作，赢得了广大干部群众的爱戴和敬重。然而好景不长，"文化大革命"中，他又受尽磨难。1970年，他在干校突发胃穿孔，命悬一线，赵倩去省革委会生产指挥部申请接毓标同志回南京治疗，却遭到蛮横拒绝。平时温和内向的赵大姐忍不住爆发了，她义正词严地据理力争：毓标同志现在危在旦夕，我们有责任挽救一个同志的生命，我必须把他接回南京治病。见对方还是无动于衷，她气愤地大声质问：他的问题过去有过结论，说他对敌斗争是坚决的，立场是坚定的，现在还没有作出新的结论，在未定性的情况下，你们凭什么见死不救？要有点革命的人道主义精神，救死扶伤嘛。你们硬是不让我去，出了问题，一切责任你们负得了吗？对方不敢再阻挠，终于同意了她的请求。她和小女儿当晚赶到干校，毓标同志蜷缩在病床上已是奄奄一息，幸亏抢救及时，才幸免于难。一生多难的刘毓标终于看到了"四人帮"的倒台，盼到了自己错误"悬案"的撤消。更加难能可贵的是，赵倩大姐的宽容和大度。她说，我也能理解这些具体办事人员，他们也是奉命而为，也是受害者，怪只怪那个年代太荒唐，太不人道。以后见到当时生产指挥部的那些人，她仍能友好相对。

我们在一起还常聊到孩子们，他们共养育了六个孩子，虽然十分疼爱，但也要求非常严格，从不为孩子的工作、待遇等问题，向组织上提任何要求，教育孩子们不靠父母靠自己。孩子们个个都很争气，没有辜负父母的期望，凭着自己的努力和奋斗，都成长为共产党员和领导干部。每次孩子们回来，都要和父母谈谈工作，谈谈思想。1996年一次去串门，赵倩还告诉我，春节他们全家老老小小都到齐了，还别开生面地开了个"家庭支部会"，孩子们挨个汇报了自己的思想和工作，他们不仅继承了前辈的事业，对父母都很孝顺，给两位老人很大的精神抚慰。

我们在南京的抗大老同学离休后就经常聚会，赵倩大姐家客厅宽敞，大多数聚会就到她家，她每次都准备了水果茶点招待大家。人老了难免怀旧，我们在一起聊着聊着，就会提到抗大的峥嵘岁月，就会谈起当年那些从四面八方来到黄海之滨的年轻姑娘。那时我们风华正茂，如今全都进入了耄耋之年，想到幸存的战友们年事渐高，见面的机会越来越难得，我们都很想见见在北京的老师和同学。赵倩非常善解人意，马上和在北京的妹妹赵征联系，并做出安排。2002年10月21日把我们在南京的六个同学：赵倩、麦洁红、彭涵明、胡史敏、缪启芳和我接到了北京。赵倩住到儿子家，我们五个就住在中国银行宾馆。活动安排既丰富又很有意义。我们和在京的老师和同学聚会了两次，在京的抗大女生队干部、学员几乎都来了。见到多年不见的指导员张西蕾（张太雷烈士之女）、排长陈少健等同志，大家都特别高兴，一起唱起了我们抗大的校歌、新四军军歌和《解放区的天》等革命歌曲，仿佛又回到了半个多世纪以前的黄海之滨，又回到了那难以忘怀的青春岁月。大家都说要不是赵倩和赵征的热情安排和精心组织，我们一群天南地北的老太太根本就不可能欢聚一堂。

那次我们还去参观了卢沟桥抗日战争胜利纪念馆，参观后赵倩给管理人员提意见，说抗日是全民族参加的，你们这个纪念馆八路军的展品居多，除了地道战就是地雷战，其他抗日根据地和抗日力量展示得太少，我们新四军就打击和牵制了大量敌伪军，我们的文化建设就很有特色，很有成就，光新四军的革命歌曲就有厚厚一大本。管理人员说你们要送来，我们才好布展啊。赵倩说：你们也要多方征集呀。大家都笑了。我们还一起在卢沟桥附近的雕塑园里合影留念，一起漫步在卢沟桥上，点数桥边护栏的石狮子……

我们抗大的老同学只要提起赵倩，都说她是一个有情有义、知恩必报的人。90年代末，我在杭州碰到我们抗大的老同学夏可人，她很感动地告诉我：40年代她和赵倩一起回上海打埋伏，她不幸被捕。敌人严刑逼供，要她说出赵倩的下落，并逼她带人去诱捕。夏可人矢口否认，说我根本不认识这个人，你们说她在上海，那么你们带我去找她好了，让我看看她是什么样子。敌人看实在逼不出他们想要的结果，关了一段时间就把她放了。但在文革中夏可人则因此大吃苦头，隔离审查不说，还被降职降薪。赵倩知道后，主动去为她作证，证明她在敌人的严刑逼供下，不仅没有出卖组织和同志，还保护了他们，表现是好的。文革后夏可人得以重新做结论，恢复了原来的工资级别。对夏可人宁可忍受敌人的酷刑，也不吐露实情，保护同志，赵倩的感恩戴德是终生不忘的。曾专门把夏可人和她的老伴接到南京，住到她家，还带他们到徐州参观淮海战役纪念馆，到盐城参观重建的新四军纪念馆，到过去战斗过的地方故地重游。夏可人夫妇对她的情义也非常感激。

赵倩大姐又是个非常细心的人。我们的抗大同学庞露是烈属，爱人牺牲得早，她一直没有再婚，独自带大了两个孩子。赵倩无意中听说她的住房虽不算小，有三室两厅，但她睡觉的房间离卫生间比较远，夜里起来很不方便，就每天夜里都憋尿，到天亮才上厕所。赵倩知道憋尿是会损伤肾的，很为庞露的健康担忧。她就打电话给我说这件事，问我：你是搞商业的，有没有看见过像床头柜那样的卫生箱？里面可以放高脚痰盂，夜里起来就方便了。我就去跑了很多商场和超市，都没有看到。一次，我到夏凤珠大姐家，看到她家正好有一个，就问她是哪里买的，夏大姐说：是自己定做的。我就请她再去定做了一个。做好后，打电话让庞露家人拿回去。赵倩听后非常高兴，说这可解决了个大问题。

赵倩大姐转业后就一直在长江机器厂负责组织工作，那是一个四千多人的大厂，党员就有近千人，她对我说过，刚到那里时，也有过畏难情绪，是毓标同志鼓励了她，告诉她只要团结广大党员干部，遇事多请示多汇报，就能把工作做好。这给了她极大的支持和帮助。从此她不论碰到什么问题都不回避矛盾，亲自到车间到基层去协调解决，有事就和大家商量。有位曾在赵大姐身边工作十余年的转业干部说到了她那里就像回到了家，感到特别温暖。她作风民主，态度认真，对人真诚，平易近人，赢得了全厂上下的尊重。1981年，她就离休了，但人走茶不凉，大家还经常到她家去走走看看。

2003年赵倩大姐去北京看儿子，回来时在徐州稍做休息，突发脑溢血，进行了抢救，后回南京作康复治疗。我和胡史敏同志去看望她，见她恢复得很好，也就放心了，怕影响她休息，没有多谈就告辞了。她出院后，我们还多次去看望，发现她的思维和反应已大不如前。最后一次是2007年国庆节后，我和陶林一起去看她，她已不认识我们了，还问：你们是从哪里来的？然后就昏昏欲睡了。我们看了，心中特别难过。

2008年5月，赵倩大姐离开了我们，享年92岁。告别那天，我和陶林代表抗大女同学去为她送行，来的人很多，挤满了告别大厅。她虽然走了，但音容笑貌永远留在大家心中。

【附】
给赵倩孩子刘华苏的一封信

华苏同志：

您好！我因眼疾遵医嘱不能多用眼，纪念赵大姐的文章，只能口述由女儿晓文整理成文，本想先寄您小姨阅改，哪知多次联系不上，现寄您，请修改。

我和赵大姐接触较多，世事、国事、家事什么都聊，有事一起商量。

赵大姐还告诉我，刘老走后，你们怕影响老人生活，大家都很孝顺，每人每月补贴她生活费300元。她说，我的工资完全可以将生活安排得很好，根本不用孩子们操心，我把他们的补贴存入银行，将来由他们自己去处理。

赵大姐对居住在外地的老同学很关心，上海、苏州的鲁纳、吴秀丽阿姨老伴先后离去，生活较孤独，她把她们接到南京来小住，为她们解闷。这些史实，可能她们会写，我就不写了。

我有个想法，刘老和赵大姐从相识、相知、相爱、相伴到生命的结束，数十年如一日，非常可贵，值得世人学习。我想在你们兄弟姐妹的记忆中一定观察到父母的许多生动的生活细节，也应该把它写出来，供后人学习。相信你们一定能撰写出一部既是革命家史、党史，又是社会史的纪念文集。

我的拙文《不尽的思念》一书，已被南大图书馆索取收藏，他们认为这本书有史料价值，并发给我收藏证书。现寄您一本，请指正。

顺祝

工作顺利，身体健康。

臧文　草上

二〇〇八年七月二十二日

又：我和赵大姐还谈过一件事，就是我们都是"文化大革命"的受害者，又是受益者。如果没有这场人为灾难，不可能有拨乱反正的伟大方针，刘老和我老伴的"悬案"永远是悬案。她同意我的观点。不知她在你们面前谈论过没有？

只认规章不认人的惠廉[1]

我、索菲、史越峨，还有薛一青，常煲电话粥，一煲就没完没了。谈起徐才厚的死，谈到现在的反腐，谈到法制建设和制度建设。一说这些，我就想起了惠廉，想起大家都说惠廉是只认规章不认人的人，这一点深得粟裕的赞赏。

那年，我们去北京参加粟裕诞辰百年的纪念会，楚青还提起惠廉，说粟裕讲惠廉经手的东西是可以免检的，她对制度的一丝不苟是别人无法相比的。那时，规定粟裕司令员一个月可以吃两只鸡，有次有位红军时期的老战友远道来看望粟裕，粟裕这个月的鸡已经吃掉了，惠廉就把他下个月的鸡提前领出，让他招待客人。后来又有客人来，又吃了一只鸡。到了下个月，粟裕就没有鸡吃了。惠廉把当时的记录拿给粟裕看，粟裕当场表扬了惠廉。几十年过去了，楚青还记得此事，还拿惠廉来和现今这些军内大贪相比。

我们都知道现在不是没有制度没有法，是缺少像惠廉那样只认规章不认人的人，缺少像粟裕那样严格遵守规章制度的领导。因此我们就特别怀念当年的老领导粟裕、老同志惠廉。

惠廉其实很有人情味。文革中我和老邓都还没解放，别人对我们避之犹恐不及，她和刘铁珊却不避嫌疑，老邓去苏州，他们热情

---

[1] 惠廉，原是省外贸口的厅级主管干部，本书作者的直接领导，2006 年 9 月去世，享年 88 岁。——编者注

接待。我的大女儿女婿从云南回苏州过年，老刘还特地骑车去他们家，请他们看电影吃饭，让他们至今难忘。

  惠廉有时又刻板得让人生畏。80年代初，我们一起去香港，邓丽君正好在那里举行演唱会，我有幸也去听了一场。那时看邓丽君真年轻，唱得真好。《何日君再来》等歌还是我年轻时在上海就熟悉的，听起来特别亲切。当时还想她如能到大陆来演唱该多好，谁知这竟成了梦想，邓丽君还没来得及到大陆来，就永远离开人世了。从香港回来后，我因为去听了邓丽君的演唱会，受到惠廉的严厉批评，还让我写检查。30多年过去了，我还记忆犹新。

（2015年3月16日）

有一点不能忘记

——敬佩陈修良大姐，也说说接管大城市

作为长时间生活在南京的市民，这几年来，每到 4 月 23 日对于南京人来说这很特殊的日子，我都会和南京人一样，格外怀念陈修良。

我没有直接接触过陈修良大姐，可对她并不陌生。一解放进南京城不久，就听到陈修良的名字。但引起我注意并忘不掉的，还要从我初见柯庆施说起。到南京不久，我在省委财贸部的信访处工作。有一次随刘和赓主任向柯庆施汇报工作，柯主要听取当时江苏、南京的财贸情况，和市场动向的汇报，老刘带着我去，是以备柯老问及细节或群众反映，随时作补充。刘主任讲到当前有些工商业人士的家属反映收入下降，物价上涨，生活出现困难时，柯庆施劈头就来一句："他们还想过旧社会的好日子啊！这帮剥削鬼，共产党不会听他们的。"接着还训斥，什么党内有的干部，立场态度有问题，站到资本家那边去了。柯庆施指责了好一阵。出来后，我在车上对刘和赓说："柯书记讲话怎么这么粗野、不讲道理啊……"刘随即踢了踢我的脚，指了指司机，止住我再往下说。后来开机关干部大会，又听到柯庆施在大会上大声批评：解放了，还有地下党的干部穿旗袍、打洋伞，为资本家说话，哪像共产党人的样子！这话留给人的印象，是指责陈修良和地下党过来的干部。我虽然一直在根据地里工作，但也在上海待过，知道地下党员是不可能像我们这样穿统一

制服的,不穿旗袍穿什么?心里便嘀咕:你柯庆施不也是在地下党工作过吗,怎么这么说呢?以后不久,就没有听到陈修良的消息了。

这些,是几十年前的记忆啰。

前些年,我在回忆徐雪寒、许振东、朱枫和上海鼎元钱庄的桩桩旧事时,得知朱枫烈士早年在宁波师范时与陈修良就是同窗好友,并受陈的影响而向往进步,走向革命事业。因为我在许振东家和鼎元钱庄里见过朱枫,对这位后来大义凛然的女英雄十分敬佩,自然也连带起对陈修良的敬重。徐学寒嘛,因为曾是上海地下党而遭到残酷磨难,建国不久就坐牢十几年,由他的遭遇不难想象同是从事地下工作的陈修良和她丈夫沙文汉,受到的打击迫害会是啥样。而她在南京地下党的那些生死战友,刘峰啦朱启銮等人,后来还是我的领导与同事,所受到的不信任与排斥,则是直接听闻、直接知道原委的。我一直在财贸口工作,刘峰是南京市委分管财贸的书记,算是我的领导,而他姐姐刘华还是我抗大的同学,两家孩子还有来往。朱启銮的学识很深,一直在文教口工作,他女儿小蔓与我的几个孩子是同一个中学的,关系更密切。刘峰、朱启銮等在南京地下党和解放南京中所做的贡献不说,光是他们的工作水平就该受到重用。相反的是,不但没有被重用,反而在各次运动中反复遭审查挨批判。

陈修良去世后,唯一的女儿沙尚之为了收集、整理她父母的资料,到南京来,有人介绍她找邓伍文,我这儿子给她帮了忙,他们成了志同道合的朋友。我的大儿媳的亲戚周虞康老师,浙江鄞县人,也是沙孟海、沙文汉少有的亲戚。他多年联系沙家仅存的后人,种种原因而无果。两年前,通过我的两个儿子,帮助周老师和沙尚之互认亲戚,恢复了联系,成全了一件好事,双方都很高兴。2018年吧,我儿子到上海去,沙尚之、周老师到南京来,他们见面很亲切,互帮互助也更多了。我这两个儿子也算代我尽了敬仰、怀念陈修良老大姐的一份心意。从那以后，我对陈修良的了解也更丰富了。

陈修良重新回到人们视野中，首先是她对和平解放南京的特殊贡献。有一幅新创作的油画，重现硝烟中占领总统府，不再是无名的解放军战士，而是代表解放军的陈士榘将军与代表地下党的陈修良书记紧紧握手，"双陈会"恢复了历史的本来面貌。现场当事人之一的吴镇，也多次向我回忆他亲身经历了那一历史时刻，真实场景就应该是那样。吴镇和我一样，都是从上海参加新四军的，他比我大一岁，解放后历任《新华日报》的社长、总编，又是省委办公厅的副主任、省委副秘书长，现还健在。我女儿、儿子每周都去看望他，听他讲过去的故事。过江时，吴镇是24军政治部秘书科长，他紧随8兵团司令陈士榘、副政委兼政治部主任江渭清，同行有司令部机关的十多人，从镇江登岸后，乘坐火车，一个车头单挂一节邮政车厢，直奔南京，在尧化门下车后就直奔总统府。当初的战役计划过江后东西两面包围南京城，准备与国民党守军展开激战。粟裕指挥三野四个兵团发起渡江战役，西边有王建安的7兵团、宋时轮的9兵团，分别从安徽庐江地区、无为含山地区过江，由西向东包围南京，陈士榘的8兵团从扬州、仪征过江，计划从镇江由东向西包围南京，叶飞的10兵团从江阴过江，担负切断沪宁线，并准备打上海。战前，粟裕率领三野指挥机关进驻泰州白马庙，也就是新中国海军的创建地。

我和我爱人邓克生跟着华中银行的总行，也进驻到泰州，为渡江战役服务。由于敌人飞机不断空袭泰州，总行在城里住了六七天，就撤到郊区的郭村，金库及大量的库存钞票与物资，则搬到西郊张家坝的一个祠堂里。原准备激战的我军并未遇到抵抗，实际只在南京北面的"三浦地区"（江浦、浦口、浦镇）稍有战斗，国民党军就弃城而逃了。我军未放一枪直扑城内，有点意外。地下党的市委书记陈修良,很快找到最先进城的解放军,接上头。吴镇回忆说,他紧随陈士榘看了看总统府,记得蒋介石办公室保存着原样,然后就穿过成贤街直插西康路美国大使馆。陈士榘和陈修良接头时,吴镇目睹了"双陈"握手。陈士榘当时连声感谢地下党做了大量工作。陈将军后来出回忆录又重提往事,继续称赞地下党,晚年到上海看望老年的陈修良,再次紧紧握手,一往情深。

南京真是未遭战火就获新生的大城市。人们感谢陈修良,感谢她领导的地下党员们。这段历史,总算得到了尊重。

时光过去了七十年,好多事模糊了,也有的事更清楚了。大概足足好几年了,有一件事理让我心思牵挂,我总觉得,陈修良领导的地下党呀,还有一桩大功劳不该忘记:南京和平解放了,没有被战火破坏,不等于全城生活秩序良好,不等于春夏期间经济秩序顺畅,不等于所有的一切都平安稳定;从这个角度想想陈修良他们,在大变动中精心维护"一国之都"的正常秩序,防止混乱失序,防止人为破坏,岂止是努力有为,甚至可以说有着特定的贡献。

我经历过大变迁,许多事记忆犹新。说起来呀国民党军队弃城撤退了,解放军开进又开出,全面接管多少头绪待理,偌大的"首都"一时成了不见政府管理、不见守军驻扎的一座空城,无所指挥的警察们也一度中断原职守,各市区真的陷入无政府状态,全靠市民自管自。一时半会儿,看不出危险,不出三五天,社会上哪个角落出现混乱,一旦漫延,危害随即暴露,迅速威胁到满城的平民百姓;到处躲着藏着散兵游勇,还有地痞流氓,再加没吃没喝的少数贫民饥民,趁乱哄抢米面粮行和商店,甚至抢劫警宪仓库,这种情况在其他大城市里发生过,这类劫乱,遭殃是商家是市民。4月23、24号那两天,解放军一支支队伍开进城,首先要占领机关、发电厂、邮电局等重要场所。正式的"军管会"到28号才宣布挂牌成立,尽管军令飞快，也还是没能与地下党就全面接管事宜事先衔接好，毕竟地下党熟悉情况呀。听说咱大部队一进城，就命令旧的警察全部放下武器，缴枪下岗，这下子，人为形成治安失控间隙。其实，我军号令渡江、国民党军队纷纷脱离的头两天，即21、22号，南京就已经多处出现异动，有劫舍的，有劫商的，虽然22号下午较为突出，流氓地痞趁乱为害，所幸不是大规模的冲突混乱。陈修良他们也较早就意识到了，应避免权力短暂真空下的失序，那会给普通市民造成困扰。

也就在蒋军溃败之前，中共南京市委就已经成立了"警察运动委员会"，负责针对性地做警察系统的工作。派专人打进警察队伍，物色警员中的进步分子，发展成共产党员，有计划地策反中下层。陈修良了解到南京的警察中，有一大部分来自河南、重庆、贵阳及南京本地，大多初高中毕业，生活待遇低，普遍对现实不满，这支队伍是可以分化瓦解的，多数人不能简单视为"反动警察"。依据这一实际情况，她要求"警运委"抓住机会，派人打入各分局，暗中组织警员，布置迎接解放的任务。与解放军接上头，交接工作时，陈修良还特地带了警察局的一位负责人，就是已转向革命、愿为新政权服务的。

为了维持社会秩序，南京地下党两手抓，一手组织工人、店员、青年学生及市民成立治安群众维护队伍，另一手稳定旧警察队伍，利用他们来抓社会治安。早已渗透进国民党警界的我党力量，组织起旧政权的警员留守看管，组织他们复职、徒手站岗，配合新进城担负接管任务的解放军，稳住秩序。很快，及时制止了秩序恶化的苗头。随后，新政权的公安局留用了一大批旧警员，他们熟悉社情地情，人数一度高约4000人。这就保证了世界瞩目的"首都"在和平占领下真正实现平稳过渡，转入秩序井然。南京地下党此举，从陈修良几天之后5月2日给华东局的报告中可印证。

我也想过，陈修良他们这样做，重稳定、讲政策，当然是无可非议的。实际效果嘛，一方面对老百姓有好处，对新政权有好处；另一方面也有利于改造旧的警察队伍。说人家"旧"，人家不全是反共反人民的坏人，不少人就是图口饭吃、谋个正当职业，特别是刚入警的年轻人，本来就对国民党统治下的腐败现状不满，谁不向往新社会新生活呢？直到1964年"四清"运动时，我和南京公安局的同志共事数月，问起那段历史，包括留用警察的处置，他们也说不少旧警察经过多次审查，并无恶迹劣史，平日里没有欺压老百姓，更没有欠下杀害共产党人的血债，南京城里找不到几个坏警察嘛。后来一次接一次的运动清理，逐步淘汰，安排人家下岗，年纪轻轻就回老家，有些发了点粮食盘缠，便打发下乡了。

同样解放之初，同样是接管大中城市，那时我是在银行系统。回想我们华中银行，从根据地进入大城市，也面临过如何对待旧银行、旧银行职员的问题。淮海战役后期，华中银行随三野大军推进，一路凯歌一路小跑，解放一座接管一座，一路接管了多少银行、钱庄呀，我们都做到了新旧交接平稳，金融秩序过渡平稳。这可是真不容易呀！共产党办银行，在自己的根据地里，在解放区里面有一套办法，有一套人马。呼啦啦进城了，一管一大片，如何对待老银行，用什么办法，用什么人手？考验来了。一刀切，全赶走？显然不切实际，何况那时的"城里人"信不信你共产党的银行还不好说呢，总不能用枪逼着家家户户去存款取款吧。特别是南京市这么大的城市，多少工商户，加上多少倍的老百姓，华中银行一下子也顾不了，根本管不了那么大的摊子，只能新旧并存，逐步接管、逐步过渡、逐步改造。

具体说来，华中银行的几个行长中，数忻元锡头脑最灵活、反应最快，处理问题也果断利索，接管工作就由他去打头阵，摸索来经验，真不少呢。还有陈国栋，他主管全盘。我们摸索、积累经验，是从接管淮阴市开始的。这是率先进驻的第一个中等城市，算是江淮重镇，但毕竟还是多年在解放区包围中没有急于拿下的城市。真正从国统区拿过来的大中城市，还数徐州和蚌埠。淮海战役一结束，就派出当时已任华中银行总行行长的忻元锡，立即就任这两市接管委员会的金融部部长、银行行长，注意发现并解决问题。

有了在淮阴、徐州、蚌埠的经验后，随后每打下一座重要城市，就把华中银行的领导派去做该市金融口的负责人。随着合肥、泰州、扬州、南京、镇江、无锡、苏州等苏皖一连串大中城市拿下，华中银行总行四个行领导龚意农、邓克生、孙更舵、忻元锡，被华东局抽调出来，马不停蹄地分赴新解放城市，开辟金融货币工作：龚到合肥，任皖北分行行长（后为安徽省分行行长）；邓到泰州，任总行行长兼苏北分行行长；孙到南京，任分行行长；过江后，忻元锡又到无锡，任苏南分行行长。直至1952年底，苏北、苏南两大行署与南京特别区合并成江苏省，他们"各领令箭"的戏才告结束。这几个"财神"，亲自出任新接管的各重点城市银行的行长，面对新占领区金融秩序的新题目，连篇做"稳定"的大文章。

党中央进了北京，中国人民银行统管起各解放区的银行，华中银行改为人民银行华中分行，可大家习惯仍叫华中银行，因为我们行的钞票还在流通，随着部队南征，南下到哪里，印着"华中银行"的钞票就出现到哪里，到后来，过了浙赣线，连福建老百姓手里都有华中币。战火中成长起来的华中银行，如何赢得老百姓的相信，所到之处站住脚，如何协调稳定银行货币局面，如何保障城镇市埠的工商秩序，如何保障城乡的民众生活，全是大块文章呀，由于统筹人高屋建瓴，组织布局稳妥，华中银行从大局上稳住了苏皖大中城市的金融秩序。具体的措施，有几点我还隐约记得：

一是对老的金融机构不搞"一刀切"式的取缔，只取缔或接管敌伪政府的官办银行、官僚资本银行，就是中央银行、中国银行、中国农民银行几家，禁止它们再营业；而对一般私营钱庄、商人合股小银行，仍允许继续挂牌开业，不加取缔，也不派驻军代表；华中银行的政策是允许并鼓励民间的银钱业、钱庄、当铺合法经营，"准其做存款、放款及内汇业务，但不得利用其资金囤积投机、操纵市场。"这就让这些业主及围绕它们结算往来的工商户、储户市民放下心来，他们的原有财产不会丧失，经营不会中断。解放初，允许私营银钱业的经营，比现在还宽松、活跃。

二是不搞"连锅端"。对参入官办银行的商股进行股权审查，承认并保持他们的股权权利，不仅不剥夺人家的合法财产（几年之后，搞公私合营，剥夺强置了他们的股权，那是另一回事，后话别论），还对这些旧金融机构的职员区别对待，大量留用，只对查明确系政治反动的人才开除清退。《华中银行总行关于新解放城市金融工作的指示》还专门要求"对于银行旧职员及有相当技术的人员，应设法罗致"。我们克生在这方面特别注意，他知道旧职员中许多人有专长有经验，且职业操守又好。作为行长的他，下了多少功夫，做说服动员工作，要求我们华中银行的人，向留用人员学习，学银行技能。记得有几位留用人员多少年后还对我说过："共产党刚进城时还是讲政策的，对我们旧职员还是尊重、敢用的，没叫我们丢饭碗。"

三是清理好银行的债权债务，尊重了企业运行的原有轨迹，不搞"概不认帐"，那样做会逼死企业，遭殃的还是老百姓。承认正当的债权债务，也反映出当年对私有经济权利的承认与尊重。即使对取缔、没收的官办金融机构，也抓紧资产财务帐表的清理登记，对其中一般商人、市民储户的存贷款、汇兑款及信托资产，在查明性质后还是认帐的，"一般存款即时解除冻结，越快越好"；只对国民党要员、战犯的资本私产没收，对投机性的资本予以禁止，待后处理。承认私有财产合法性，这对稳定民心起到了巨大作用。

第四条，就是妥善处理两种薪酬制。华中银行员工随野战军一直实行供给制，每月除了极少量津贴，只有维持低水平基本生活所需的实物供给，上下一致，大家也没有什么想法，彼此无怨言。进城接管老银行老职员，并在一起共事，对旧机构旧人员仍是薪水制，保持他们原有的收入水平不变。这就出现了干同样的活，却有两种待遇的问题。华中银行1949年1月发过"总行通知"，就是"关于吸收旧银行人员工资待遇问题"的，组织上还通过大会动员、会下谈心等方式，做好行员的思想工作，我们这些华中银行创建以来的老行员，首先表现出较高觉悟，防止了新旧薪酬的连锁冲突。新老相处融洽，安心工作，也就保证了银行界业务不中断，保证了社会上金融秩序的稳定。

银行里面稳住了，外面是风是浪都能驾驭得开。华中币的发行与流通，做到有效调控，华中币较快赢得市场信任，本身良序循环，一路接管下来，所到各大中城市都没有出现大的金融混乱与失序，促进了老百姓对新政权新货币新银行的认可，也大大有利于百姓对共产党的认知与信任。

这把年纪了，重新说起我经历过的那些往事，在华中银行旗下，陈国栋、忻元锡、孙更舵、邓克生等一批耕耘者，面临天翻地覆，为金融秩序交出的答卷，我看与陈修良遇到想到的是同一性质的考题。他们都能从实际出发，没有搞"左"的一套，社会没有失序，新旧管理层过渡，衔接得好了，百姓叫好。不是那个时期的人，可能不太了解、不能理解，在那特定环境下，新旧秩序平稳接替是何等重要。所以我要大声讲，陈修良他们对旧警察所做的工作，平稳，不折腾，值得后人深思。

（2019年春）

她成长为一名财经战士[1]

——臧文个人经历及资料

采访者：臧文老人已经 90 岁了，听力中度障碍，但是她身板还硬朗、思路敏捷、表述流畅。她热情地招呼着我们摄制组的每一个人。知道我们要来采访，她早早准备好了赠送给摄制组的回忆录《不尽的思念》，并找出了 1991 年在江苏盐城抗大五分校旧址前女生班的合影。指着照片上的抗大女学员，老人耐心细致地一一做介绍，并将她知道的联系电话告诉我们。举手投足间，老人对抗日军政大学的感情，不加掩饰地溢于言表。

1940 年的秋天，臧文离开上海，奔赴苏北抗日根据地。

到达盐城第五分校那天，臧文她们远远地看见学校门口写着八个大字"团结紧张 活泼严肃"，心里别提多高兴了。蒋瑛被编在女生队一队二排，臧文被编在一排一班，开始了紧张有序的学习的生活。初见抗大的这八个大字，深深印入臧文脑海，也影响了她此后的一生。

有一次，学校在野外一个坟地旁边上课，敌人的侦察机就在头

---

[1] 抗战胜利 70 周年的前夕，作者接受了国防大学政治部宣传部同志来采访，得到采访记录一份，阅读之后，做了仔细修改，随留下《抗大回眸——臧文，成长为财经战士的起点》一文。该篇也是宣传单位采写她个人生平的唯一作品，文中所摘引的部分，与自家所编的小册子有明显重复，删改后汇同作者其他文字，另组成本文，对题目也做了相应的修改。

上，臧文她们趴在坟堆后面，因为飞机飞得很低，她们都可以看到飞机上的驾驶员。这时，那个驾驶员也看到了野外的抗大学员，就开始疯狂扫射。臧文当时腿上打着绑腿，飞机飞走后，她忽然觉得小腿那个地方怎么痒了？伸手一摸，一看手上是一把血。原来日军飞机扫射时，子弹擦伤了臧文的小腿，回到学校她赶紧去学校卫生队包扎，好在没有伤着骨头，只是皮外伤。有了抗大这段危险、艰苦、紧张的生活熏陶，臧文认真而干练、不怕苦、敢挑担、对工作一丝不苟的精神也培养出来了。

抗大学习后，臧文和一批抗大同学分配从事财经后勤工作。那时，臧文所在的华中金库常随苏中分局、新四军军部及一师转移、驻扎。由于日寇扫荡频繁及后来解放战争时期苏中、苏北的战局动荡，部队与党政、财经机关常常行军、转移。臧文白天背着库款包、帐表包行军，夜里枕睡在钱包上，遇到险情还要紧急转移。比起抗大，生活更艰辛、工作更紧张、节奏更快，臧文的适应，得益于抗大锻炼。干起事来，臧文总是雷厉风行，从不拖拖拉拉、松松垮垮。清点、捆绑钞票，迅速准确。点钞中还要把华中币与蒋管区的法币分清，而法币又要按不同银行（中央、中国、交通、农民）分类，还要区别面额大小分捆包扎，更是一项细致活。臧文和金库财经战友的严谨工作，井井有条的钱财、帐册管理，及时应对了军部及一师随时随地的提款需求，从未耽误过，深得首长信任。

在战争年代的财经战线上，臧文从事过出纳、金库保管、会计、稽核等银行职责；解放后又在省政府财贸机关、基层商业领导岗位工作过；改革开放后又转到全新的外贸系统，多次接受新工作新挑战，臧文从不畏惧退缩过。财经工作，讲究的是严谨细致、分毫不差，臧文深情地回忆说，这全靠抗大紧张、严肃的培训啊！

团结、互助、协作，作为革命事业的法宝，臧文是在抗大受到启蒙教育，并受益终生的。麦洁红（曾任中国银行江苏分行副行长）

与臧文同年同月生，又是和臧文一同奔向抗大的上海女青年。学习期间，与臧文互相探讨难题、交流心得；走向新四军财经战线后，又一起克服工作上的困难；思想上、政治上，俩人更是互交心底、排解困惑、携手前进，被战友们誉为抗大走出来的"三同姐妹"。几十年后一起回顾抗大历程，两人无不感触当年凝聚她们心中的团结校风。

臧文等正在抗大紧张学习期间，1941年1月，国民党发动了震惊中外的"皖南事变"，撤销新四军番号，停发军饷。新四军重建军部，同时设立财政经济部和江淮银行，急需财经干部，从抗大抽调了几十名男女青年学员，转入财会专业培训。当时新四军财政经济部部长朱毅考虑到大家文化程度不齐，对会计学借贷原理不易听懂，特地要求上课的教员针对学员水平，重编通俗易懂的教材。任教的闵之（曾任上海市物价局副局长、审计局顾问）、胡雨（？）是来自上海受过大学教育的，他们特地深入基层调研，结合实际编讲义授课，学、教之间充满了团结、关爱、互教互学的气氛。摸到了门路，突破了会计专业教与学的困难，教学效果大大提高。这批学员走上岗位后，陆续成长为新四军、华中局各地的财经骨干，解放后也成了财经战线上的领导干部。

朱毅部长在工作上对下属要求严肃认真，臧文曾因阿拉伯数字写得弯弯扭扭，被朱部长指正过。但他团结同志、关心同志又很热情。臧文有个叫王真的战友长期坚持在"海上金库"（新四军成立有10艘大帆船的"海防团"，华中银行常把部分钞票、金银转移到这些船上，成了"海上金库"），接触男同志机会少。朱部长特地关照海防团领导关心她的婚姻大事，朱毅由此被大家称作外冷内热的"热水瓶"。

粟裕、管文蔚、陈国栋等军政首长也是政治上关爱、团结干部的好领导，在他们言传身教下，臧文体会到革命大家庭中，团结真是力量的源泉。她记得整风运动中出现了这么一件事：到上海等敌占区做贸易采购和运输工作的，有个叫张渭清（属新四军一师供给部）的同志和日伪打交道很有办法，受到怀疑、审查，被关押起来。粟裕得知后马上发电报给管文蔚，要求立即将张渭清放了。要到敌占区搞兵工器材，不和日伪打交道怎么行，不花些钱怎么行？斗争需要，张是有贡献的。管文蔚接令后亲自下令放了张渭清，还向他赔礼道歉。后来有部电影《51号兵站》，影片中"小老大"一人的原型，就包含张渭清同志。

臧文工作不久，有个叫薛如英的同事被人怀疑放走了一个开小差的。组织上叫臧文日夜不离地看管她。其实她是清白的。陈国栋得知后立即指示说，没有真凭实据怎么能把人关着不放呢，并亲自安慰薛说"没有你的事，回去好好工作"。还教育大家说，革命要成功，不团结、吸引越来越多的人怎么行呢，随便怀疑、排斥人，岂不是把自己同志推向敌人？讲团结，靠团结凝聚革命力量，印在臧文脑海中的抗大精神，又一次体现在首长的领导风格中。这段经历，加深了臧文对团结的理解，成了她日后注意尊重同志、讲究团结的工作特点。

成立财政经济部，组建江淮银行、发行货币，是新四军打破国民党军事、经济封锁的重大举措。臧文随部分抗大学员分配到了新四军财政经济部，后又调到苏中四分区金库工作。开始臧文不愿意去，因为她觉得革命革的就是那些银行家、资本家的命，金银货币是反动派的剥削工具，现在怎么要去做银行货币工作，想不通。后来她们指导员就讲："革命也要有财经部，革命也要搞财经工作，要吃饭，要穿衣，不但部队要穿衣，部队打仗也要用钱，没有自己的银行是不行的。"臧文经过思想斗争后同意去金库工作。从此，直到退休都一直在财经战线工作，成为一名称职的财经干部。

也正是这一次的选择，臧文遇到了她相濡以沫的爱人邓克生。1942年冬天的一个晚上，在苏中四分区金库工作的臧文要送押钞票到苏中金库去,她在南通地区石港附近的骑岸镇问路时,遇到了一位 30 岁左右的男同志,他身穿褪色的灰军装,一口标准的湖南乡音。他耐心地向臧文指着苏中金库营地的具体位置,给臧文留下了很好的印象。

第二年,臧文调到苏中金库任出纳,又一次见到了邓克生,才知道邓克生是财经处的秘书兼机关支部书记。后来臧文慢慢知道了邓克生是从白区撤退到苏中的文化人,他早年在老家湖南长沙就和李锐(解放后担任过毛主席的兼职秘书、中组部副部长等职)、黎澍(历史学家、中国近代史所长)、李普(新华社副社长,《开国大典》新闻稿的报道者)等一起参与湖南省委机关报《观察日报》的编辑发行。奉李克农指示到苏中根据地后,曾担任陈丕显的秘书。后来华中局曾山等领导又用其所长,调他到苏中行署财经处、华中银行专做财经、银行工作。

在工作中相处了一段时间后,臧文感受到邓克生政治上坚定可信,为人厚道诚恳,性格温存随和。而他和善待人、尊重同志的性格,与印在臧文脑海中的抗大团结精神,又是如此相同。后来,华中银行随我军每次解放新城市、接管银行,招聘工作人员,邓克生总能善待、接受、留用旧银行的业务人员。团结人的内在素质,贯穿邓克生一生,赢得了所有与他共事过的人们尊重。邓克生也渐渐喜欢上了活泼可爱、工作认真的臧文。一天邓克生正式向臧文求婚,臧文同意了。

1945 年 3 月,他们正式向组织写报告要求结婚。组织批准后,他们将 3 月 18 日巴黎公社纪念日定为婚期,地点在宝应县境内的油坊头驻地。没有任何婚礼仪式,就在老百姓家里,把两个背包合在一起成了家。

从抗大校门题字所见,到校风熏陶,再到新四军、华中财经战线的亲身经历,臧文对团结、紧张、严肃、活泼的抗大精神,终身难忘。尤其在直接、间接领导，教育她成长的朱毅、曾山、徐雪寒、陈国栋、忻元锡等一大批财经首长身上，臧文总能看到抗大精神贯穿于革命实践中。这些深得臧文敬重的财经领导，工作起来紧张、严肃、认真、一丝不苟，算帐筹款、管钱用钱、安排调度资金，细致周密；掌管大局、主政全局，更是重团结、讲团结、善于团结，调动了党内外大批人才的革命积极性，开辟出了新四军、华中根据地的大好局面。

解放战争开打前后，国共分裂，国民党加紧了对华中的军事封剿。新四军、华中根据地及上海、南京地下党的财经需求大，加上国共谈判期间的经费压力，华中财委、华中银行面临很大的经济难题。曾山、陈国栋、徐雪寒及臧文爱人邓克生，团结了在上海的党外同志、金融人士许振东，通过他设立了我党在上海的地下钱庄、秘密金库，建立起根据地与国统区之间的地下"通汇线"，为新四军、第三野战军需，为迁至南京的中共代表团及上海地下党的经济保障，都做出了重要贡献。

淮海、渡江两大战役，对钱款、炮弹、粮草、车船的需求极大。陈毅、粟裕调朱毅解决炮弹的制造、运输，朱毅被朱德、陈毅、粟裕老总誉为有功于淮海大战的"炮弹专家"。陈国栋、忻元锡被任命为支前副司令，保障军需供应，陈国栋被誉为"运粮司令"，解放后长期担任粮食部长。陈国栋、徐雪寒、忻元锡、邓克生先后作为华中银行行长，为保障两大战役千军万马所需的大量钱款，日夜操劳，积心集虑筹集调度。忻元锡从新四军兵站站长、支前副司令，到打下徐州、蚌埠、泰州、扬州、南京、无锡、上海后，又积极组织接管银行、稳定城市金融秩序。忻元锡、孙更舵等分别担任过新解放城市的银行行长。

徐雪寒分别出任济南铁路局长、上海铁路局长。解放后忻元锡、徐雪寒分别担任过财政部、经贸部副部长，徐雪寒还被周恩来总理誉为"干一行，精一行"。工作在这些财经人才的身边手下，受教于他们的言传身教，臧文总是感受到紧张、严肃、认真的抗大作风始终贯穿于革命事业中。而他们之间高度的团结信任、紧密协作，既是他们出色完成历史重任的保障，也同样体现了抗大精神的光辉力量。

提起抗大的学习生涯，臧文老人感慨地说："在我的一生来讲这是最难忘的，后来的人生观、价值观、团结紧张的工作作风、待人处事原则，都是那时候培养形成的。抗大还把我引向党的财经工作之路，使我懂得经济工作、银行货币工作在社会解放、社会进步中的巨大作用。中华民族最苦难的时候，我深信中国一定会解放！所以抗日战争胜利，我们大家都非常高兴，抗日战争胜利的时候我在兴化城，非常开心，抗战胜利了，民族独立了，非常幸福。"

（国防大学政治部宣传部稿）

【附】回函说明

在寄回修改稿时，臧文特向采访者说明：

原稿中"军中神算"的提法不妥，我也不敢当。我是党和国家（包括抗大）培养出来的普通财经战士，仅仅完成了党交给的任务，并没有什么业绩和贡献。若闹出笑话，反而影响本应有的宣传效果。

若讲"神算"，直接或间接培养我、领导我的诸领导、诸首长曾山、陈国栋、朱毅、徐雪寒、忻元锡等一大批党和国家的杰出财经领导，及我爱人邓克生，他们的财经工作才华、感人事迹才配称得上。我有幸得到过他们的教诲、指点与领导，已陆续为他们写过回忆录，缅怀过他们的不朽事迹。而他们讲团结、注重团结、善于团结人的优秀品质，既是他们个人的杰出素质，也是抗大校风、我党良好党风的体现。

那一场没有硝烟的"货币战争"[1]

《扬子晚报》记者 马燕 李冲 沈春宁

70多年前的华东大地上，国共之间除了军事大战惊心动魄，同时还有另一场"货币之间的生死较量"。在中国人民银行南京分行行史馆里，记载了上世纪40年代，江苏区域"江淮银行、抗币和华中银行、华中币"的红色金融沿革史。当年，它们以符合商品货币经济运行的方式，打赢了一场没有硝烟的"货币战争"。

新四军办银行
从资本金到货币投放，始终以信用为本

皖南事变后，新四军赴苏北重建军部，面临着军费来源困难的问题。自主办银行成了迫切要求。那时，苏北还受到货币信用严重缺乏的困扰，百姓不敢持币，经济处于"以物易物"的原始交换状

---

[1] 本文刊登在2019年10月11日《扬子晚报》的两个版。媒体确立选题时，臧文尚健在，联系登门采访时，老人刚去世，其子女遵守母亲遗愿"多写老战友、老朋友，少写自己家人"，遂向媒体提供详实材料。报社又从主管部门获取的史料，确定主题——70多年前战地开办的江淮银行与华中银行、发行的抗币与华中币，以符合商品货币经济运行的方式打赢了一场没有硝烟的"货币战争"，称为"初心如金之峥嵘岁月"——大彰于报纸版面。

当时，同一主题下被列入采访对象的，还有忻元锡的夫人与亲属。为了体现臧文遗愿，特将其生前补充回忆忻元锡的一段文字作为附录，置于文后。

态。新四军银行如何建立起信用？

办法是这样的：银行把军部所持的金条银圆等军费当作资本金，解决挂牌创业资金来源，并作为所发抗币（华中币前身）的储备基金，军部金库同时也是江淮银行（华中银行前身，1941年4月创建）金库。当金银储备不足时，拿粮油盐布等实物充作发钞储备金。

江淮银行首任董事长朱毅后来还规定：足值储备不得低于80%，仅允许20%的信用发行。

在盐城抗大五分校第一期女生队中学习的臧文等学员，被抽调进行财会培训，是新四军银行首批行员，见证了华中银行靠信用成长的历史。她记得，银行从起步之初就尊重资本金的充实足值，尊重办银行、发钞票离不开市场资信，到后来的根据部队移驻变化调控物价、维护币值——每当新四军驻军增多，就多调物资投放市场；部队北撤时，抛出库存物资，多回收流通中的华中币，不让敌我拉锯状态下的百姓因持币"吃亏"。

抗币、华中币逐渐被百姓信任，成为苏皖地区硬通货。加上华中银行扶持民众经济，根据地财经实力增长很快，成了支持新四军、华中野战军队发展壮大的强大经济后盾。

后来，人心向背不光体现在军事战场上，也反映在持币选择上。新四军财经老战士黄如之、臧文记得，"战后遣散俘虏、发放路费，回乡的国民党士兵除了银元，也是宁要华中币而不要法币。"

华中银行办出商品货币经济特色，
与一批懂经济的人才分不开

臧文每当回忆起老领导总用"经济人才济济，个个叫人佩服"来称赞。

朱毅，1928年留学日本归国参加抗战，被陈毅特聘为新四军财经部长兼银行董事长来组建与发展江淮银行。行长陈国栋、副行长范醒之及臧文的入党介绍人宋季文（时任新四军一师供给部长），都是由财经银行专家章乃器所办财经训练班培训出来的。徐雪寒、忻元锡等副行长、行长，在华中银行也已显露经济才干。陈国栋被誉为"粮食活字典"。徐雪寒曾奉华东局指示携万两黄金秘潜沪、港等地开拓了金融、商贸战线。还有副行长李人俊、骆耕漠、龚意农、陈穆，与云集这里的顾准、孙冶方、薛暮桥、钱俊瑞等一大批经济精英，均是财经理论专家、商品业务行家，构成了华中根据地特有的商品经济人才集群。

众多人才中有一位"通俗经济学家"邓克生，被誉为江苏经济学界"受尊敬和怀念的前辈与典范"。今年92岁的原江苏省社科院经济所所长沈立人曾撰《邓克生传略》介绍，邓克生1911年出生于长沙，父亲是纸商。他原本可以坐享家富，却毅然投身抗日救亡运动，并以家财资助湖南省委地下党，还按党指示以置父母墓地之名购田庄作地下党联络点。他1938年加入共产党，出任湖南省委机关报《观察日报》总经理，并开办《经济学讲座》专栏，从日常经济现象入手，介绍马克思经济学原理。所写《新经济学讲话》、《经济学常识》等大众化读物，启蒙经济学知识，"教育了很多读者，不少人受启蒙而投奔革命。"

沈立人介绍，邓克生完全自觉地奉献于革命。"冬季一套旧棉袄，夏天一身夏布衫，一个背包，几本书籍，就是他的全部财产"，"唯一的奢侈品是一支金星牌钢笔。"正是这只笔、这几本书，表现出邓克生学以致用。1941年后，邓克生由党安排到新四军从事财经工作，先后担任华中银行分行行长、总行副行长、行长，他在讲解商品货币知识的同时，用这些经济理论积极为华中根据地创造财富。

提出"标、折、比"，类似于今天的"外汇牌价"

臧文回忆，华中根据地有着区域特殊性。一方面，长江中下游是我国经济最活跃繁荣、商品货币程度最高之地，即使军事对峙也阻挡不了民间商业来往和社会商品经济成长；另一方面，新四军解决自身财源也离不开商贸。不同货币间如何结算？华中币与域外币如何确立比价？这包含着经济学问和商贸技能。

在华中银行岗位上，邓克生理解、熟悉商品货币的专长得以发挥，他帮助朱毅、陈国栋等制定出台了"标、折、比"——类似今天银行的"外汇牌价"，及时、灵活调整华中币和国统区法币间的汇率比价。

一开始，华中币紧盯国统区法币来培育市场信用，流通信用确立后，币值巩固了、实力增强了，再不断调整。比值兑价从 1:1 到 1:5，1:10，再逐步向 1:20、30、50 升进。直到 1945 年 10 月宣布华中币放弃固定汇率，采取浮动汇率，由市场自然比价定价。国共和谈破裂后，华中币视法币为对手币，货币战进入白炽化。

人民银行江苏省分行离休干部黄如之，现已年过九旬。他 1940 年参加新四军，1942 年开始从事财经工作的，当时任华中银行黄桥办事处主任。他回忆："每个县支行或办事处都有调研员，他们通过商人，或者听收音机，每天了解上海、无锡的物价情况，再上报分析。"综合了各处调研员汇报的信息，邓克生等行领导再商议确立两种货币的折算比率，挂牌向市场公布。"标、折、比"掌握好了，汇率精算到位，对引导好市场交易、商人换汇和征粮征税，进而对支撑根据地的经济和军队后勤保障大局起到大作用。

"标、折、比"机制适应了市场变化，确保了华中银行、华中币的稳固发展。而经济后勤有一批懂得商品货币的人在抓，前方也就有了打大仗、打赢大仗的经济底气。

建立地下通汇线，华中银行的又一特色金融

回忆中，黄如之专门讲了一段特色金融史——"通汇线"：华中

银行与国统区的汇票业务。用华中币购买上海、无锡等敌占城市的期票,"交进口商人去购回医药、被服、汽油等军需用品。一方面给进口商人以厚利,一方面对他们进行爱国主义的教育。不少商人冒着生命危险,帮我军购进大批军需物质,对革命战争作出了贡献。"

臧文老人的回忆文章中,也记载了一段惊心动魄的历史:1946年,邓克生奉华中财委意见,与陈国栋、徐雪寒商议,建立了由高邮经扬州、镇江到上海,由淮阴到南京、上海的两条地下通汇线,解决大宗外汇的供求与支付、结转需要,打破封锁,也保障了国统区地下党包括国共和谈期间党在南京、上海办事处的活动经费。

这一重要金融阵地,由谁在上海出面?邓克生想到了相识、相知于桂林救亡爱国活动,当时活跃于沪的金融人士许振东。党出资50%、社会招股10%,许振东出资40%并任法人代表,副经理、襄理是地下党员,会计就是著名的革命烈士朱枫,筹建了鼎元钱庄。因市场资信良好,连国民党高官都将自己的私房钱入股、存放。鼎元钱庄,既是共产党在沪资金的"中转加油站",也是情报"收集站",还是人员秘密往来的"交通站"。

国共谈判破裂、国民党部队大举进攻后,汇兑业务停止,为防国统区货币贬值,许振东把钱庄结余资金全部购换成黄金。到1948年年底,鼎元钱庄向党组织上缴的黄金是900两,党投资的本金全部收回。臧文在回忆文章中写到,"党在香港创办宝生银行,鼎元出资20%做股东;夏衍和张尔华在香港成立大光明电影公司,鼎元投过去的资金是260两黄金。鼎元后又将盈余的100两黄金上缴上海地下党,还曾采购军用的胶鞋和搪瓷碗,解决了我军作战部队的急需。"

几年"货币大战"下来,华中币贴近民情、保障民利、促进区域经济发展,保持了币值坚挺和商业信誉;法币及后来"币制改革"出台的金圆券则滥发而不断贬值,最后加速了国民党的战场失败、民心溃失与政权垮台。

人民银行南京分行行史馆记载,为支援淮海战役、渡江战役,华中银行总行随华中工委向前线迁移,大量供应华中币保证前线军需供应所需经费。

70 年前的胜利史上,不能忘记这一页:华中银行和华中币。

【附】

补充说说忻元锡行长

最后说说忻元锡行长,也是我的老领导。第一次见到他还是他担任交通站长时,印象就是身材高大、一副帅气,很有海派气质,他见事快、办事利索、处理问题果断,最具上海人特征。其实他出身在宁波舟山,年轻时在上海火柴煤炭大王刘鸿生旗下的元泰煤业公司当煤栈会计,新四军刚组建时,他从上海组建了一支煤业救护队,带领上百人几十辆汽车奔赴新四军,后来就成了新四军军部总兵站的站长。皖南事变他勇敢突围后来到苏中,又组建起苏中的敌后交通网,担任了苏中交通总站站长。

我们对忻元锡,有时在私下也叫他"上海小开"。他后来担任华中银行副行长、行长,就成了我的上级。而他在担任银行领导的同时,又兼货贸局局长,一身二任,既说明了忻行长同时具有领导贸易的本事,又反映出那时的华中银行与商品贸易业务的关系密切。如果只是在根据地地皮上发发钞票、盘盘钱是做不大的,华中银行能做大做强,自然也包括所支持的新四军得以发展壮大,很重要的就是支持根据地军民与上海等敌占区做大了商品买卖,财源很大程度上与货物流通贸易有关。华中银行的信贷资金除了发给根据地的农户,扶持农业生产以外,大头还是用于扶持商贸活动。根据地的农副产品源源不断卖到上海等大中城市,再从上海采购军需补给,包括制造迫击炮用的无缝钢管也偷偷走私运到苏北。电影《51 号兵站》反映就是这段史实。我也亲身经历过搭船由上海运输禁运物资到根据地的险情。

从1946年11月到1948年11月忻行长一直兼任苏中根据地货贸局又叫外贸局的局长（当年设外贸局这么个机构，陈国栋则长期兼任过两淮盐务局局长，可见华中局华中银行对区外贸易、对商贸盐贸的重视），直接抓对上海的贸易。1946年华中局决定进一步扩大在上海的经济战线（也是继徐雪寒所开辟、领导的上海金融贸易战线之外再开辟第二条线），找负责人，国栋说元锡是担当此任的不二人选。忻元锡晚年回忆说："原知华中局已派徐雪寒带着大批资金到上海筹办了一批商贸、金融企业，现在又把同样性质的任务落实到自己肩上，深感责任重大。""我长期分管金融贸易，对外派干部大多熟识，因此领导决定我去上海把各地区各系统的贸易机构加以整理、加强，和解放区内的江海、利丰等公司对接。"忻行长从银行、货管局、公司抽调了一批得力干部，又和华中局的财经处长顾准一起作了研究，决定在沪分散目标、多建机构、增加渠道，还带了顾准写给上海地下党及立信会计系统同行的信，从华中银行提领了500两黄金（另1000两黄金由陆振东随后携去），化名柳明、傅才康秘密潜沪。

果不其然，忻元锡一赴上海组建起大华贸易、吉泰商行等一批商贸公司，挖掘、利用上海的商贸资源，除了他大哥开的大华木行，舟山籍的商人，顾准介绍的关系，还包括刘鸿生公司的高管金振华、英籍犹太商人贝尔逊等，利用这些头面人物与中上层关系，筹办公司、采购紧俏与禁运的军需物资。苏北的生猪等农副产品到沪后能很快有下家销出，根据地急需的五金机械、纸张油墨、布匹染料特别是通讯器材、药品器械，物资又由另一些渠道、公司购进运出，生意做得不声不响却红红火火。生意做大了，为避免大规模特别是集中发货到根据地引起当局的怀疑，忻元锡还和上海地下党几次接头的翁先生（后来忻才得知是方行同志，也是安排我投奔新四军的老地下党）商量了两大对策，一是分散到江、浙、鲁等不同口岸码头转接送，二是又组建了"笙记运输行"等运输渠道。根据地也组建起自家的运输船队，成立江海运输公司，新四军还组织起保护江海运输的海防团，由4旅旅长陶勇（解放后是驻上海的东海舰队司令）兼海防团团长。忻行长等通过贸易为新四军购回了79船次上万吨物资。就华中银行对新四军由商成长、由贸壮大所做的贡献，史家不能忘记。

忻元锡所具有的头脑灵活、反应快、处理事务果断的上海人特点，后来还被委以重任。在淮海战役、渡江战役准备工作吃紧时，华中局成立支前委员会，又调他担任支前副司令，和陈国栋一起抓钱、粮、草、运的筹集供给。打下敌占城市后到新城市去稳定工商和金融经济秩序、探索接管经验，又派他打头阵，去担任军管会财经部长兼金融部部长。淮海战役后他先担任的是蚌埠市的这一职务，过江后在无锡担任的也是此职。后来转为苏南银行行长，苏南分行与苏北分行（克生任行长）、南京分行（孙更舵任行长）三行合并为江苏省分行，他又出任行长，直至进沪调任上海人民银行行长。若说金融敏感、货币敏感，是经济的晴雨表，忻元锡在银行这个位置上，真把上海人机变应对的才智与金融才干发挥得完美。

晚年忻元锡由财政部副部长回沪担任市常委、副市长，继续为上海建设出力，遇到过非议。习仲勋代表中央找他谈话要他"放下包袱、大胆工作"。回沪重新工作期间，没有忘记当年顾准向他介绍、推荐立信会计事务所一事。专门接待了顾准的老师90岁高龄的潘序伦先生，帮助选校址、恢复了久负盛名的上海立信会计学校。

回想新四军办银行得以成功、壮大，上海人、上海缘，密不可分，纪念几位老前辈，更有助于今天加深对上海金融地位的认识。

（臧文 2019年5月口述）

"长寿乡"随感[1]

——晚年杂想片断兼个人小集后记

2006年10月18日至21日,应人行南通分行离任行长殷德寿的邀请,老行长居乃吟、省人行黄如之夫妇和我,前去小聚叙旧,我们入住南通百乐门饭店。南通行为老同志安排一次这样的活动,大家十分重视,也很高兴。参与者有上世纪四十年代初财贸金融战线的老战士钟千里、田西畴、薛亚颐等,还有华行的章立功、叶维柏等人,特别是祝兴亚同志推迟苏州之行。会上,大家畅所欲言,讲述数十年经历的坎坷曲折,酸甜苦辣,人生道路大同小异。直到党的十一届三中全会,拨乱反正,小平同志主持确定以经济建设为中心的建国方略,接着又搞市场经济,才有今天的繁荣富强,国人有望摆脱贫困了。

聚会期间,承蒙不少同志记得、怀念克生。克生九泉有知,会感到莫大欣慰。

晚上,又为居老九十华诞举行寿庆宴会,共祝愿居老快乐长寿。居老吟诗答谢:"人生七十古来稀,而今八十不为奇。老朽今年九十岁,喜逢盛世迈期颐。"(期颐就是人有百岁。)气氛很热烈。

在通期间,还观光市容市貌,观看城市远景规划,参观历史博

---

[1] 本文摘自本书作者给亲友的信,略有改动,曾作为首次编辑个人文集的代后记,此次重编《不尽的思念》,未做修改。

物馆，观赏美丽的濠河夜景、建设中的苏通大桥，游览了著名的如皋长寿乡，品赏了长寿菜。

　　长寿乡确实是个好地方。游览长寿园景观，印象最深刻的是一尊塑像，它引起我极大的好感，那就是美籍华人"神探"李昌钰的母亲——李王岸佛（原名王淑贞）女士。1897年7月13日王淑贞出生于如皋，2003年3月6日逝于纽约，享年106岁。

　　19岁那年王淑贞与商人李浩民结婚，后改名李王岸佛。1948年李浩民在赴台湾的途中遭遇海难。李王岸佛独自一人把13个子女（5男8女）抚养成人成才。上世纪50年代在台湾尚未流行远洋留学，她就陆续把子女送往美国留学，颇有超前思维。小儿子李昌钰是纽约大学博士，为康州警政署署长、美国及国际知名神探。女儿李小枫是匹兹堡大学博士，曾在纽约大学发表震惊医学界的抗爱滋病毒论文，获该校终身教授。除了这两个高知名度的子女外，其他孩子也都是科学研究工作者或是成功的商界人物。

　　为纪念这位伟大母亲百岁华诞，华盛顿白宫克林顿夫妇、康州市政府、市长分别为她祝福寿庆、立碑，并建有"岸佛园地"，供后人瞻仰。

　　看到这些，不得不令人想到许多海外学者、名流解放后纷纷回到祖国参加社会主义建设，结果不少人在历次政治运动中被整肃、批斗，搞得家破人亡。国内知识精英亦不例外，同样遭难。这种专制暴力体制如不改革，我们的子孙后代日子就难说了。

众儿女的附言[1]

【其一】

为自己生活
—— 写在妈妈的小书后面

邓晓文

妈妈 84 周岁了，还像年轻人一样思维敏捷、精力充沛，我们做儿女的倍感欣慰。想想她这么大年纪，何以这么有活力？觉得她 14 年前的一段话耐人寻味。

那是一个十亿人民九亿商，还有一亿待开张的年代。在全民经商的热潮中，偏偏有人毫不眼红毫不动心，妈妈就是一个。许多人来劝她出山，委以重任酬以重金，但妈妈不为所动。在给妈妈做 70 大寿时，我们兄弟姊妹七人，这个说："妈妈，您只要在背后出出主意，把把关，一切有我们。"那个说："把你那些关系联络联络，把你那些经验抖落抖落，就够我们受用的了。"任我们半真半假，连哄带劝，她老人家都笑眯眯地直摇头不点头。最后她说：我搞了一辈子的银行商场外经贸，都是服从组织安排为革命工作，现在我要为

---

[1] 原先三册《不尽的思念》，兄弟姐妹都有感言附后，重编此书，将稍长的单篇与简短的文字放在统一的标题下重新编排。

自己生活一阵子，做做我自己喜欢的事情。说得我们哑口无言。

妈妈一生在经济战线，算是金融老兵，商海老将。她16岁参加新四军，到抗大五分校、军部财经队学习，随即分配到苏中地区搞金库工作。满腔热忱奔解放区要打日本鬼子，却不能上前线，她埋怨了："我不当守财奴。"话传到了师长粟裕耳朵里，粟裕将军说："为革命当守财奴，当革命的守财奴有什么不好？"他严肃耐心地讲了革命根据地财经工作的重要性。从此，妈妈与算盘与钱物结下了不解之缘。在全党全国轻商鄙商乃至厌商畏商的年代，她始终在钱堆商海中打转。改革开放后她又一步跨入外贸系统。她以青春岁月、大好年华把自己的机敏智慧统统献给了终身信仰的事业——为中国人独立自由民主富强地生活而奋斗。

退休了，妈妈要为自己而生活，要干点自己喜欢的事情。

首先是读自己喜欢的书。她当年投身革命，就是先参加党的外围组织读书会，通过读禁书《大众哲学》、《西行漫记》等，逐步接受社会革命的思潮。到了抗日根据地，直到建国后，风风火火几十年，忙忙碌碌大半生，却很少有时间有心境坐下来好好读书。退休了，轻松了，可以随心所欲地想读什么就读什么了。每年用于买书订报刊的钱成百上千仍觉不够，听到谁手上有好书就去借；看到好书，自己买一本是不够的，还要买了送朋友送子女。一本好书在手，还没读完就忙不迭地找人分享，给我们给其他亲朋好友打电话，弄得大家心里痒痒的，好不容易等她读完，却又不知借给了谁，有时还收不回来，叫人干着急。读书还写笔记，可她的字草，我们看不太懂，只看她每天记，记了一本又一本。因为爱书读书，妈妈有许多朋友，甚至不乏当今思想最敏锐的名人，年迈不敢忘忧国，时常交流对时局的看法，议论民族独立国家富强，更坚定了年轻时对自由民主的追求。

精神食粮重要，物质生活也决不亏待自己。妈妈当过全市饮食行业的大总管，懂得食不厌精。平日菜蔬，家常饭点，妈妈做得又细巧又可口。旅游部门看中妈妈的手艺，曾两次带日本客人光临家中，让日本老人看看中国老人的幸福晚景。虽然语言不通，那些东洋老人每品尝一道小菜一份点心，都发出由衷的赞叹，争先恐后地询问是什么做的怎样做的，得知原来也只是山芋马兰头黄瓜等不起眼的东西，更是惊讶不已。没有外宾也没有内宾的日子既惬意又随心，炖粥五花八门，能出万种风情，葡萄干核桃仁山芋干随手抓一把扔进锅里，那味道就好极了，真叫人没的说。妹妹妹夫退休后，妈妈的精力从厨房退出，但风格不退，他们一日三餐的营养搭配很是科学。妈妈最近一次体检，各项指标包括骨密度，都处于上佳状态。她用电话把这个好消息告诉大家，每个人都为她高兴。

妈妈喜欢照相，也特别上相。心情好身体好时就上街转转，买上一两件称心如意的衣服，回来拍上一卷彩卷。每逢与家人与朋友团聚，妈妈都不忘带上相机，拍好了洗好了，就分发给大家。闲来无事时，一本一本地翻看相册，美好的岁月在眼前一一呈现，其乐也融融。

妈妈的手气的确好，经她手侍弄的东西都特精神，所以她一双手总也不肯闲着。春天修月季，夏天插菊花，冬天雕水仙，开出的花没人不夸。收集各国的邮票和硬币，随手拈来，并不刻意追求，也忙得不亦乐乎。兴致高时约几个老朋友，凑上一桌，搓几圈麻将。我们退休后，现在也每个星期都去陪妈妈打打牌，做做脑力体操。边打牌边交流信息交流感情，不玩钱，也就无所谓输赢了。

妈妈每天写大楷，左一页右一页的，自己欣赏，也让我们欣赏，好不得意。

妈妈从早到晚忙乎，总在做自己喜欢的事。

这些年，妈妈经常沉浸在对过去难忘岁月的回忆中，那些曾经朝夕与共的亲人与老战友，随着时光的流逝，陆续离去。有的逐渐被人遗忘。但是妈妈忘不了。妈妈就用笔写下了自己的思念，倾注感怀，在一些书刊上发表。

我觉得妈妈写得很朴实，情真意切，能感人，就建议妈妈开个博客，发到网上，让更多的人看到。妈妈同意了。开博时我问妈妈用什么网名？——妈妈说起自己生于菊花盛开的季节，外公外婆给起的小名叫阿菊，两位老人过世后，就没有人这样叫了，现在她常想起自己的爸爸妈妈，总觉得他们还在身边——就用"阿菊"吧。博客名称用什么呢？妹妹说看到妈妈的人都说妈妈依然年轻——我们就用"依然年轻"做了妈妈博客的名称。今天打开妈妈的博客一看，点击数已有21503了。

妈妈的文章在博客上发表后反响不错，说"真是平实的好文章"。网友评论说：革命过来真不容易，现在的许多人已忘记了这些；老同志要多保重。"看了您的文章，才了解老爷爷（朱毅同志）的经历，非常感谢！"

妈妈喜欢照相，博客上陆续发了一些照片。也有网友说"老人家真硬朗，祝您健康长寿！""祝您晚年生活幸福！"这是远远近近的、相识不相识的真诚祝愿，也是我们所有子女的共同心愿。

妈妈依然为自己生活着，大几十年就是这样，活得很充实，很快活，很有趣。

【其二】

邓建荣：

从小我和爸、妈没有生活在一起，对他们的情况知之甚少，今天一口气读完了妈妈写的东西，使我对他们产生了由衷的热爱和崇敬。爸、妈的结合和他们光辉的革命一生是我永远学习的榜样，伟大的母爱和父爱将深深铭记在我们子女的心中。

邓佑文：

Living with my mother, the most I have felt, I have learned from her is that the essence of life means to give not to take.

That is why she is always so busy, so happy, so healthy and so full of energy.

生活在妈妈身边，我感受最深的是：她让我懂得了生活的真谛是给予而不是索取。

这就是为什么她总是那么忙碌，那么欢快，那么康健，那么地充满活力。

邓尚文：

妈妈对往事的回忆，朴实的语言中饱含了她童年的艰辛（抗战时的沪、锡经历）、参加革命后遇到的苦难与冤屈（不光发生在妈妈、爸爸身上，还发生在她身边的同事、战友身上）。想想他们那辈子，真是受了太多太多的人生苦难。妈妈晚年还能在儿女子孙的幸福中享受到老年乐，还算是有幸，而早逝的爸爸却未能等到这一天。读着妈妈的回忆，想到这一点，又特别心酸。

邓仕文：

风风雨雨几十年，妈妈用自己的一言一行给我们树立了做人的榜样。她虽然已离休二十多年了，可是，不管天南海北，很多老战友、老部下、好同事都很乐意同她保持联系和交往。妈妈有男同志的豪爽，心胸宽阔，为人真诚坦荡，我们兄弟姐妹从妈妈身上学到了这一家风，都能和同学、同事相处和交往豪爽。

邓乐文：

　　岁月能够消弭以前的种种误解，生活也可以抚慰心灵曾经的创伤。每个人都在走向成熟，也将渐渐地走向衰老。此时在内心深处，却越发强烈地呼唤着亲人们之间彼此的亲情。往事像浪花般地消失得越来越远，但有些事却永远流淌在记忆的长河中。

——《感谢你，母亲！》

邓宪文：

　　如今有心、有时间端详满头白发的母亲，坎坷经历留下的斑点、皱折里隐约可见那为难、无奈、果断、坚定的表情。用刀、掺血、在心上、脑沟回上雕刻出的四维、甚至六维画，远比用钱买、用奶油在蛋糕上裱塑的祝福画，珍藏永久。

——《母亲节》

【其三】

一颗心，一把泪，一团火
——写在替妈妈做小书之时
邓伍文

　　咱家兄弟姐妹多，吃编辑饭的就有仨。按说当妈的要出个书，本不用她多操心。偏偏拖到老人家八十好几了，也没见个书影子。咋就派上"三个和尚没水吃"呢！这回好了，晓文姐先拿主意，那一天，距妈妈过生日只剩个把星期了，她当姐的发来短信，催我跟进，要替妈妈出本书，就当生日礼物急事急办。晓文姐最清楚妈妈的文字，早就替妈妈打理博客了，还不时通报点击率，又自称是妈妈的"铁杆粉丝"。接下来，她们还真指望我——因了我的会编辑，会排版，自家打印顺势装订，除了没书号，不比人正规出版社的书逊色。说做就做，几天下来，俟见着打印样稿了，喘息间，我倒想起得写点儿什么了。

自打小时候起，我就自恃聪明，并以调皮、不服人管出名。虽这样，遇上有本领的正派人，心里服了，一切都服了，至今依然。在家里，我服爸爸，他凭知识，能用各种道理开导人，不服也服。对妈妈，是听算盘珠子声听服的。她那一手好算盘，清脆悦耳，大批数据堆来时，算珠声如马蹄，她眼疾手快，招数尽在三下五除二中。我在一旁能看傻看呆掉。她呢，停下手时会说这不算啥，左右开弓，顶在头上盲打，那才叫硬功夫。这几招，我也偷偷练过，怎么也赶不上她的一丁点儿。就这，我服妈妈，服她的能耐。

不过，我也犯傻发愣，因小时候填过各种表，总会有父母亲的点滴信息，我知道妈妈的文化程度才"相当于初中"。奇了怪了，她咋不继续读书，为什么不进中学进大学呢？依稀记得，她后来隐约讲过，自己只念到小学四年级，还跳了一级。最近看到大舅舅（妈妈的大弟弟，小她五岁）写的回忆录稿，其中有这么一段：在上海，"在青岛路小学、成都路大华小学上学时，三姊和我是同班同学。我俩的成绩在班里是很突出的。有一次学校发给我们的奖品（银盾），三姊的上面刻的是'品学兼优'，而我则因为有时好打架而只得了个'学业优良'。"舅舅所称的三姊就是妈妈。舅舅还写道："1940年，三姊没上完小学四年级，去上海信谊制药厂当了工人。不久，她参加了共产党的外围组织——业余读书会……秋天，三姊就奔赴苏北参加了新四军。"

妈妈命里与书香若即若离。生于乱世，历经世乱，家境与世道都没让她学成、深造，小学没念完，连抗大也没正式毕业。50年代初，她本有机会去人民大学当调干生，因为爸爸（先是一场大病，后是"打老虎"时被打翻）她受累受牵连，再也不能去深造了。接下来妈妈连续生了几个孩子，其中有了我。让当妈的对我这个儿子失望不断，如需追述，那一定系于最初的"无奈"上，可以刨根问底到她怀胎孕我的岁月，那"胎教"就大不同于同胞兄弟姐妹们。收进妈妈小书里最长的一篇，妈妈追思爸爸，提到一个日子：1952年的2月19日，爸爸上了大报的头版头条，"老虎"、"右倾"；妈妈"包庇丈夫"；双双撤职。在政治环境中同享无奈的日子就此开始，他们不可能抗拒，冤屈一吃就是三十年，直到1982年12月才彻底平反，离爸爸去世都已六年！小书中有爸妈的一张合影，时间是1952年的春上，妈妈微挺着肚子，似乎无法掩饰着"胎教"——不服气、不信邪。几个月后，我在"打老虎"的余波中降临人世，"伟大、光荣、正确"的特殊"培养"，深深影响了我的一生。这个意义上的养育之恩，天然地刻骨铭心。

　　守着胎教，我最终也落得在无奈中打发日子。宪法上明明写着言论出版自由，可谁能尽情消遣文字品玩书卷呢？自己是胳膊不去拧大腿的软胚子，眼瞅着珍贵的史料，冷凳十年，整理再整理，只能另寻蹊径，暗恋于"名山事业"。记得爸爸生前曾抱病嘱咐，要我帮他打下手，收集整理早年的文字。不幸事成遗愿，遥待后人。妈妈退休后的第一件事，就是领着我，揣着爸爸的遗愿直奔湖南。当我们从湖南满载而归，收集到爸爸早年的大量文字，妈妈就开始考虑这批文字的归宿。最终，由她做出开风气之举，将爸爸的文字资料捐给省档案馆收存。再后来，她支持我去为老人们、精英们忙乎，替他人圆梦，竟然一发而不可收。当我把帮罗章龙做的书，帮李锐做的书，帮李普家做的书，帮何家栋家做的书，还有为我同学的父母做的书，一次次拿到妈妈面前时，妈妈并没有提出让我也帮她做书。她没有为自己动心。如果不是姐姐慧心，从妈妈笔底散落的珠子，还不定几时能串成链呢。

妈妈晚年的文字，还是有价值的。她为影响了自己一生的人而写，记下了感恩戴德般的思念，也写出了自己的命运。我在为人做书之余，又把妈妈持续思念的各篇聚成一本小书。这几本书的书里书外，多少也能看出从"五四"到"一二九"的知识分子们有些相通：长期在党内，多次被运动改造，最终回归于普通人。妈妈虽然没有成为一名知识分子，但她也紧跟着"一二九一代"的足迹一路过来，在她身上，也有那种"两头真"（即青年时代为追求真理真诚地参加革命，离休以后大彻大悟、真诚地面对社会现实）的意味。这本小书中，妈妈最后一篇的最后一句话是："这种专制暴力体制如不改革，我们的子孙后代日子就难说了。"这是妈妈内心的话，不加掩饰地随口道来。我很喜欢她的这种谈吐，体现了妈妈的风格。正像她很干脆地回答我不断的责难一样——我爱问她及和她玩得好的伯伯叔叔阿姨们：早知道国家弄成这个样子，你们当年还跟共产党玩吗？——绝不含糊，顶多提醒一句"可别到外面去乱说"。我援引她的这句内心话来充当"结语"，格外欣赏其点睛笔力。这，大概不违背妈妈的思念吧。

　　说到当今的专制暴力体制，成就它时，妈妈有过一份力；要彻底改革它时，妈妈有了一份思。这说明她还没有老，还能跟得上时代；说明她有勇气承认人生的弯路，依然是真诚地为民族、为子孙后代着想。记得爸爸病重的那一年的夏夜里，不知妈妈怎么听到我和好友聊天时的出格话，惹得她一时冒火，大声训我："伍文啊，你这样还像个共产党员吗？"甚至还连带教训起客人："你们这样怎么接革命的班呀！"当年严肃万般的"革命"的她，一旦意识到大半生竟和"专制暴力体制"相联，她也会笑嘻嘻地自称"我现在信仰自由主义了"，似乎有桑榆未晚的兴奋。不管她对自由主义的认识达到什么程度，她文章中所有与新的"信仰"不协调的文字，都被保留着。一滴水也折射光辉。我相信，通过妈妈不多的文字，可以看到他们那一代人的历程。

　　妈妈最思念的是她和爸爸的老朋友,特别是无端挨整的知识分子。如杨忠和顾前,是爸爸生前就参加追悼的死于"文革"的两位老友。而对不参与乱整人的老领导又特别思念,如朱毅、陈国栋。让儿女们感受家风的是,爸爸妈妈也曾当过一介领导,但他们从来不整人立威。几十年里,我们没有看过父母向被伤者道歉,哪怕是误伤都没有。他们一生宽厚待人,老来无愧疚啮心,也让后代有幸识得门庭清规:虽忝涉官场,当长留口碑,终不辱祖先。在这本小册里,妈妈写杨忠叔叔时,下笔不多,没有音容相貌,但极富感情,写了爸爸老泪横洒,似乎替爸爸诉说了心思。不单因杨叔叔是爸爸的救命恩人,还因为她和杨叔叔的夫人麦阿姨始终是最要好的朋友。妈妈特意写了一篇怀麦阿姨。书中所附照片,麦阿姨出现得最多。在麦阿姨墓前那张,足见妈妈心底的思念。顾前这个名字在小书中没有出现,仅在照片上出现了他的夫人彭涵明阿姨。顾前原是南京空军的参谋长,死得极惨。妈妈知道彭阿姨文化水平比自己高,很有能力。她看到我替李普(由顾前介绍入党)家以纯手工做成的小书,特意叮嘱再做一本送彭阿姨,示意彭阿姨也这么干,把自己的文字整一下,就用这谁也管不着的方法,咱自己出书,不看官家的眼色,不受那个气。这是咱的权利!

　　寒冬就在眼前,春天也不远了。回首五十多个春秋,除去当兵时有两个年头没见到妈妈,一年一年看着她从一头黑发到白发丛生,如今已是一片银丝。轮到自己也满头花白,才认真地思量起上一辈人的坎坷。生长在这片土地上,命途多舛呀。代代探索,终归正道。乱世过去是治世,专制也总要衰微的——我看妈妈,还有彭阿姨、麦阿姨们的生命旅程,只能这么概括漫漫八十多年的昨天和今天,并企盼着明天。令人欣慰的是:妈妈一直在向往自由,在摆脱无奈。我们会陪着妈妈,朝前走。这就是我最想说的。

我有幸第一个捧起妈妈的这本小册子——经我的手排、印、装，出来的第一本——好像捧着一颗心，捧着一把泪、一团火。颤抖的手抚着颤抖的心，不禁自问：能将那不尽的思念，化入这不尽的思考吗？每个儿女、每个中华儿女的心中，需继续和着泪，还是重新燃起火？

妈妈八十四岁生日后又一月完稿
（2007年12月下旬）

又补记：妈妈的小书《不尽的思念》，手工做出几本之后，看到的人开始鼓动她多印一些。这事也交给儿女们操办，到今天终于办成了——几大包书放进了她的客厅里。妈妈说："办了一件大好事！"我想，这类"好事"理应更多些，周围不乏和她经历相似的人，包括这本小书的读者当中，就应该有一大批。一大批人敢于写，敢于印，普遍的精神独立思想自由，那才是大好事。俄国的赫尔岑在《往事与沉思》中说过，每个人都有权写作回忆录，"只要是个平常的人就已经足够了，只要他有什么东西可以讲"，就"有权写作自己的回忆录"。虽然赫尔岑也提到写作的人"多少还有叙述的本领"，其实，这并不重要，妈妈有多少叙述的本领？小书照样成了嘛。道理就这么简单：好事由自己来做。

妈妈小书印成的当天
（2008年3月28日）

【其四】

心声寄语

2008年春上，妈妈的第一册小书《不尽的思念》做成了。2017

年入冬，在妈妈的指导下，历经四十余年收集、整理，我们完成了替爸爸补编文集的事宜，《邓克生补编四种》（上下册，约60万字）定稿前夕，妈妈提笔写下两行寄语，清清流出一丝心底之声：

寄语"补编"
补就补他原始真实
编则编成供人评说
　　臧文　九十四岁题
2017年11月28日
老邓去世41周年忌日

2019年7月26日，妈妈去和爸爸相依长眠了。来年8月，又历经一番盛夏酷暑，秋冬轮回，我们，我们姐妹兄弟，携手续编出妈妈的文集，《不尽的思念》有了第二、第三册，似可告慰先人释怀侪辈，且激励子孙了。

此时此刻，我们八子女同捧家书，叩首泣奉于父母灵前，八炷心香共燃，并肩左右，召齐膝下，熏香于天地间。我们，稍舒稍缓心气，跪拜上苍，谢恩造生命赐灵魂于我们的父母，铭记养育有期，骨肉有情，识得血脉无语，口碑无字，惟愿亲者朋邻，长思长忆，默瞻默念：

原始真实——

供人评说……

邓建荣　邓晓文　邓佑文　邓尚文
邓仕文　邓伍文　邓乐文　邓宪文
2020年8月19日

【其五】

形与神，安在兮

——写在替妈妈续编小书的后面

诸 文

妈妈走了，还不足百岁。那天早上，女儿围在身边，儿子匆匆赶到，她刚合上眼，停下呼吸——长眠了。

去办医学证明时，不许落下"无疾而终"四字，其实我们真说不上她有啥不治的病，头天晚上还言谈如常，一夜无大动静，只有点儿哼哼吟吟的不太舒服，闭目半眠，养神至天明，却无力舒展四肢，正寝长眠了。

妈妈心情好时，会叨叨心中的人心中的故事。更早些时日，她自己动笔，和着泪，一点一滴落在纸上。大女儿最先帮她输进电脑。一个有心，带起一家有心，终于有了妈妈名下的第一册小书；刚好在她耄耋龄的本命年里，印了一批，不够她散的，又印第二批。春逝秋去，飞一般地划过十余回，她故事不断，顺着她先叨叨，先草稿，我们再各尽其道，帮着电脑誊改的，帮查实史料的，帮打印的，还帮收集反响，有条不紊，陆续相衔。又逢她本命年，临百岁之前最后一次了，我们想着续编小书，上手很顺当，第二、三册编出了模样，可以逐章逐段地读，让她审稿，听着听着，她眯上眼，小睡了，吹来一阵风，醒来又继续听。不觉夏日晨风里，她又睡了，又睡了……

妈妈一身清爽，不负一丝痛苦，覆盖着洁白的单布，与爸爸相依长眠。她确无遗憾——生前想做的，都做了；想说的，都说了——不再多叮嘱一句。

头七、三七……倏倏而过，七七来临，正逢八月十五，果然是"月亮在白莲花般的云朵里穿行"，但已不能再"听妈妈讲那过去的事情"了。入夜，明月依旧，团圆依旧，我们依旧围坐着，妈妈的碗筷，依旧摆放着。就在"五七"的那个夜晚，兄弟姐妹们就进入新课题——老爸老妈在那边团聚了，今后，怎么讲他们的故事？

新的课题，恰在其时。连着几天，省里有媒体紧盯着，想上门采访，要我们提供先父的资料。他们排定档次，准备大讲"七十年历程"，声称前辈的老人不在了，子女也可以讲讲嘛。我们谁也不肯上媒体露脸，新"家规"的几条，核心是守住妈妈晚年坚持的——多写老战友、老朋友，少写自己家人；别人正面说湖南老家的事，我们认账，自己不去多说——无论怎地，少谈自家，后辈没弄清楚，就别去评说前辈。

回到妈妈的世界里，时隔一年，得把妈妈的续一、续二册小书印出来，人虽远去，故事还在，还得往下传，传那些形，传那种神，就不至于消逝。

数数这两册小书里的篇目，有近二十篇的，也有不足十篇的，长短不一，儿女参与的深浅不一，行文风格也不一，仅仅是老来惦着老熟人，叨叨些平凡事，先成文再成册，自家里编经织纬。值得替妈妈欣慰，退休三十多年，在多种报刊上，陆陆续续总有她的笔底花香；比比同辈的姐妹，她还数记得清的；留意着晚辈的眼光，听着她讲故事，大家喜爱，不厌不弃——就这，一点一滴，一瓣一束，晨晖夕映，随着风，淡淡地飘去远方。

妈妈散去的文字，常配有照片。为编印这续一、续二册，又开始选照片了，她半途停下，我们措手不及。补选照片成了一项工程，得从头开始，收拢、归并，整理、挑选，再扫描、修图，最后加入排版。无言的寻踪，悠悠间时常思绪难收——形在这儿，神在哪儿？

直到小书编出模样，图文合拢，忍不住还要问：形与神，安在兮？

庚子夏夜，慈母见背周年前夕

添加的后话

我们替父母亲做身后事，收集整理他们的文稿，临编辑出版时会有顾虑，该不该再说上几句，说些什么，总在犹犹豫豫。

不算太费力，已将《不尽的思念》合集重编完成，欣慰于当作底本的三册，主要是母亲的回忆，记录了林林总总的人和事，可编可读。她的作品她敞开散发，给战友，给同事，提供公共阅览，引起不小的反响。读者们感觉有味，被带回那个年代。小册子还引起亲历者们回望往事，交流热烈。转入新版的编排，正文没增没减，就是一番平移，仅在图片部分有精简。卷首的"说明"讲了前两次编印情况，接着挑开老话题，如何看待父辈们的历程，举出另一角度——可否尝试以"秩序／游民"去观察。

搬移文字的过程中，再次检点母亲叙述过的那群人、那堆事，虽然深信母亲记叙的原味价值，但我们也清楚，确有抱疑虑者曾发问：你母亲作为新四军金库（严格说是一师金库、华中银行金库）的普通工作人员，怎能记得、经历那么多事，是否掺杂了道听途说？这样一来，能否以既有素材进入挑开的话题，是否值得去做深度思考，得先交代一下自家的看法。

首先，对于母亲的记忆能力，我们做子女的也追问过她，曾旁听过她答复别人，有过明确的印象。要说记忆，和她的职业训练分不开。战争环境下，清纯年华的新手，岗位要求"用心记，记住记牢"，说具体的就是不许记在纸上，必须养成强记，强记经手的事，特别是各种数字，装满脑子不打架。晚年，她和战友们通电话、打交道，人们诧异她的记忆力，能持久准确，很少误记。

还有，母亲的职能位置有几分特殊，做金库的会计兼出纳、保管员，上上下下都得接触，经手的人和事包括特殊事件、机密的单方经手的事项，川流不息。越往后，又频繁经历大小运动，应对内查外调，反反复复的"交待清楚"，从心底、嘴边到笔端，三番五次流淌，记中的诸多要点自然清晰加深。

另外，必须说到父亲，颇富特殊经历的过来人，对母亲的见识增长也是极有帮助。父亲从长沙湖南地下党机关报的担责经理，到苏中根据地的区党委及财经处、华中银行的领导层，长期处于重要岗位，内外打过交道的人，多有不凡出身或传奇经历。同样的多次运动审查复审查，单单从父亲口中或文字交代中，母亲也比常人听闻悉知得更丰富细致一些。

综合说来，对母亲记叙的真实与丰富，建立起自信，无理由不笃实。借助这项客观赠予的优越，落到因编书而设定的话题，我们先给出自己的想法——

从母亲小书中的点点滴滴，可见各色人物，可见她和战友们生存操业的那片根据地，尽是形形色色的成年人，多来自各地各层，有家无家、有业无业，游动汇集到一起，最后合成一股力量，另造就出一套秩序。书中确有不少人身世不凡，但更多的人则来自社会底层，看似平凡无奇，却映出那个时代那个国内秩序的本真。

回顾起来，母亲从无锡乡下走出，藏身运猪船到上海租界读书谋生，小农薄桑几近破产的家庭背景，无产无技无业的"三无"女孩，当洗瓶子的雇佣女工，职业低下又不稳定。不久被抗日救国大潮带进抗大，培养成为专职的战时财经战士。她的战友同事们，多半也是苦出身、为谋生而成为时代催生的"职业革命者"，具体从事着财经、医疗等不同的业务。典型者即如她的领导徐雪寒。

不同的是，另一批游来者的身世则大为优良，如父亲，还有类似的朱毅陶涛夫妇、管文蔚朱竹雯夫妇、陈国栋、忻元锡、金逊、朱枫、麦洁红、许振东等人，多出生有产或富庶家庭，或受过完善良好的教育，多少有一份体面的职业，竟也弃家离乡，和大批贫寒子弟聚合到一起，合作共事，相处得格外融洽。日寇侵华，国危家难，推动着这些背景复杂、游动奔走的人员汇集成伍，共谋大事业，建立起政权一统。这，似乎还有着更深的逻辑动因。

就以抗战时的苏中根据地而言，大批城镇青年投奔到来，主业并不是打打杀杀。即如我们的父母，非军人，不上前线打仗，留做经济工作，打胜仗离不开的后勤保障。现在来看，战时经济是一项事业，可形成相对饱满的职业岗位，能容纳闲散人力，和概念上的暴力革命不同，看似都在推翻旧秩序，而战时经济本身又必须寻求秩序支撑。在苏中这片热土上，大不同于其他地区其他武装集团，全无外来资助，凭由参与者独立主持一方秩序，着力经济保障，立定脚跟获得生存。现在回看，与传统的读书的"高等游民"率领着脱离农耕的游民聚啸山林不同，四面八方的一干能人集合在苏中，甚至不乏留洋的海归，满怀信念，目标坚定，相互信赖尊重，联手各界谋划区域良序旺业，所得回报明显骄于各地。

确实，仅以母亲回忆的事例来做评说，远不是简单地贴贴标签的轻松，必须积累充分的素材去做考察研究，必须具体分析游民生成的社会条件，不必匆忙寻求解答。

说起"秩序/游民"的观察点，在社会上并不是新概念，在咱家中也不是个别人新近关注到。早在上世纪，晓文、尚文就留意王学泰的学术观点，伍文又与李慎之、李锐等父执辈交流，聆听受教，认知上渐趋清晰深化。话题与心得回馈自家，当时母亲在世，就成众多亲友乐于分享的谈资。无业游民，无游业民，全都不深奥，与父亲生前关注的老百姓的安居乐业、天下温饱，一脉相承，从书本本到饭桌、到茶围，常识性的话语。联系到这次重做母亲的书，多说上几句自家的认知，如果不算是对游民学说的一番"附和"，权当抛砖引玉未尝不可。

社会之人，置身专权型秩序之中，宠辱不定，用弃难料，一不留心便落入游民群团，随之而来，他或许入乡随俗地沾染游民的品相，也许自觉地躲避某些不堪的影响，人的本性中的那种自由独立的根还在，无论落根哪里，不被迷魂汤灌晕，回归真实善良遵序守业，都不难。父母亲降临人世的百余年间，他们辗转生存的热土，清楚地再现于眼下。当年那片地域性的新秩序，吸纳大量游民，不断扩展，对旧有大秩序力行推倒重建，按照理想激进着，终于迎来"另一个中国"的"时间开始了"。成功的战时经济秩序，延伸至连续占领大城市，不喘息地投入战后复苏再建，大转换，大保障，在稳固秩序消解游民方面卓有成绩可考。

无论何等辉煌，做纵深考察，若问历史价值如何，当然得看新建秩序的包容张力，纠错机制。社会毕竟是动态的，秩序不可能静态固化党化。最怕权力体系急剧僵化，不可避免的异化退化。人为构建型的社会秩序又面临严酷考验，其包容性一旦减弱、衰变、丧失，又不能合力纠偏，反而把敢于理性批评的思考者、非暴力表达的诉求人士，驱向边缘化，送至大墙内，甚至把有居有业者排挤出圈，屡屡出现逼迫流亡异乡者，那样一来，流血流汗建立起的秩序遭遇动荡、崩坏，就不再是危言耸听了。

算是不大不小的话题吧，若拓展开来则更宽泛，思前思后，什么人可能成为新生的游民群成员，是否受传统游民文化的浸染，以至是否养成游民习性，是否危害社会，等等，偏于抽象性。我们水平有限，今下敢说出口的，都是老话，心里话。合适不合适，有待各位读者明鉴，期盼着共摆龙门阵，多聊多议。有热烈讨论，才会事理明白。

多年来，依靠亲友们的支持，我们替父母做身后之事，屡有收获。他们的文章，多数曾通过报刊杂志、网络微信等渠道公开面世，早已在一定范围内流传。回回做编书类事，回回难免缺憾。这次仍然留有未能弥补的不当，诸如所涉时空失准，叙述口吻与身份不洽，捉刀代笔痕迹明显等等老问题，欠佳欠雅，再次恳请读者原谅，并诚致谢意！

自家小书焕然出新，蔚为丛书，抚卷之余，特别感谢王小玲女士的细心校对，感谢乔晞华先生的大力相助。

邓家众儿女
2025 年 12 月

www.ingramcontent.com/pod-product-compliance
Lightning Source LLC
Chambersburg PA
CBHW060552080526
44585CB00013B/532